Björn Kessel, Jan Pries

EDV-technische Konzeption und Umsetzung der Kunder Standardsoftware SAP R/3

Bei einem Unternehmen der kautschukverarbeitenden Industrie unter besonderer Berücksichtigung der Prozeßkette von der Kundenanfrage bis zum Fertigungsauftrag und von dem Fertigungsauftrag bis zum Abschluß des Kundenauftrages

Björn Kessel, Jan Pries

EDV-technische Konzeption und Umsetzung der Kundenauftragsfertigung mit der Standardsoftware SAP R/3

Bei einem Unternehmen der kautschukverarbeitenden Industrie unter besonderer Berücksichtigung der Prozeßkette von der Kundenanfrage bis zum Fertigungsauftrag und von dem Fertigungsauftrag bis zum Abschluß des Kundenauftrages

Diplom.de

Bibliografische Information der Deutschen Nationalbibliothek:

Bibliografische Information der Deutschen Nationalbibliothek: Die Deutsche Bibliothek verzeichnet diese Publikation in der Deutschen Nationalbibliografie; detaillierte bibliografische Daten sind im Internet über http://dnb.d-nb.de/ abrufbar.

Druck und Bindung: Books on Demand GmbH, Norderstedt Germany
ISBN: 978-3-8386-1043-6

http://www.diplom.de/e-book/216935/edv-technische-konzeption-und-umsetzung-der-kundenauftragsfertigung-mit

Björn Kessel
Jan Pries

EDV-technische Konzeption und Umsetzung der Kundenauftragsfertigung mit der Standardsoftware SAP R/3

Bei einem Unternehmen der kautschukverarbeitenden Industrie unter besonderer Berücksichtigung der Prozeßkette von der Kundenanfrage bis zum Fertigungsauftrag und von dem Fertigungsauftrag bis zum Abschluß des Kundenauftrages

Diplomarbeit
an der Technischen Universität Hamburg-Harburg
Juni 1998 Abgabe

***Diplomarbeiten* Agentur**
Dipl. Kfm. Dipl. Hdl. Björn Bedey
Dipl. Wi.-Ing. Martin Haschke
und Guido Meyer GbR

Hermannstal 119 k
22119 Hamburg

agentur@diplom.de
www.diplom.de

ID 1043

ID 1043
Kessel, Björn / Pries, Jan: EDV-technische Konzeption und Umsetzung der Kundenauftragsfertigung mit der Standardsoftware SAP R/3: Bei einem Unternehmen der kautschukverarbeitenden Industrie unter besonderer Berücksichtigung der Prozeßkette von der Kundenanfrage bis zum Fertigungsauftrag und von dem Fertigungsauftrag bis zum Abschluß des Kundenauftrages / Björn Kessel / Jan Pries - Hamburg: Diplomarbeiten Agentur, 1998
Zugl.: Hamburg-Harburg, Technische Universität, Diplom, 1998

Dipl. Kfm. Dipl. Hdl. Björn Bedey, Dipl. Wi.-Ing. Martin Haschke & Guido Meyer GbR
Diplomarbeiten Agentur, http://www.diplom.de, Hamburg
Printed in Germany

Wir versichern hiermit, daß wir die vorliegende Diplomarbeit mit dem im Ausgabeantrag formulierten Thema ohne fremde Hilfe selbständig verfaßt und nur die angegebenen Quellen und Hilfsmittel benutzt haben. Wörtlich oder dem Sinn nach aus anderen Werken entnommene Stellen sind unter Angabe der Quellen kenntlich gemacht.

Hamburg, den 17. Juni 1998

________________	________________
Björn Keßel	Jan Pries

Inhaltsverzeichnis

Abkürzungsverzeichnis

Aufl.	Auflage
bzgl.	bezüglich
bzw.	beziehungsweise
CO	Controlling-Modul im SAP R/3 System
CO-OM	Gemeinkosten-Controlling (Overhead Cost-Controlling)
CO-PA	Vertriebs-Controlling (Profitability analysis)
CO-PC	Produktkosten-Controlling (Product costing)
d.h.	das heißt
DIN	Deutsche Industrie Norm
etc.	et cetera
evtl.	eventuell
FI	Finanzbuchhaltung
ggf.	gegebenenfalls
GKR-Plan	Gemeinschaftskontenrahmenplan
i.d.R.	in der Regel
i.H.v	in Höhe von
IKR-Plan	Industriekontenrahmenplan
IMG	Implementation Guide
incl.	inclusive
KMAT	Konfigurierbares Material
max.	maximal
MGW	Mündener Gummiwerk GmbH
MM	Materialwirtschaft
PHX	Phoenix
PP	Produktionsplanung
S.	Seite
SAP	Systeme, Anwendungen, Produkte
SD	Sales and Distribution
TGB	Transportgummi GmbH
u.a.	unter anderem
Vgl.	Vergleiche
WA	Warenausgang
WE	Wareneingang
z.B.	zum Beispiel
z.T.	zum Teil

Abbildungsverzeichnis

Tabellenverzeichnis

Verzeichnis der Screenshots

Anhangsverzeichnis

1 Einleitung

Für die folgende Arbeit wird zunächst dargelegt, welche Problemstellung den Anstoß für die Arbeit gegeben hat. Anschließend wird die Zielsetzung der Arbeit erläutert, um schließlich den Gang der Untersuchung zu skizzieren.

1.1 Problemstellung

Die anhaltende Tendenz der Globalisierung der Märkte hat vor allem Unternehmen im Investitionsgüterbereich dazu gebracht, zur Erhaltung ihrer Konkurrenzfähigkeit an unterschiedlichen Standorten weltweit zu produzieren. Die Fertigung an Standorten mit günstiger Kostenstruktur bietet die Chance, sich gegenüber Konkurrenten über die Strategie der Kostenführerschaft Wettbewerbsvorteile zu verschaffen.

Eine Notwendigkeit, die sich aus der Internationalisierung ergibt, ist die Forderung nach einem umfassenden Informationssystem. Es soll die Möglichkeit geschaffen werden, Standorte, die ähnliche Produkte fertigen, hinsichtlich ihrer Kostenstruktur und ihrer Produktivität vergleichbar zu machen.

Ein konzernübergreifendes Informationssystem bietet generell die Möglichkeit, für Materialien oder einzelne Kundenaufträge zu bestimmen, an welchem Standort der Auftrag am kostengünstigsten gefertigt werden kann. Außerdem kann nach Abschluß der Fertigung analysiert werden, wie plangenau die einzelnen Standorte hinsichtlich ihrer Kosten arbeiten.

1.2 Zielsetzung

Das Ziel dieser Arbeit ist es, darzustellen, wie mit dem integrierten Informationssystem R/3 der Firma SAP bei einem Unternehmen der kautschukverarbeitenden Industrie mit mehreren internationalen Produktionsstandorten die Kundenauftragsfertigung abgebildet werden kann.

Im einzelnen wird in dieser Diplomarbeit dargestellt:

- Der generelle Ablauf der Kundenauftragsfertigung und die logischen Zusammenhänge im SAP R/3 System
- Die alternativen Gestaltungsmöglichkeiten der Kundenauftragsfertigung im SAP R/3 System
- Ein Leitfaden für die Implementierung der Kundenauftragsfertigung im SAP R/3 System
- Ein Leitfaden für die Anwendung der Kundenauftragsfertigung im SAP R/3 System

Der Schwerpunkt der Arbeit liegt dabei auf der Abbildbarkeit der für das Controlling relevanten Aspekte der Kundenauftragsfertigung.

1.3 Gang der Untersuchung

In der Untersuchung werden in Kapitel 2 zunächst die Grundlagen für die Darstellung der zu betrachtenden Prozeßkette erläutert. In Kapitel 3 wird die Prozeßkette von der Kundenanfrage bis zum Fertigungsauftrag erläutert, wobei der Fertigungsauftrag noch nicht Bestandteil dieses Kapitels ist. In Kapitel 4 wird die Prozeßkette vom Fertigungsauftrag bis zum Abschluß des Kundenauftrages dargestellt. An dieser Stelle wird dann auch auf die Voraussetzungen und die Durchführung des Fertigungsauftrages eingegangen.

In Kapitel 2 werden zunächst die Grundlagen des Prozesses dargestellt, indem die Kundenauftragsfertigung charakterisiert und die einzelnen Prozeßelemente erläutert werden. Anschließend wird auf das Unternehmen TGB mit deren spezifischen Prozeßeigenschaften eingegangen. Zum Schluß werden die Grundlagen für das SAP R/3 System gelegt. Hierbei wird das SAP R/3 System und die Struktur des Controlling Moduls dargelegt.

In Kapitel 3 werden zunächst die Grundlagen für die Elemente der Prozeßkette und den Kundenauftrag im SAP R/3 System beschrieben. Diese beiden Abschnitte bilden die Basis, um anschließend die Prozeßelemente Kalkulation und Preisfindung darzustellen.

In Kapitel 4 wird der weitere Verlauf der Prozeßkette ab dem Punkt, an dem die Planung der Fertigung und der Beschaffung des fremdbeschafften Materials beginnt, erläutert. Ein wesentlicher Bestandteil dieser Darstellung sind die Materialbewegungen und die Verrechnung der Istkosten. Bevor auf die Prozeßelemente eingegangen wird, werden die Materialbewegungen und die Istkostenverrechnung im SAP R/3 System daher grundsätzlich erläutert. Nach diesen Grundlagen werden die Prozeßelemente Bedarfsplanung, Materialeingänge, Fertigung, Versand, Fakturierung und die interne Abrechnung umfassend dargestellt.

2 Grundlagen

In diesem Kapitel werden zunächst die Charakteristika der Kundenauftragsfertigung dargestellt und die relevanten Prozeßelemente aufgezeigt. Anschließend werden hauptsächlich die für die Kundenauftragsfertigung relevanten Prozesse des Unternehmens TGB betrachtet. Im letzten Abschnitt werden die Grundlagen des SAP R/3 Systems erläutert.

2.1 Grundlagen des Prozesses

In den theoretischen Grundlagen wird auf die Charakteristika der Kundenauftragsfertigung und deren Abgrenzung zur Lagerfertigung eingegangen. Danach werden die einzelnen Prozeßelemente der Kundenauftragsfertigung theoretisch dargestellt.

2.1.1 Charakterisierung der Kundenauftragsfertigung

Die Kundenauftragsfertigung zeichnet sich dadurch aus, „daß von einer Produktart nur ein Stück nach den Wünschen des Abnehmers gefertigt wird".[1] „Zwar kann die Erzeugung bestimmter Produkte später noch einmal durchgeführt werden, doch liegt im strengen Sinne keine Wiederholung des Fertigungsprozesses vor, weil der gesamte Produktionsapparat erneut auf die Fertigung eingestellt werden muß".[2]

Kundenauftragsfertigung bedeutet nicht, daß alle Elemente des Fertigungsprozesses bei jedem neuen Auftrag anders sind. Einzelne Teilprozesse können wie bei der Massen- oder der Serienfertigung gestaltet werden, um rationell arbeiten zu können.[3]Einige Einzelteile, die in alle Endprodukte einfließen, sollten möglichst genormt werden.[4]

---

[1] Vgl. Hansmann, Karl-Werner: Industrielles Management, München 1997, S.108.
[2] Vgl. Wöhe, Günter: Einführung in die Betriebswirtschaftslehre, München, 1996, S.412.
[3] Vgl. Kahle, Egbert: Produktion, 3.Aufl., München, 1991, S.23.
[4] Vgl. von Kortzfleisch, Gert: Systematik der Produktionsmethoden, in Jacob, Herbert (Hrsg.): Industriebetriebslehre, 4.Aufl., Wiesbaden 1990, S. 107 - 175, hier S.159.

Die technischen Merkmale des zu fertigenden Produktes werden erst durch den Kundenauftrag bestimmt. Dies bedeutet für die Arbeitsvorbereitung, daß für jede neue Bestellung Stücklisten und Arbeitspläne erstellt werden müssen. Bei der Neuerstellung von Stücklisten und Arbeitsplänen ist zu unterscheiden, inwieweit sich die technischen Ausprägungen der einzelnen Kundenaufträge ähneln.

Bei einem gewissen Grad an Ähnlichkeit kann bei der Erstellung neuer Arbeitspläne mit Hilfe der Ähnlichkeitsplanung auf Standardarbeitspläne zurückgegriffen werden. Die jeweiligen Stücklisten können durch Variantenstücklisten erstellt werden, wenn es möglich ist, alle denkbaren Varianten, bzw. alle zulässigen Varianten, einer Produktart in einer solchen Variantenstückliste abzubilden. Wichtig ist, daß in der Variantenstückliste die Information über ein Verbot der Kombination bestimmter technischer Ausprägungen enthalten ist. Für den Fall der Automobilproduktion kann z.B. ausgeschlossen werden, daß ein teures Chassis in einem Modell mit einem billigen Lenkrad kombiniert wird.

Für die Beschaffung hat die Kundenauftragsfertigung die Konsequenz, daß einige Rohstoffe und zugekaufte Halbfabrikate speziell für einen bestimmten Kundenauftrag beschafft werden. Der Prozeß der Beschaffung liegt daher für diese Teile zeitlich hinter der Erteilung des Kundenauftrages.

Die Produktion wird bei der Kundenauftragsfertigung erst durch die Erteilung des Kundenauftrages durch den Kunden ausgelöst. Im Gegensatz dazu stehen die Serien- und die Massenfertigung, bei der entsprechend eines prognostizierten Absatzes im voraus für den anonymen Markt produziert wird.

Bei der Ablieferung der produzierten Menge eines Kundenauftrages in das Lager muß diese Menge genau diesem Kundenauftrag zugeordnet sein und darf nicht als anonymer Lagerbestand ausgewiesen werden. Für die Lagerbestandsbewertung hat dies zur Folge, daß die Erzeugnisse nicht als anonymer Bestand an Fertigerzeugnissen, sondern als Kundenauftragsbestand gebucht werden. Die Buchung erfolgt daher rein mengenmäßig in der Materialwirtschaft. Eine wertmäßige Buchung in der Finanzwirtschaft findet nicht statt.

Halbfabrikate und Bauteile müssen bei der Kundenauftragsfertigung nicht zwangsweise als Kundenauftragsbestand im Lager gebucht werden, sondern können als anonymer Lagerbestand gebucht werden. Die Art der Bestandsausweisung hängt davon ab, ob die Rohstoffe speziell für einen bestimmten Kundenauftrag beschafft werden, oder ob der Einkauf der Rohstoffe unabhängig von konkret vorliegenden Kundenaufträgen erfolgt. Für die Halbfabrikate verhält es sich ähnlich. Sie können konkret für einen Kundenauftrag oder losgelöst von konkreten Kundenaufträgen gefertigt werden.

Eine losgelöste Fertigung der Halbfabrikate von den Kundenaufträgen ist dann sinnvoll, wenn das Halbfabrikat in eine Vielzahl von Endprodukten eingeht. Der Bedarf kann dann aufgrund einer Absatzprognose, die verschiedene Varianten umfaßt, abgeschätzt werden.

Der Unterschied der Kundenauftragsfertigung zur Lagerfertigung wird in der folgenden Tabelle, welche die wesentlichen Besonderheiten der Kundenauftragsfertigung aufzeigt, verdeutlicht:

Kundenauftragsfertigung	Lagerfertigung
Stücklisten und Arbeitspläne müssen für jeden Kundenauftrag neu generiert werden	Stücklisten und Arbeitspläne sind für jedes Material hinterlegt
Kalkulation des Kundenauftrages	Kalkulation des Materials bzw. Produktes
Kundenauftragsbestand unbewertet	Lagerbestandsbewertung
Beschaffung von Rohstoffen und Halbfabrikaten speziell für Kundenauftrag	anonyme Beschaffung der Rohstoffe und Halbfabrikate ohne Bezug zum Kundenauftrag
Vergleich der Plan-Istkosten des Kundenauftrages	Vergleich der Plan-Istkosten des Materials bzw. Produktes

Tabelle 1: Unterscheidung Kundenauftragsfertigung zur Lagerfertigung

2.1.2 Die Prozeßelemente der Kundenauftragsfertigung

Der typische Ablauf einer Kundenauftragsfertigung beginnt mit einer Kundenanfrage, auf die das Unternehmen mit einem Angebot reagiert. Um ein Angebot zu erstellen, müssen die technischen Merkmalsausprägungen des vom Kunden gewünschten Produktes vorhanden sein, eine Kalkulation der Herstellkosten erstellt werden, und aufbauend auf den kalkulierten Kosten ein Angebotspreis mit den spezifischen Kundenrabattsätzen bestimmt werden. Nach Durchführung einer Terminierung kann unter Angabe des Angebotspreises und eines Liefertermins dem Kunden ein Angebot unterbreitet werden. Wird das Angebot angenommen, entsteht ein Kundenauftrag.

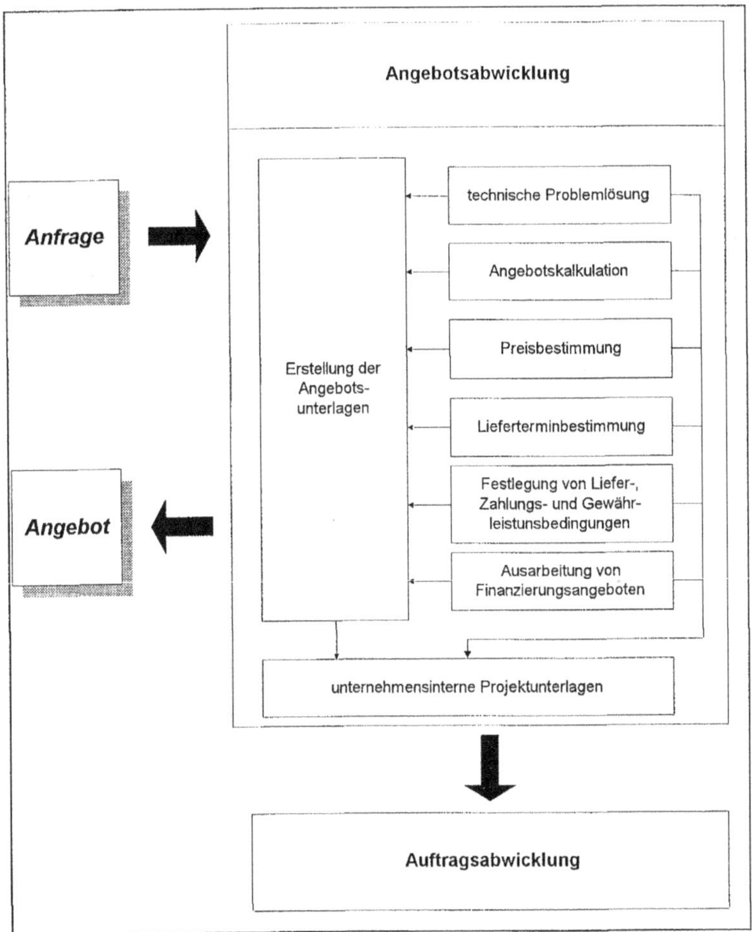

Abbildung 1: Auftragsbearbeitung[5]

Nach der Entstehung des Kundenauftrages muß dieser Kundenauftrag in die Bedarfsplanung einfließen und die Sekundärbedarfe müssen entweder eigengefertigt oder fremdbeschafft werden. Die Sekundärbedarfe werden dann als Materialeingänge in das Lager gebucht.

---

[5] Vgl. Pfrang, Emil: Ein Informationssystem zur Angebotsabwicklung werkstattorientierter Einzelfertiger und seine Geschäftsprozeßkette, München 1997, S.8.

Der Fertigungsprozeß für das Endprodukt wird durch einen Fertigungsauftrag angestoßen. Nachdem der Auftrag produziert wurde, kann er an den Kunden geliefert und fakturiert werden. Abschließend werden die Kosten und Erlöse des Auftrages abgerechnet und den Plankosten und -erlösen gegenübergestellt.

Die wesentlichen Elemente der Auftragsbearbeitung werden im folgenden so dargestellt, wie sie in der Theorie und Praxis ablaufen. Es zeigt sich im späteren Verlauf der Arbeit, daß sich diese Elemente im SAP R/3 System wiederfinden. Für einige Elemente, wie z.B. den Versand und die Fakturierung, ergeben sich keine Unterschiede hinsichtlich der Kundenauftragsfertigung gegenüber der anonymen Lagerfertigung. Da jedoch im späteren Verlauf bei der Darstellung im SAP R/3 System alle Prozeßelemente vollständig abgearbeitet werden, um den Prozeß durchgängig zu machen, werden diese Prozeßelemente auch in diesem Abschnitt kurz theoretisch dargestellt.

2.1.2.1 Die Kalkulation

Die Auftragskalkulation dient dazu, die Herstell- sowie die Selbstkosten eines Kundenauftrages zu ermitteln. Sie unterteilt sich nach ihrer zeitlichen Reihenfolge in die Vorkalkulation und die Nachkalkulation. Darüber hinaus kann während der Bearbeitung eines Auftrages noch eine mitlaufende Kalkulation durchgeführt werden.

Die Vorkalkulation ist der Schritt, der sich direkt an die Kundenanfrage anschließt. Sie liegt zeitlich vor Beginn der Leistungserstellung.[6] Sie dient der Bemessung der Preisforderung für den in Frage kommenden Kundenauftrag.[7] Ihre besondere Bedeutung liegt darin, daß die Entscheidung darüber, ob aus der Kundenanfrage tatsächlich ein Auftrag wird, vom Ergebnis der Vorkalkulation abhängig ist.

---

[6] Vgl. Freidank, Carl-Christian: Kostenrechnung, 5.Aufl., München 1994, S.148.

[7] Vgl. Schmidt, Stephan: Preisgestaltung bei Auftragsfertigung: dargestellt am Beispiel von Spezialmaschinen und Anlagen für die gummi- und kunststoffverarbeitende Industrie, Göttingen, Univ.Diss., 1996, S.43.

Da die Vorkalkulation eine zukunftsbezogene Rechnung ist, basiert sie auf geplanten Größen, die aus Erfahrungswerten der Vergangenheit und Prognosewerten für die Zukunft abgeleitet werden.[8] Als geplante Größen gehen die Materialverbrauchsmengen, die anzusetzenden Materialpreise, der Zeitbedarf an den Aggregaten und die Verrechnungssätze der Fertigungskostenstellen in die Kalkulation ein. Geplante Verbrauchsmengen basieren auf einem planmäßigen Produktionsablauf.[9] Die Vorkalkulation basiert daher auf den in der Kostenstellen- und Leistungsartenplanung bestimmten Werten.

Voraussetzung für die Kalkulation ist das Vorliegen der kostenbestimmenden Elemente des zu kalkulierenden Produktes. Aus ihnen wird der zu erwartende Faktorverbrauch, der sich aus dem Materialeinsatz und dem Zeitbedarf der Fertigungskostenstellen zusammensetzt, bestimmt und mit Preisen bewertet. Es müssen daher die Stücklisten und die Arbeitspläne des Produktes und aller in das Produkt eingehenden Bauteile vorliegen. Über die Stücklisten werden die einzelnen Rohstoffe und Bauteile kalkuliert, über die Arbeitspläne die Eigenleistungen und die eventuell in Anspruch zu nehmenden Fremdleistungen.

„Die mitlaufende Kalkulation bezieht sich auf bereits in der Fertigung befindliche Produkte mit längeren Durchlaufzeiten"[10]. Sie dient dazu, den bereits laufenden, aber noch nicht abgeschlossenen, Produktionsprozeß eines Kundenauftrages hinsichtlich der bereits angefallenen Kosten zu überprüfen. Für bereits abgeschlossene Teile des Kundenauftrages kann dann eine Kalkulation mit bereits angefallenen Kosten durchgeführt werden. Für noch durchzuführende Produktionsprozesse eines Kundenauftrages hat die mitlaufende Kalkulation die Funktion einer Planungsrechnung. Sie arbeitet dann wie die Vorkalkulation mit geschätzten Werten.[11]

---

[8] Vgl. Pfrang, Emil: Ein Informationssystem zur Angebotsabwicklung werkstattorientierter Einzelfertiger und seine Geschäftsprozeßkette, München 1997, S.15.
[9] Vgl. Heinen, Edmund (Hrsg.): Industriebetriebslehre, 8.Aufl., Wiesbaden 1985, S.951.
[10] Vgl. Scheer, August-Wilhelm: Wirtschaftsinformatik, 5.Aufl., Berlin, 1994, S.667.
[11] Vgl. Freidank, Carl-Christian: Kostenrechnung, 5.Aufl., München 1994, S.148.

Nach Abschluß des Kundenauftrages wird die Nachkalkulation durchgeführt. Sie dient dazu, einen Plan-Ist Vergleich durchzuführen und den Ergebnisbeitrag des Kundenauftrages im Rahmen der kurzfristigen Erfolgsrechnung zu ermitteln. Außerdem bilden die Ergebnisse der Nachkalkulation oft die Grundlage für die Vorkalkulationen ähnlicher Aufträge.[12]

Alle drei Kalkulationen haben den gleichen Aufbau. Ausgangspunkt sind die Materialeinzelkosten und die Fertigungseinzelkosten, die sich verursachungsgerecht aus den mit Preisen bewerteten Mengen an Rohstoffen und Halbfabrikaten ergeben. Auf die Einzelkosten werden die Gemeinkosten aufgerechnet. Unter Gemeinkosten werden Kostenarten verstanden," die nicht als Einzelkosten erfaßbar sind und deshalb den Kostenträgern nicht unmittelbar angelastet werden können".[13] Die Materialgemeinkosten werden i.d.R. im Rahmen der Zuschlagskalkulation mit Hilfe eines Zuschlagssatzes auf die Materialeinzelkosten berechnet.

Die wesentlichen Bestandteile der Materialgemeinkosten sind die Kosten für die Beschaffung und Lagerung des Materials. Aus der Summe der Materialeinzelkosten und der Materialgemeinkosten ergeben sich die Materialkosten.

Bei den Fertigungskosten ist ebenfalls zwischen Gemein- und Einzelkosten zu unterscheiden. Die Fertigungseinzelkosten beinhalten als wesentlichen Bestandteil die Fertigungslöhne derjenigen Arbeitskräfte, welche die einzusetzenden Fertigungsmaterialien und das entstehende Erzeugnis bearbeiten.[14] Sie ergeben sich durch Bewertung der aus den Arbeitsplänen zu entnehmenden Fertigungszeiten mit den entsprechenden Lohnsätzen. Die Zugrundelegung eines geplanten Lohnsatzes ist wesentlich unproblematischer als die Verwendung geplanter Rohstoffpreise, da die Lohnsätze durch Tarifvertragsbindungen geringeren Schwankungen unterliegen.

---

[12] Vgl. Freidank, Carl-Christian: Kostenrechnung, 5.Aufl., München 1994, S.148.
[13] Freidank, Carl-Christian: Kostenrechnung, 5.Aufl., München 1994, S. 95.
[14] Vgl. Schmidt, Stephan: Preisgestaltung bei Auftragsfertigung dargestellt am Beispiel von Spezialmaschinen und Anlagen für die gummi- und kunststoffverarbeitende Industrie, Göttingen, Univ.Diss., 1996, S.47.

Die Fertigungsgemeinkosten bestehen aus:

- Kalkulatorischen Abschreibungen
- Kalkulatorischen Zinsen
- Auf die Maschine umgelegten Raumkosten
- Instandhaltungskosten
- Energiekosten
- Werkzeugkosten
- Programmierkosten
- Betriebsstoffkosten.

Bei den Fertigungsgemeinkosten ist zwischen maschinenabhängigen und maschinenunabhängigen Kosten zu unterscheiden. In der Maschinenindustrie bestehen die Fertigungsgemeinkosten zu mehr als der Hälfte aus maschinenabhängigen Kosten. Es ist daher nicht sinnvoll, die Berechnung wie bei den Materialkosten über einen prozentualen Zuschlagssatz auf Basis der Fertigungseinzelkosten durchzuführen. Eine verursachungsgerechte Zuordnung der maschinenabhängigen Fertigungsgemeinkosten erfolgt über die Kalkulation mit einem Maschinenstundensatz, der sich als Quotient aus den geplanten Kosten auf der betreffenden Fertigungskostenstelle und der geplanten Fertigungszeit der Maschine ergibt.

Die bei den Gemeinkosten aufgeführten Kostenarten, wie z.B. Energiekosten, können z.T. auch Einzelkostencharakter haben. Die Energiekosten sind dann als Einzelkosten aufzufassen, wenn der Energieverbrauch dem zu produzierenden Material genau zurechenbar ist. Dies kann dadurch geschehen, daß der Energieverbrauch durch einen Zähler ablesbar ist oder wenn der Energieverbrauch sich proportional zur Fertigungszeit verhält. Solche Einzelkosten, die sich proportional zur Maschinenzeit verhalten, können daher auch durch Maschinenstundensätze verrechnet werden.

Es verbleiben schließlich noch die maschinenunabhängigen Fertigungsgemeinkosten. Diese setzen sich im wesentlichen aus den Gehaltskosten der Meister und Hilfslöhnen zusammen. Sie können mit Hilfe eines Zuschlagssatzes auf die Fertigungseinzelkosten berechnet werden.

Zusammenfassend kann die Kalkulation so durchgeführt werden, daß zunächst die Materialeinzelkosten bestimmt werden und auf diese dann mit Hilfe eines Zuschlagssatzes Materialgemeinkosten verrechnet werden. Die Lohneinzelkosten werden durch Multiplikation der Bearbeitungszeit mit dem entsprechenden Lohnsatz bestimmt. Anschließend werden Fertigungskosten, die sowohl Einzelkosten als auch maschinenabhängige Fertigungsgemeinkosten enthalten, durch Multiplikation des Maschinenstundensatzes mit der Fertigungszeit berechnet. Im letzten Schritt werden dann noch maschinenunabhängige Fertigungsgemeinkosten mit Hilfe eines Zuschlagssatzes berechnet.

2.1.2.2 Die Preisfindung

Nach Eingang der Kundenanfrage ist es die Aufgabe der Vertriebsabteilung, dem Kunden ein Angebot zu unterbreiten. Das wesentliche Element des Angebotes ist der Angebotspreis. Darüber hinaus kann das Angebot Elemente wie die Lieferterminbestimmung und die Festlegung von Liefer-, Zahlungs- und Gewährleistungsbedingungen enthalten.[15]

Bei der Kundenauftragsfertigung wird der Preis in der Regel aus den in der Vorkalkulation ermittelten Selbstkosten bestimmt. Aus betriebswirtschaftlicher Sicht ist ein Zusammenhang zwischen Preisen und Kosten zwar nicht gegeben, - eine Ausnahme bilden Lieferungen an den Staat - da die Preise allein vom Markt abhängig sind.[16] Dennoch ist es sinnvoll, die kalkulierten Kosten als Anhaltswert für eine Preisforderung zu benutzen, um abzuschätzen, ob ein Kundenauftrag rentabel ist.

---

[15] Vgl. Pfrang, Emil: Ein Informationssystem zur Angebotsabwicklung werkstattorientierter Einzelfertiger und seine Geschäftsprozeßkette, München 1997, S.8.

[16] Vgl. Grafers, Hans Wilfried: Investitionsgütermarketing, Stuttgart, 1979, S.109.

Die Art und Weise, in der anhand der kalkulierten Selbstkosten der Verkaufspreis gebildet wird, ist eine strategische Entscheidung des Vertriebes. Es besteht die Möglichkeit, auf die Selbstkosten einen definierten Gewinnzuschlag zu berechnen. Die Preisermittlung ergibt sich dann direkt aus der Vorkalkulation. Ein solches Vorgehen ist, wie oben bereits erwähnt, vor allem bei der Vergabe öffentlicher Aufträge relevant.

Der Angebotspreis ergibt sich indirekt aus der Vorkalkulation, wenn die ermittelten Selbstkosten nur als Anhaltspunkt für die Preisbestimmung dienen. Es liegt dann im Entscheidungsspielraum des verantwortlichen Vertriebsmitarbeiters, den endgültigen Angebotspreis festzusetzen. Ein solches Vorgehen ist wesentlich flexibler und gewährt dem Vertrieb die Möglichkeit, bei der Bestimmung des Gewinnzuschlags nach den unterschiedlichen Kunden und der jeweiligen Situation zu differenzieren. Es kann z.B. aus strategischer Sicht sinnvoll sein, einen Preis mit einem niedrigeren Gewinnzuschlag in Kauf zu nehmen, wenn es sich um einen Erstkunden handelt, und sich so die Möglichkeit von Folgeaufträgen eröffnet.

2.1.2.3 Die Bedarfsplanung

Nachdem das Angebot erstellt und vom Kunden angenommen wurde, ist die Produktion für den Kundenauftrag zu planen und umzusetzen. Zur Planung gehört die Materialdisposition, die Arbeitsvorbereitung, die Terminierung und die Kapazitätsplanung der benötigten Produktionsmittel.

Die Aufgabe der Materialbedarfsplanung ist es, die Materialverfügbarkeit der Rohstoffe und der Halbfabrikate sicherzustellen. Sie ermittelt aus den Primärbedarfen, die sich aus den Kundenaufträgen ableiten, mengen- und zeitmäßig die Sekundärbedarfe und erstellt daraus die Bestellung für den Einkauf und die Planung für die Produktion. Es müssen Art, Menge und die Zeitpunkte der Bedarfe ermittelt und daraus die notwendigen Mengen und Termine zur Bedarfsdeckung abgeleitet werden.

Die Ermittlung der Bedarfe ist von den Lagerbeständen, den bereits durchgeführten Reservierungen für die Lagerbestände und den in Auftrag gegebenen Bestellungen abhängig. Die Termine sind von den Wareneingangsbearbeitungzeiten für die zu beschaffenden Materialien und den Fertigungszeiten, den Liegezeiten, den Übergangszeiten, den Rüstzeiten und den zur Verfügung stehenden Kapazitäten für die zu fertigenden Materialien abhängig. Es ist ferner ein Losgrößenverfahren für die Bestimmung der Bestellose, das die Bedarfsdeckung unter Kostenminimierungsaspekten gewährleistet, auszuwählen.

2.1.2.4 Die Materialeingänge

Bei der Beschaffung der Rohstoffe und Halbfabrikate ergibt sich die Besonderheit, daß diese zum Teil für einen bestimmten Kundenauftrag beschafft werden. Dies bedeutet, daß die Kosten für diese fremdbezogenen Teile auch direkt dem Kundenauftrag zurechenbar sind. Beim Eingang dieser Materialien in das Lager hat dies die Konsequenz, daß diese Materialien nicht in den frei verfügbaren Lagerbestand eingehen, sondern daß sie als Kundenauftragsbestand gebucht werden. Der Unterschied liegt dann in der Bewertung dieser Materialien. Sie sind unbewertet und werden nicht auf einem Bestandskonto Rohstoffe in der Finanzbuchhaltung geführt.

Es müssen jedoch nicht alle Materialien, die für einen Kundenauftrag benötigt werden, speziell für diesen Kundenauftrag beschafft werden, sondern es können auch einzelnen Teile dem frei verfügbaren Lagerbestand entnommen werden. Dies bietet sich für Teile an, die häufig auch für andere Kundenaufträge benötigt werden.

2.1.2.5 Die Fertigung

Die Fertigung des Kundenauftrages stellt den eigentlichen Prozeß der Leistungserstellung dar. Die Voraussetzung für die Durchführung ist die Verfügbarkeit der in das Fertigprodukt eingehenden Rohstoffe und Halbfabrikate und der benötigten Produktionskapazitäten. Die Kapazitäten bestehen zum einen aus den Maschinen und Aggregaten und zum anderen aus dem benötigten Fertigungspersonal.

Das zentrale Planungselement innerhalb der Fertigungssteuerung ist der Fertigungsauftrag. Er ist ein innerbetrieblicher Auftrag, der an die Produktion geleitet wird. Der Fertigungsauftrag beinhaltet folgende Vorgaben:

- Welches Material gefertigt werden soll
- An welchem Arbeitsplatz ein Material gefertigt werden soll
- Wann der früheste und späteste Anfangs- und Endtermin ist
- Wie lange die geplante Durchlaufzeit ist[17]
- Die benutzte Stückliste
- Der benutzte Arbeitsplan.

Diese Vorgaben kommen zum Teil aus der Bedarfsplanung, die der Fertigungssteuerung vorangeht, und werden dann in der Fertigungssteuerung weiter spezifiziert. Es wird z.B. schon in den Planungsstufen vor der Fertigungssteuerung eine Terminierung vorgenommen. Diese Terminierung kann in der Stufe unmittelbar vor der Fertigung noch einmal modifiziert werden, falls sich Veränderungen bezüglich der benötigten Kapazitäten zu den geplanten Zeiten ergeben.

Ein Fertigungsauftrag kann aus mehreren Teilschritten, die in einem Vorgangsnetz miteinander verbunden sind, bestehen. Der Fertigungsauftrag ist dann beendet, wenn alle Teilvorgänge, bzw. der oder die Endvorgänge im Vorgangsnetz abgeschlossen sind.

Ist der Fertigungsprozeß für den Kundenauftrag mehrstufig, sind für die Produktion des Kundenauftrages mehrere Fertigungsaufträge erforderlich. Bei einigen Halbfabrikaten kann jedoch die Wahlmöglichkeit zwischen Eigenfertigung und Fremdbezug bestehen. Abhängig davon, welche Alternative gewählt wird, wird für das jeweilige Halbfabrikat entweder ein Fertigungsauftrag oder eine Bestellung angestoßen. Die Entscheidungsparameter für oder gegen die Eigenfertigung sind sowohl Kosten-, und damit auch Rentabilitätsaspekte, als auch Kapazitäts- und Termingründe.

---

[17] Vgl. Hansmann, Karl-Werner: Industrielles Management, 4. Auflage, München 1994, S.293.

Wie bereits erwähnt, stellt der Fertigungsauftrag ein Planungselement in der Fertigungssteuerung dar. Der eigentliche Prozeß der Fertigung wird schließlich durch die Freigabe des Fertigungsauftrages in Gang gesetzt. Die Freigabe erfolgt dann, wenn die eingeplanten Materialien und Produktionskapazitäten auch tatsächlich zur Verfügung stehen.

Die Fertigungsauftragsfreigabe sollte so gestaltet werden, daß einerseits die Bestände so gering wie möglich und andererseits die Durchlaufzeit eines Fertigungsauftrages möglichst kurz gehalten wird. Zwischen diesen beiden Zielen besteht ein Widerspruch, der in der Literatur als das Dilemma der Produktionssteuerung bezeichnet wird.[18]

2.1.2.6 Der Versand

Der letzte physische Vorgang innerhalb der Prozeßkette ist der Versand des produzierten Materials an den Kunden. Der Versand ist Teil der physischen Distribution. Die physische Distribution umfaßt den Fluß der Fertigerzeugnisse vom Endpunkt der Fertigung bis zur effektiven Auslieferung des Endproduktes an den ersten unternehmensexternen Abnehmer.[19] Durch Versand-, Transport- und Lagervorgänge ist sicherzustellen, daß das Produkt im richtigen Zustand, zur gewünschten Zeit, in der richtigen Menge sowie an den gewünschten Ort wirtschaftlich gelangt.[20]

Aufgabe der Versandabteilung ist es zunächst, die Materialien zu Versandeinheiten zu gruppieren. Eine Versandeinheit faßt alle Güter, die zu demselben Zeitpunkt an denselben Empfänger geliefert werden, zusammen. Die Versandeinheiten müssen im nächsten Schritt verpackt und es muß ein Transportmittel und eine Route bestimmt werden. Ferner ist eine Versand- und Transportterminierung durchzuführen. Die Einhaltung des Versandtermins erhält eine besondere Bedeutung, wenn im Vertrag mit dem Kunden ein bestimmter Termin ausgehandelt wurde.

---

[18] Vgl. Hansmann, Karl-Werner: Industrielles Management, 4. Auflage, München 1994, S. 301.

[19] Vgl. Hanssmann, Friedrich: Quantitative Betriebswirtschaftslehre, München, Wien 1990, S. 92.

[20] Vgl. Ringle, G.: Absatz; in Krabbe, Elisa (Hrsg.) Leitfaden zum Grundstudium der Betriebswirtschaftslehre, 5.Aufl., Gernsbach 1992, S. 423 - 544, hier S.512 f..

Nachdem die Ware das Unternehmen verlassen hat, ist ein Warenausgang zu buchen. Die Vorgänge des Versands sind in Belegen, z.B. dem Lieferschein, festzuhalten.

2.1.2.7 Die Fakturierung

Die Fakturierung ist der Vorgang, bei dem das produzierte und gelieferte Endprodukt dem Kunden in Rechnung gestellt wird. Für das Endprodukt und eventueller Zusatzleistungen wird dem Kunden der Preis in Rechnung gestellt. Idealerweise ist dies der Preis, der zuvor im Rahmen der Preisfindung ermittelt wurde und dann mit dem Kunden ausgehandelt und im Kaufvertrag festgehalten wurde. Es kann sich jedoch noch ein Nachlaß im Preis ergeben, wenn z.B. ein ausgehandelter Liefertermin nicht eingehalten wurde.

Die ist ein Prozeß, der sich in der Finanzbuchhaltung abspielt. Dadurch, daß das Endprodukt dem Kunden in Rechnung gestellt wird, entsteht für das Unternehmen eine Forderung gegenüber dem Kunden. Die Fakturierung wird in der Regel von der Versand- und Transportabteilung angestoßen. Dies erfolgt dadurch, daß die Rechnung mit dem Lieferschein mitgesandt wird. Es ist jedoch auch möglich, die Fakturierung vor oder nach dem Warenausgang durchzuführen. Das Prozeßelement Fakturierung läge dann zeitlich vor bzw. nach dem Prozeßelement Versand.

2.1.2.8 Die interne Abrechnung

Die geplanten Kosten für einen Kundenauftrag sind nach Abschluß des Kundenauftrages den Istkosten gegenüberzustellen. Dies bedeutet, daß das Ergebnis der Vorkalkulation, die auf Plandaten basiert, der Nachkalkulation, die auf Istdaten basiert, gegenübergestellt wird. Dies kann genau dann geschehen, wenn alle Kosten, die dem Kundenauftrag zurechenbar sind, auch an ihn abgerechnet wurden.

Die Besonderheit der Kostenkontrolle in der Kundenauftragsfertigung liegt darin, daß der Kundenauftrag selbst als Kostenträger fungiert. Alle Kosten, die im Laufe der Bearbeitung dem Auftrag verursachungsgerecht zuzuordnen sind, werden auf den Kundenauftrag gebucht. Die wesentlichen relevanten Kosten sind:

- Rohstoffkosten
- Kosten für zugekaufte Halbfabrikate
- Lohnkosten
- Maschinenkosten.

Das Ziel der Kostenkontrolle des Kundenauftrages ist zum einen, Informationen darüber zu erhalten, wieviel das Unternehmen tatsächlich an diesem Auftrag verdient. Zum anderen kann im Falle einer Überschreitung der Plan- durch die Istkosten über die Abweichungsanalyse festgestellt werden, an welchen Stellen höhere Kosten als geplant verursacht wurden. Aus diesen Abweichungen können dann entsprechende Korrekturmaßnahmen z.B. in der Beschaffung oder Fertigung abgeleitet werden.

Eine Kostenabweichung kann sowohl durch eine höhere Inanspruchnahme von Ressourcen als auch durch veränderte Preise zugekaufter Materialien oder Fremdleistungen entstehen. Die erste Abweichung wird als Preis-, die zweite als Mengenabweichung bezeichnet.[21]

Wird für Rohstoffe, die starken Preisschwankungen unterliegen, über das gesamte Geschäftsjahr mit einem gleichbleibenden Planpreis gerechnet, dann sind Preisabweichungen für diesen Rohstoff aus der Plan/Ist Rechnung für die Kundenaufträge eliminiert, da die Planpreise gleich den Istpreisen sind.

---

[21] Vgl. Haberstock, Lothar: Kostenrechnung II (Grenzplankostenrechnung), 7. Aufl., Hamburg 1986, S.197.

Dieses Vorgehen ist für Unternehmen, die in ihrer Produktion von preislich stark schwankenden Rohstoffen abhängig sind, sinnvoll, da für diese Unternehmen in erster Linie nicht die Preisabweichung des einzelnen Kundenauftrages, sondern die gesamte Preisabweichung der Periode relevant ist. Dies liegt daran, daß dem einzelnen Kundenauftrag bei stark schwankenden Rohstoffpreisen die Preisabweichungen nicht verursachungsgerecht zugeordnet werden können. Der durch gestiegene Rohstoffpreise eintretende Verlust, bzw. im umgekehrten Fall der Gewinn, ist von der Güte der Preisprognose abhängig und damit rein spekulativ. Trotzdem müssen bei einer erkennbaren Tendenz von stark steigenden oder sinkenden Rohstoffpreisen die Planpreise dieser Tendenz angepaßt werden. Dem Unternehmen bietet sich im übrigen durch Abschluß von Terminkontrakten die Möglichkeit der Absicherung gegen Preisschwankungen bei Rohstoffen.

Nach Abschluß des Kundenauftrages wird dieser an die Ergebnisrechnung der Kostenrechnung weitergeleitet. Die Systematik der Ergebnisrechnung hat einen Einfluß auf die Kosten, die auf dem Kundenauftrag gesammelt und schließlich an das Ergebnis der Kostenrechnung verrechnet werden. Ist die Ergebnisrechnung in Form einer stufenweisen Deckungsbeitragsrechnung aufgebaut, d.h. tauchen die Kundenaufträge nur mit den variablen Kosten auf und werden die Fixkosten am Ende den Deckungsbeiträgen gegenübergestellt, sind auch entsprechend nur variable Kosten an den Kundenauftrag abzurechnen. Es ist dann z.B. darauf zu achten, daß die Maschinenstundensätze keine fixen Kosten enthalten.

Es werden folgende wesentliche Positionen verrechnet:

- Kosten des Auftrages
- Erlöse des Auftrages
- Rückstellungen für fehlende Kosten
- Rückstellungen für drohenden Verlust
- Rückstellungen für Reklamationen und Provisionen.

Rückstellungen für fehlende Kosten werden gebildet, falls später noch Kosten anfallen, die dem Kundenauftrag verursachungsgerecht zuzuordnen sind. Ein denkbares Beispiel wäre eine rückwirkende Lohnerhöhung.

Rückstellungen für drohenden Verlust, bzw. für Reklamationen und Provisionen werden für mögliche in der Zukunft liegende Umstände gebildet, die das Ergebnis des Kundenauftrages noch beeinflussen könnten. Ein Beispiel wären Reklamationen, die zu nachträglichen Preisnachlässen oder zu Nachbesserungen führen können. Falls der Vertrieb über einen freien Handelsvertreter abgewickelt wird, können nachträglich noch weitere Provisionsforderungen entstehen. Dies wäre der Fall, wenn der Vertreter oberhalb eines bestimmten Jahresumsatzes zu seiner normalen Provision noch eine Zusatzprovision erhält. Diese wäre dann anteilig auf die von ihm vermittelten Kundenaufträge umzurechnen.

Ist am Ende einer Periode ein Kundenauftrag noch nicht abgeschlossen und sind entsprechend auch noch keine Erlöse für diesen Kundenauftrag eingegangen, so ist in der Ergebnisrechnung für diesen Kundenauftrag der Posten Ware in Arbeit auszuweisen. Er repräsentiert den Wert, der durch die Auftragsbearbeitung bereits geschaffen wurde. Würde der Posten Ware in Arbeit nicht im Ergebnis ausgewiesen, wären für den Auftrag bis zu diesem Zeitpunkt nur Kosten aufgelaufen, denen kein Gegenwert gegenüberstünde. Der Posten Ware in Arbeit wird durch die mitlaufende Kalkulation ermittelt.

2.2 Grundlagen des Unternehmens TGB

Die Abbildung der Prozeßkette für die Kundenauftragsfertigung im SAP R/3 System dient dazu, eine Basis zu schaffen für die spätere Implementierung bei den Unternehmen der Phoenix AG, welche die Produktionsstruktur der Kundenauftragsfertigung besitzen. Obwohl die Betrachtung der Abläufe in Kapitel 3 und 4 beispielhaft bleibt, orientiert sich die Darstellung der Prozesse an den Voraussetzungen der Transportgummi GmbH in Bad Blankenburg (Thüringen). Das Unternehmen und seine Prozesse werden daher im folgenden kurz skizziert.

2.2.1 Darstellung des Unternehmens

In diesem Abschnitt wird zunächst kurz die Phoenix AG im allgemeinen und anschließend deren Tochtergesellschaft Transportgummi GmbH Bad Blankenburg (TGB) vorgestellt.

Das Unternehmen Phoenix wurde 1856 gegründet. Zu Beginn wurden verschiedene Artikel aus Gummi sowohl für den Verbrauchermarkt wie z.B. Gummischuhe als auch für den technischen Markt produziert. Im Laufe der Jahre wuchs die Phoenix AG zu einem internationalem Konzern mit einer großen Anzahl an Tochtergesellschaften im In- und Ausland.

Heute hat das Unternehmen eine breitgefächerte Produktpalette an Kautschukprodukten für den industriellen Markt. Die Produktpalette läßt sich grob in Artikel für den Kfz-Markt und in Artikel für den technischen Markt aufgliedern.

Die Transportgummi GmbH Bad Blankenburg ist ein Tochterunternehmen der Phoenix AG. Es zählt zu der Sparte Elastomere technische Märkte. Das Unternehmen produziert Fördergurte, die für unterschiedliche Einsatzgebiete vorgesehen sind. Dazu zählen Textil- und Stahlseilfördergurte und deren Zubehörteile. Die Fertigung der Textilfördergurte umfaßt Heißgutfördergurte, schwer entflammbare Fördergurte, antistatische Fördergurte und kältebeständige Fördergurte. Das Einsatzgebiet von Stahlseilfördergurten liegt im kontinuierlichen Transport von Roh- und Baustoffen.

Für das Absatzprogramm gibt es keinen festen Kundenkreis. Der größte Teil der Kunden kommt jedoch momentan aus den GUS-Staaten. Die Fördergurte werden in folgenden Branchen eingesetzt:

- Anlagenbau
- Kohle-, Erz- und Bergbau
- Vulkanisateure
- Hüttenwesen
- Kieswerke/Steinbrüche
- Landwirtschaft.

Das Unternehmen besitzt ein Werk mit ca. 150 Mitarbeitern. Es hat eine klassische funktionale Organisationsstruktur. Auf der Ebene unterhalb der Geschäftsführung befinden sich folgende Funktionsbereiche:

- Einkauf
- Produktion
- Vertrieb/Entwicklung
- Finanzen/Controlling
- Instandhaltung/Energie
- Qualitätssicherung
- Arbeitszeitwesen
- Allg. Verwaltung.

2.2.2 Prozesse des Unternehmens

In diesem Abschnitt werden die einzelnen Prozesse des Unternehmens TGB in Ihrer zeitlichen Reihenfolge dargestellt, um in der später dargestellten beispielhaften Prozeßkette den praktischen Bezug herzustellen. Die spätere Darstellung ist jedoch keine direkte Umsetzung des Ist-Zustandes der Firma TGB in das SAP R/3 System, sondern sie ist eine beispielhafte Prozeßkette, die verschiedene Gestaltungsmöglichkeiten aufzeigt und so eher allgemeingültig bleibt. Die Ist-Analyse der Firma TGB ist daher für die gesamte Arbeit nicht von entscheidender Bedeutung und beschränkt sich auf einige wesentliche Punkte.

2.2.2.1 Die Kalkulation

Die Kalkulation eines Kundenauftrages erfolgt bei TGB bislang über eine Technologiedatei, die über die Eingabe bestimmter technischer Parameter eine Stückliste, einen Arbeitsplan und durch die Bewertung der Materialien und der erforderlichen Arbeitsleistungen die Kalkulation erstellt.

Die Materialbewertung ist eine Voraussetzung für die Kalkulation, da die Bewertungspreise durch Multiplikation mit den benötigten Mengen in die Berechnung der Herstellkosten der Fördergurte eingehen.

Bei der Transportgummi GmbH wird die Materialbewertung auf Werksebene durchgeführt. Das bedeutet, daß die angesetzten Preise nur in diesem Werk Gültigkeit haben. Das gleiche Material kann in einem anderen Werk eines Tochterunternehmens der Phoenix AG daher zu einem anderen Preis bewertet werden.

Bewertungsgrundlage für die Materialbewertung ist momentan der gleitende Durchschnittspreis. Dabei werden die durchschnittlichen Anschaffungskosten als arithmetisches Mittel aus dem Anfangsbestand und allen Zugängen der Materialien bestimmt.[22]

---

[22] Vgl. Freidank, Carl-Christian: Kostenrechnung. 5.Aufl.. München 1994, S.101.

Folgende Parameter, die den Fördergurt eindeutig beschreiben, sind in das Programm einzugeben:

Merkmal	Beispiel
Breite	1800 mm
Gewebetyp	EP
Länge	1000/4 (4 Rollen a 250m)
Deckenplattenmischung	WW/WW
Dicke der Deckenplattenmischung und Dicke der Deckenplattenlaufseite	15:10/5 (Deckenplattenmischung/ Deckenplattenlaufseite in mm)

Tabelle 2: Daten zur Beschreibung eines Fördergurtes

Sollte aus dem Angebot ein Auftrag resultieren, wird der verkaufte Gurt als ein neuer Gurttyp abgespeichert. Im Falle eines Wiederholauftrages kann auf die bereits erstellte Kalkulation zurückgegriffen werden.

2.2.2.2 Die Preisfindung

Nach Eingang einer Kundenanfrage wird für diese Anfrage ein Preis ermittelt, der sich an einem festen Deckungsbeitrag, der für das laufende Jahr erstellt wird, orientiert. Voraussetzung für die Preisfindung ist somit die Kalkulation der Selbstkosten. Es existiert ein Liefergrundpreis pro Quadratmeter, auf den Zuschläge für Transport, Vermittlungsbüro/Provision und Verpackungskosten berechnet werden.

Der Preis ist nicht durch den angestrebten Deckungsbeitrag fest vorgegeben, sondern es besteht noch ein Entscheidungsspielraum des Vertriebes bei der Preisverhandlung. Bei der Transportgummi GmbH wird das in Abschnitt 2.1.2.2 auf Seite 13 (Die Preisfindung) dargestellte Preisfindungsverfahren, das sich am flexibelsten erweist, angewandt. Der Verkäufer hat als Zielvorgabe einen Gesamtdeckungsbeitrag, den er mit seinen abgeschlossenen Kundenaufträgen zu erzielen hat. Er kann jedoch für jeden einzelnen Kundenauftrag individuell nach der jeweiligen Situation entscheiden.

2.2.2.3 Die Bedarfsplanung

Da es sich bei der Produktion der Fördergurte um eine reine Kundenauftragsfertigung handelt, erfolgt die Bedarfsplanung auftragsbezogen. Nach Eingang des Kundenauftrages wird für die zur Fertigung des Produktes benötigten Rohstoffe und Halbfabrikate der Bestand im Lager ermittelt und anschließend der Restbedarf, der zur Fertigung des Kundenauftrages erforderlich ist, bestimmt. Die Disposition der Rohstoffe und der fremdbeschafften Halbfabrikate erfolgt damit plangesteuert.

Eine automatische Stücklistenauflösung anhand des Primärbedarfs findet nach dem momentanen Stand nicht statt, da die Komponenten eines zu produzierenden Kundenauftrags z.T. erst zu einem späteren Zeitpunkt nach der Bedarfsplanung bestimmt werden können. Bezüglich dieser Komponenten bestehen demnach Wahlmöglichkeiten. Die benötigten Komponenten werden dann später manuell ausgewählt und mit Hilfe eines Programms in Bedarfe umgesetzt.

Für die Hilfs- und Betriebsstoffe wird eine verbrauchsorientierte Materialdisposition durchgeführt. Eine bedarfsorientierte Disposition wäre nicht zweckmäßig, da Hilfs- und Betriebsstoffe unabhängig von der spezifischen Ausführung in allen Aufträgen verarbeitet werden. Der Verbrauch kann daher einigermaßen sicher prognostiziert werden.

2.2.2.4 Die Materialeingänge

Bei den Materialeingängen ist zum einen der physische Prozeß des Materialflusses und zum anderen die Art und Weise, in der die Rohstoffe und die fremdbeschafften Halbfabrikate bei dem Eingang in das Lager verbucht werden, zu betrachten. Da der physische Vorgang des Wareneinganges bei der späteren Betrachtung der Prozeßkette keine Rolle spielt, wird darauf auch an dieser Stelle nicht näher eingegangen.

Bei der Verbuchung der Materialien beim Wareneingang besteht grundsätzlich die Möglichkeit, die Materialien mengen- und wertmäßig als Bestand zu verbuchen oder die Materialien nur mengenmäßig im Lager zu verbuchen und die Kosten für die Materialien direkt dem Kundenauftrag zuzurechnen. Die zweite Alternative kann dann gewählt werden, wenn für die Materialien eine plangesteuerte Disposition vorgenommen wird. Bei der Firma TGB wird zwar eine plangesteuerte Disposition vorgenommen, eine Buchung der fremdbeschafften Materialien in den Kundenauftragsbestand wird nach dem momentanen Stand jedoch noch nicht vorgenommen. Dies bedeutet, daß im EDV-System z.Zt. keine Verbindung zwischen den beschafften Materialien und den Kundenaufträgen, für die sie benötigt werden, besteht.

Die Buchung der fremdbeschafften Materialien beim Wareneingang sieht nach dem momentanen Stand so aus, daß die Materialien zunächst in den Qualitätsprüfungsbestand gebucht werden. Die Materialien sind so lange gesperrt, bis sie von der Qualitätsprüfung freigegeben werden. Nach der Freigabe werden die Materialien in den frei verfügbaren Lagerbestand gebucht.

2.2.2.5 Die Fertigung

Die Produktion der Textil- und Stahlseilfördergurte ist kundenauftragsbezogen, da die Anforderungen an einen Fördergurt je nach Kundenauftrag unterschiedlich sind. Die Produktion von Fördergurten auf Vorrat bilden die Ausnahme.

Die Fertigung der Transportgummi GmbH teilt sich in die Produktion Mischung und die Produktion Fördergurte auf. In der Mischerei werden Rohgummi, spezielle Chemikalien und Füllstoffe nach bestimmten Rezepturen im Kneter vermengt. Diese Mischungen werden anschließend im Walzwerk zu Bahnen gewalzt. Die Bahnen gehen anschließend in die Qualitätsprüfung und werden nach der Freigabe in der Produktion Fördergurte weiterverarbeitet.

Ein Fördergurt besteht aus zwei Seiten, einer Tragseite und einer Laufseite. Die Tragseite befördert die jeweiligen Werkstoff, die Laufseite liegt auf den Förderrollen auf. Die Seiten können jeweils wieder aus mehreren Schichten bestehen. Der genaue Ablauf der Produktion Fördergurte wird hier nicht weiter beschrieben, da er für die Darstellung der beispielhaften Prozeßkette keine Bedeutung hat.

In der Produktion Mischung wird ca. ein Viertel des Mischungsbedarfes selbst gefertigt. Der Rest wird fremdbezogen. Die Mischungen stellen Halbfabrikate im Fertigungsprozeß der Transportbänder dar. Für die Produktion stehen zwei Kneter, die im Einschichtbetrieb gefahren werden, zur Verfügung.

2.2.2.6 Der Versand

Aufgabe des Versandes ist es, die fertiggestellten Materialien zu verpacken und den termingerechten Transport zum Kunden sicherzustellen. Wie der Versand abgewickelt wird, z.B. ob mehrere Kundenaufträge zu einer Lieferung zusammengefaßt werden oder ob ein Kundenauftrag in mehrere Lieferungen aufgespalten wird, hängt maßgeblich davon ab, um welche Art von Produkten es sich bei dem betrachteten Unternehmen handelt.

Bei den Produkten der Transportgummi GmbH Bad Blankenburg handelt es sich um Fördergurte, die z.T. sehr voluminös sind und daher nicht in einer einzigen Lieferung sondern in mehreren Teillieferungen an den Kunden versandt werden. Die Verpackung der Gurte besteht aus Holz- oder Stahlkernen, auf denen die Gurte aufgewickelt werden. Der Transport wird von einem externen Speditionsunternehmen übernommen.

2.2.2.7 Die Fakturierung

Bei der Fakturierung bestehen bezüglich des Zeitpunktes, zu dem die Rechnung an den Kunden versandt wird und zu dem gegenüber dem Kunden eine Forderung entsteht, Gestaltungsmöglichkeiten. Die häufigste Möglichkeit besteht darin, die Rechnung mit dem Lieferschein bei dem Versand an den Kunden mitzusenden.

Bei der Firma TGB wird das Endprodukt in mehreren Teilsendungen zum Kunden transportiert. Die Rechnung wird dann mit der letzten Teillieferung mitgeschickt. Zum Teil wird bei TGB jedoch auch schon mit der ersten Lieferung eine Rechnung mitgeschickt. In dieser Rechnung wird dann jedoch nur eine Anzahlung mit einem kurzfristigen Zahlungsziel in Rechnung gestellt. Die Restzahlung muß dann erst nach der letzten Teillieferung bezahlt werden. In manchen Fällen wird die Fakturierung auch so gehandhabt, daß mit der letzten Teillieferung noch nicht der gesamte Betrag in Rechnung gestellt wird, sondern daß ein Restbetrag erst nach Ablauf der Garantiefrist, die in der Regel 5 Jahre beträgt, vom Kunden bezahlt werden muß.

Ein weiterer Aspekt bei der Fakturierung sind die daraus resultierenden Buchungen. Wenn eine Rechnung aus Teilbeträgen mit unterschiedlichen Zahlungszielen besteht, stellt sich die Frage, ob diese Teilbeträge zeitlich getrennt oder zusammen gebucht werden. Bei der Firma TGB werden diese Teilbeträge zeitlich zusammen als der gesamte Betrag für den Fördergurt gebucht. In dem Fall, daß die Rechnung mit der ersten Teillieferung gesandt wird, aber zunächst nur eine Anzahlung auf den Gesamtbetrag gezahlt werden muß, wird dennoch der gesamte Betrag als Forderung gegen den Kunden und als Erlös auf den Kundenauftrag gebucht.

2.2.2.8 Die interne Abrechnung

Wie bereits in Abschnitt 2.1.2.8 auf Seite 18 (Die interne Abrechnung) beschrieben, wird bei der Kundenauftragsfertigung der Kostenträger Kundenauftrag, auf dem alle dem Kundenauftrag zurechenbaren Kosten gesammelt werden, an das Ergebnis abgerechnet. Genauso wird auch bei der Firma TGB verfahren.

Es wurde ferner erwähnt, daß die Systematik der Ergebnisrechnung einen Einfluß auf die Kosten hat, die auf dem Kundenauftrag gesammelt und schließlich an das Ergebnis verrechnet werden. Bei der Phoenix AG ist die Ergebnisrechnung in Form einer stufenweisen Deckungsbeitragsrechnung aufgebaut. Die Kundenaufträge tauchen nur mit den variablen Kosten auf, die Fixkosten werden am Ende der Periode an das Ergebnis der Kostenrechnung abgerechnet und den Deckungsbeiträgen der Kundenaufträge gegenübergestellt.

2.3 Grundlagen des SAP R/3 Systems

In diesem Abschnitt werden die Grundlagen des SAP R/3 Systems dargestellt, indem zunächst allgemein auf das SAP R/3 Konzept eingegangen wird. Im Anschluß daran wird speziell das für die dargestellte Prozeßkette besonders wichtige Controlling Modul des SAP R/3 Systems erläutert.

2.3.1 Das SAP R/3 Konzept

SAP R/3 ist eine branchenneutrale Standardsoftware, die alle betriebswirtschaftlichen Funktionsbereiche abdeckt, integriert und verbindet. Hauptfunktionsbereiche sind die Finanzwirtschaft, die Logistik und die Personalwirtschaft. Die Finanzwirtschaft besteht aus der Buchhaltung, der Anlagenwirtschaft und dem Controlling. Die Logistik besteht aus der Materialwirtschaft, dem Vertrieb, der Produktionsplanung- und -steuerung, der Instandhaltung und dem Qualitätsmanagement. Die Personalwirtschaft besteht aus der Personaladministration und -abrechnung und aus der Personalplanung und -entwicklung. Zusätzlich wird eine eigene Entwicklungsumgebung auf der Basis der Programmiersprache ABAP/4 zur Verfügung gestellt.[23]

[23] Vgl. SAP Online Dokumentation, Übersicht, Version 3.1g.

Die Gründe für den Erfolg dieser Standardsoftware liegen hauptsächlich in den Anforderungen der Software an die Hardware und der Konzeption der Software. Deswegen wird im weiteren Verlauf die Systemarchitektur und der modulare Aufbau des SAP R/3 Systems dargestellt, um anschließend auf die Vorgehensweise und die Vor- und Nachteile dieser Konzeption näher einzugehen.

2.3.1.1 Systemarchitektur des SAP R/3 Systems

Das ursprüngliche SAP R/2 System, der Vorgänger des SAP R/3 Systems, beruhte auf der Mainframe Technologie. Bei dieser Technologie stand die Optimierung der Systemauslastung im Vordergrund. Ein großer Teil der Systemleistung wurde für die Prozeßverwaltung benötigt. Das SAP R/3 System arbeitet hingegen mit einer Client/Server Architektur. Zielsetzung dieser Architektur ist die Optimierung der Funktionalität und der Bedienbarkeit. Der überwiegende Teil der Systemleistung wird für die Prozeßverwaltung genutzt.

Ein Client Server System ist ein Netzwerk von Rechnern, den Clients, die gemeinsam Ressourcen von einem oder mehreren Rechnern im Netzwerk benutzen. Anwendungen werden funktionsmäßig in einen Client- und einen Serverteil aufgeteilt. Der Clientteil besteht dabei aus Funktionen, die im Computer des Benutzers ausgeführt werden, während der Serverteil die Funktionen oder Teile des Programms bildet, die für normale Rechner im Netz zu komplex sind.[24]

[24] Vgl. Bohman, Jan: Netztechnik. Lokale Datennetze. Systeme - Komponenten - Protokolle, München 1991, S.36.

Die Client/Server Technologie schafft neue Möglichkeiten für das unternehmensweite Informations-Management. Die Vorteile im einzelnen sind:

- Bessere Antwortzeiten und höhere Verfügbarkeit durch Lastenverteilung
- Produktivitätssteigerung des Anwenders durch eine grafische Benutzeroberfläche
- Flexibilität bei Hardware- und Software-Investitionen
- Nutzung der Technologie offener Systeme.

Ein vollständiges SAP R/3 System besteht aus der Hardware, dem Betriebssystem, der Datenbank, der SAP GUI und der verwendeten Programmiersprache.

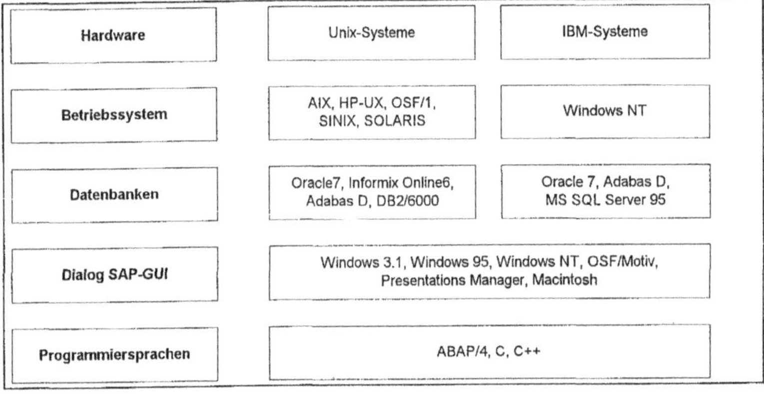

Abbildung 2: Komponenten des SAP R/3 Systems

Der SAP Dispatcher ist als Steuerungsinstanz der Mittelpunkt des R/3 Kernsystems. Er verwaltet in Abstimmung mit dem jeweiligen Betriebssystem Ressourcen für die R/3-Anwendungen. Seine Hauptaufgaben sind:

- Die Verwaltung von Pufferspeicher im Hauptspeicher.
- Die Anbindung von PC's, grafischer Terminals und Präsentationsrechnern.
- Die Organisation von Kommunikationsvorgängen.
- Die gleichmäßige Verteilung der Transaktionslast an die Workprozesse.
- Die Steuerung des Datenaustauschs zu anderen Applikationen.
- Die Sicherstellung der Konsistenz aller Daten.

2.3.1.2 Der modulare Aufbau des SAP R/3 Systems

Ein besonderes Charakteristikum des SAP R/3 Systems ist seine Modularität. Das System bleibt auch lauffähig, wenn es nicht als Ganzes benutzt wird, sondern wenn einzelne Module nicht installiert sind.

Es erlaubt dem Unternehmen, das mit dem SAP R/3 System arbeitet, auf einzelne Module zu verzichten. Da das SAP R/3 System den Anspruch der Universalität erfüllen soll, muß das System gleichermaßen für eine Bank wie für ein Handelsunternehmen oder einen Produktionsbetrieb geeignet sein. Eine Bank würde dann bei der Einführung des Systems auf das PP-Modul (Produktionsplanung) verzichten.

Gleichermaßen ist es möglich, daß ein Produktionsunternehmen ebenfalls auf das PP-Modul verzichtet und nur die anderen Bereiche des Unternehmens wie Einkauf und Vertrieb mit dem SAP R/3 System abbildet. Die Produktion könnte dann weiterhin mit einem anderen EDV System, das bereits lange vor der SAP Einführung in Betrieb war und auf die spezifischen Gegebenheiten des Unternehmens angepaßt ist, abgebildet werden. Ein solches Vorgehen wäre jedoch hinsichtlich des Datentransfers an den Schnittstellen zur Produktion problematisch. Der eigentliche Vorteil der Datenintegration, der ein doppeltes Eingeben von Daten verhindert, würde so nicht zu tragen kommen.

2.3.1.3 Vorteile und Nachteile des SAP R/3 Konzeptes

Aus der Systemarchitektur und dem modularen Aufbau ergeben sich die im folgenden aufgeführten wichtigen Vorteile des SAP R/3 Konzeptes:

- Realtime Verarbeitung:
  Bei der Realtime Verarbeitung arbeitet das System im Online Betrieb, d.h. im Dialogbetrieb. Die entstehenden Daten können direkt am Entstehungsort über Terminals erfaßt werden. Das System prüft die Daten auf ihre inhaltliche Richtigkeit. Bei fehlerhaften Daten erfolgt eine Rückmeldung. Bei dem SAP R/3 System handelt es sich nicht um eine reine Echtzeitverarbeitung, da Veränderungen zunächst in einer Protokolldatenbank gepuffert werden. Das System arbeitet diese Protokolldatenbank schrittweise ab.
- Integration:
  Integration bedeutet, daß verschiedene betriebswirtschaftliche Funktionsbereiche miteinander verknüpft werden. Dadurch sind auch die Daten der verschiedenen Funktionsbereiche miteinander verknüpft. Diese Daten müssen deswegen nur einmal gespeichert werden. Problematische Schnittstellen werden so vermieden und die Daten stehen allen Anwendungen zur Verfügung.
- Benutzerfreundliche Menüoberfläche:
  Die Bedienung wird durch die Verwendung von Symbolen (Icons) unterstützt. Dabei ist die Bedieneroberfläche weitgehend angelehnt an die Oberfläche von Windows, so daß ein Einstieg erleichtert wird. Es gelten außerdem einheitliche Regeln.
- Funktionalität:
  EineVielzahl von Funktionen in den einzelnen Modulen und die Integration von Anwendungssoftware erleichtert den täglichen Arbeitsaufwand.
- Internationalität:
  Durch länderspezifische Versionen können unterschiedliche Sprachen, Währungen Kontenpläne und gesetzliche Vorschriften (z.B. steuerliche Vorschriften) berücksichtigt werden.
- Branchenneutralität:
  Die Anpassung des SAP R/3 Systems an branchenspezifische und firmenspezifische

Besonderheiten erfolgt mit Hilfe der Customizing Funktion. Customizing bedeutet, das die Software parametrisiert ist und durch das Setzen von Parametern an die Bedürfnisse des Anwenders und des Unternehmens angepaßt werden kann.

- Prozeßoptimierung:
  Die Ablauforganisation eines Unternehmens muß in einem bestimmten Rahmen an das SAP R/3 System angepaßt werden. Dadurch besteht für das Unternehmen die Chance zur Optimierung ihrer Ablauforganisation. Trotzdem sind mit der SAP eigenen Programmiersprache ABAP/4 abweichende Abläufe im SAP R/3 System programmierbar.
- Plattformunabhängigkeit:
  Durch die Plattformunabhängigkeit können systemunabhängig die Entwicklung und die Ablauffähigkeit durchgeführt werden.
- Offene Systemarchitektur
- Wartungsfreundlichkeit
- Hilfsmittel:
  SAP Online Hilfe, Unternehmens - IMG (ermöglicht ein individuelles Einstellen des Einführungsleitfaden auf die Bedürfnisse des Unternehmens).

Die Nachteile des SAP R/3 Systems ergeben sich aus dem Umfang und der Komplexität. Da das System nicht auf eine bestimmte Branche oder einen bestimmten Typ von Unternehmen beschränkt ist, sind die logischen Zusammenhänge und die zu tätigenden Einstellungen äußerst komplex. Gegenüber einem speziellen Programm, das nur einen Teilbereich eines Unternehmens abdeckt oder auf eine bestimmte Branche zurechtgeschnitten ist, kann sich der Nachteil ergeben, daß das SAP R/3 System weniger die speziellen Erfordernisse dieses Bereiches oder dieser Branche berücksichtigt. Es handelt sich hier um den generellen Nachteil eines Produktes, das den gesamten Markt abdecken soll, gegenüber einem Nischenanbieter.

In gewissem Umfang kann eine Anpassung des SAP R/3 Systems durch Programmierung in ABAP vorgenommen werden. Ist eine Anpassung des Programms nicht möglich, muß das Unternehmen seine Prozesse so umorganisieren, daß sie sich im SAP R/3 System abbilden lassen.

2.3.1.4 Einführung bzw. Erweiterung des SAP R/3 Systems

Im Vorgehensmodell wird die Strukturierung von R/3 Einführungsprojekten beschrieben, dabei wird die Einführung in 4 Phasen unterteilt:

- Organisation und Konzeption
- Detaillierung und Realisierung
- Produktionsvorbereitung
- Produktionsanlauf.

Die Einführung bzw. Erweiterung des SAP R/3 Systems wird vom Customizing unterstützt. Das Customizing Menü wird verwendet, um direkt die entsprechende Parametrisierung, die im Einführungsleitfaden beschrieben ist, vorzunehmen.

Vorgehen: *Werkzeuge → Business Engineering → Customizing*

Für die Durchführung von Systemeinstellungen steht ein Einführungsleitfaden zur Verfügung. Mit seiner Hilfe werden die Systemeinstellungen für alle Anwendungen des R/3 Systems durchgeführt. Die Führung durch diesen Leitfaden erfolgt nach betriebswirtschaftlichen Fragestellungen, d.h. er ist nach Anwendungsbereichen gegliedert. Innerhalb der Anwendungsbereiche sind die Arbeitsschritte nach der Reihenfolge der Bearbeitung strukturiert. Kenntnisse über Tabellennamen oder Tabellenverknüpfungen sind nicht erforderlich.

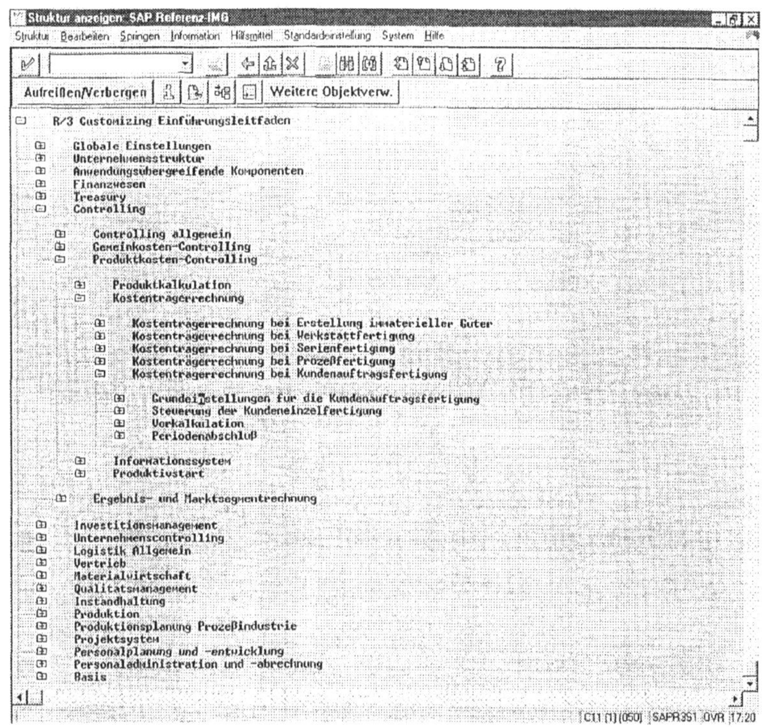

Screenshot 1: Gliederung des Einführungsleitfadens

Man unterscheidet zwischen 3 Arten von Einführungsleitfäden:

- Referenz IMG:

  Im SAP Referenz IMG sind die Systemeinstellungen aller Anwendungen hinterlegt.

- Unternehmens IMG:

  Das Unternehmens IMG enthält nur noch Funktionen, die das Unternehmen benötigt.

- Projekt IMG:

  Ein Projekt IMG wird verwendet, um ein Unternehmens IMG weiter zu unterteilen.

Aus jedem Strukturtitel eines Einführungsleitfadens können folgende Funktionen aufgerufen werden:

- Customizing Transaktionen (Einfachklick auf grünes Häckchen)
- Aufruf der SAP Dokumentation (Doppelklick auf Strukturtitel)
- Aufruf der Projektdokumentation (per Icon)
- Aufruf der Projektverwaltung (per Icon).

Bei der Installation des SAP R/3 Systems steht ein voreingestelltes Standardsystem mit 2 Mandanten zur Verfügung. Beide Mandanten enthalten dieselben Standardvoreinstellungen, jedoch nur in einem Mandanten dürfen Customizingeinstellungen vorgenommen werden.

Zusätzliche wird ein IDES-System (International Demonstration and Education System) mit ausgeliefert. Mit diesem bereits voreingestellten System können, losgelöst vom eigentlichen System, Geschäftsprozesse nachvollzogen werden.

2.3.2 Die Struktur des SAP R/3 Controlling-Moduls

Die Daten und Strukturen des betrieblichen Rechnungswesens werden im SAP R/3 System über die Module Finanzbuchhaltung FI und Controlling CO verwaltet und abgebildet. Das Controlling Modul stellt dabei den Zweig des internen Rechnungswesens dar.

2.3.2.1 Relevante Anwendungskomponenten des SAP R/3 Controlling Moduls

Das Controlling Modul ist im SAP R/3 System unterteilt in die Komponenten Gemeinkosten-Controlling (CO-OM), Produktkosten-Controlling (CO-PC) und Vertriebs-Controlling bzw. Ergebnis und Marktsegmentierung (CO-PA).

2.3.2.1.1 Gemeinkosten-Controllling

Das Gemeinkosten-Controlling umfaßt die Planung, Steuerung und Kontrolle der Gemeinkosten. Unter Gemeinkosten versteht man die Kosten, die einem Kostenträger nicht direkt zugeordnet werden können.[25] Die Gemeinkosten werden in echte und unechte Gemeinkosten unterteilt. Unechte Gemeinkosten lassen sich zwar im Prinzip Kostenträgern zuordnen, jedoch wird darauf verzichtet, weil der Erfassungsaufwand zu groß wäre.[26] Die Ist-Gemeinkosten werden auf die Kostenstellen verrechnet. Am Ende der Buchungsperiode sind alle Verrechnungen erfolgt. Die an den Beschäftigungsgrad angepaßten Plankosten (Sollkosten) werden dann den entsprechenden Istkosten gegenübergestellt. Die festgestellten Soll-/Ist-Abweichungen können bezüglich ihrer Ursachen analysiert werden und bilden die Grundlage für weiterführender Steuerungsmaßnahmen innerhalb des Controllings.

Das Gemeinkosten-Controlling gliedert sich in die Kosten- und Erlösartenrechnung (CO-CEL), die Kostenstellenrechnung (CO-OM-CCA), Gemeinkostenaufträge (CO-OM-OPA) und die Prozeßkostenrechnung (CO-OM-ABC).

Die Kosten- und Erlösartenrechnung dokumentiert, welche Kosten und Erlöse im Unternehmen angefallen sind.[27]

Die Kostenstellenrechnung dokumentiert, wo im Unternehmen Kosten angefallen sind. Hierbei können die angefallenen Kosten entweder direkt einer Kostenstelle zugerechnet werden, oder die Zuordnung erfolgt über die interne Leistungsverrechnung.[28]

Gemeinkostenaufträge sind Innenaufträge zur zeitlich begrenzten Überwachung von Gemeinkosten. Gemeinkosten können bei der Durchführung einer Maßnahme zeitweilig, oder Teile der Gemeinkosten können dauernd überwacht werden.[29]

---

[25] Vgl. Wöhe, Günter: Einführung in die Allgemeine Betriebswirtschaftslehre, 16. Aufl., München 1986, S. 1142.
[26] Vgl. SAP-Online-Dokumentation, Version 3.1.G, Gemeinkosten-Controlling.
[27] Vgl. Freidank, Carl-Christian: Kostenrechnung, 5. Auflage, München 1994, S. 95.
[28] Vgl. Freidank, Carl-Christian: Kostenrechnung, 5. Auflage, München 1994, S. 132.
[29] Vgl. SAP-Online-Dokumentation, Version 3.1.G, Gemeinkosten-Controlling.

Die Prozeßkostenrechnung ergänzt die Kostenstellenrechnung um eine vorgangsorientierte und funktionsübergreifende Sicht. Nicht die Kostenoptimierung in den einzelnen Abteilungen, sondern die Optimierung innerhalb des gesamten Unternehmens steht im Vordergrund.[30] Mit der Prozeßkostenrechnung soll herausgefunden werden, wie die Abläufe im Unternehmen optimiert werden können.

2.3.2.1.2 Produktkostencontrolling

Im Produktkosten-Controlling erfolgt die Planung Steuerung und Kontrolle der Produktionskosten (Kostenträgerrechnung). Es findet anhand der Kostenartenrechnung und unter Rückgriff auf die Kostenstellenrechnung eine Verteilung der einzelnen Kosten auf die Kostenträger des Unternehmens statt (z.B. Erzeugnisse oder Aufträge).[31] In der Kostenträgerrechnung werden außerdem, die Herstellkosten eines Erzeugnisses errechnet, die Preisuntergrenze für die Erzeugnisse ermittelt, die Produktionsabweichungen festgestellt und in das Ergebnis übernommen. Es werden die Bestände an fertigen und unfertigen Erzeugnissen bewertet und die Erlöse den Kosten des Kostenträgers gegenübergestellt.[32]

---

[30] Vgl. SAP-Online-Dokumentation, Version 3.1.G, Gemeinkosten-Controlling.
[31] Vgl. Freidank, Carl-Christian: Kostenrechnung, 5. Auflage, München 1994, S. 94.
[32] Vgl. Keller, Gerhard, Teufel, Thomas: R/3 prozeßorientiert anwenden, Bonn 1997, S. 79.

Die Kostenträgerrechnung liefert somit Basisinformationen für folgende betriebswirtschaftliche Funktionen:

- Preisbildung und Preispolitik
- Bestandsbewertung
- Herstellkosten-Controlling
- Ergebnisrechnung
- Profit-Center-Rechnung[33].

2.3.2.1.3 Vertriebs-Controlling

Das Vertriebs-Controlling dient der Beurteilung der Marktsegmente, die nach Produkten, Kunden, Aufträgen oder auch nach Unternehmensbereichen (Buchungskreis, Geschäftsbereich) gegliedert sein können. Die Aufgabe des Vertriebscontrollings ist es, die Bereiche Vertrieb, Marketing, Produktmanagement und Unternehmensplanung mit den benötigten Informationen zu versorgen. Auf dieser Grundlage können dann weiterführende Maßnahmen und Entscheidungen eingeleitet werden.[34]

Es wird zwischen der Komponente Ergebnis- und Marktsegmentrechnung (CO-PA) und der Komponente Profit-Center-Rechnung (EC-PCA) unterschieden.

Die Ergebnis- und Marktsegmentrechnung dient der Beurteilung von Marktsegmenten. Die Informationen aus diesem Bereich bilden u.a. die Entscheidungsgrundlage für die Preisfindung, die Kundenselektion, die Konditionierung und die Wahl des Absatzweges.

---

[33] Vgl. SAP-Online-Dokumentation, Version 3.1.G, Produktkosten-Controlling.
[34] Vgl. Keller, Gerhard; Teufel, Thomas: R/3 prozeßorientiert anwenden, Bonn 1997, S. 79.

Die Profit-Center-Rechnung unterstützt die Ermittlung eines internen Betriebsergebnisses für einzelne Unternehmenseinheiten. Sie dient der internen Beurteilung von Unternehmenseinheiten bzw. Teilbereichen des Unternehmens. Es ist z.B. eine produktbezogene (Produktlinien, Sparten), eine regionale (Standorte) oder eine funktionale (Produktion, Vertrieb) Gliederung eines Unternehmens nach Profit Centern möglich.[35]

Die Ergebnis- und Marktsegmentrechnung erfolgt nach dem Umsatzkostenverfahren, d.h. von dem Erlös werden die zugehörigen Kosten des Umsatzes abgesetzt. Parallel kann in der Profit-Center-Rechnung neben dem Umsatzkostenverfahren auch das Gesamtkostenverfahren angewendet werden. Somit können Umsatzkostenverfahren und Gesamtkostenverfahren nebeneinander im SAP R/3 System geführt werden.[36]

2.3.2.2 Relevante Schnittstellen des Controlling Moduls zu anderen Modulen

Aus den vorgelagerten Modulen gelangen die relevanten Daten in das Controlling-Modul. Durch diese Integration wird der Erfassungsaufwand für Ist- und Plandaten minimiert. Innerhalb der Komponenten des Controlling-Moduls findet dann eine Verrechnung statt, bei der letztendlich die Kosten- und Erlöse in die Ergebnis- und Marktsegmentrechnung einfließen. Die Kostenrechnung erfolgt für einen Kostenrechnungskreis bzw. ein Profit Center.

---

[35] Vgl. SAP-Online-Dokumentation, Version 3.1.G, Ergebnis- und Marktsegmentrechnung.
[36] Vgl. Keller, Gerhard, Teufel, Thomas: R/3 prozeßorientiert anwenden. Bonn 1997, S. 79.

Abbildung 3: CO-Integrationsmodell[37]

[37] Vgl. SAP AG, Funktionen im Detail, Das Rechnungswesen im SAP System, Walldorf 1997, S. 1-8.

2.3.2.2.1 Finanzwirtschaft

Das Controlling-Modul CO und die Finanzbuchhaltung FI sind im SAP R/3 System eigenständige Module. Zwischen diesen Modulen findet ein ständiger Datenaustausch statt. Alle kostenrechnerisch relevanten Daten fließen automatisch vom FI-Modul in das CO-Modul. Dabei werden die Kosten und Erlöse verschiedenen Objekten zugeordnet. Solche Objekte sind z.B. Kostenstellen, Kundenaufträge, Ergebnisobjekte, Fertigungsaufträge, Prozesse oder Projekte. Die relevanten Konten der Finanzbuchhaltung werden als Kosten- und Erlösarten auch im Controlling-Modul als eigenständiger Datenbestand geführt. Damit bleiben die Werte des Controllings und der Finanzbuchhaltung vergleich- und abstimmbar.

2.3.2.2.2 Logistik

Das Controlling Modul erhebt den Anspruch einer vollständigen Prozeßintegration in die Logistik. Das bedeutet, daß, ausgehend von der jährlichen Absatz- und Produktionsplanung, über die einzelnen Planungsschritte hinweg bis zur konkreten Disposition und Abwicklung der einzelnen Aufträge alle kostenrechnerisch relevanten Informationen bereitzustellen sind.

Wichtige Bereiche sind hierbei:

- Die Kalkulation von Produkten und Aufträgen auf der Basis von Stücklisten und Arbeitsplänen
- Die Übernahme und das Bewerten von Verbrauchsmengen und Zeiten zum Zweck einer mitlaufenden d.h. produktionsbegleitenden Kalkulation
- Das Bewerten von Lagermengen im Roh-, Hilfs- und Betriebsstoff- sowie Halbfabrikate- und Fertigfabrikatebereich
- Die Übernahme der fakturierten Absatzmengen inklusive aller erlösabhängigen Einzelwerte zum Zwecke einer begleitenden Ergebnisrechnung nach dem Umsatzkostenverfahren.

2.3.2.2.3 Personalwirtschaft

Die Personalwirtschaft bietet detaillierte Informationen für die zukünftige Entwicklung aller personenabhängigen Kosten. Diese geplanten Kosten können in das CO-Modul übernommen werden.

Außerdem werden alle abgerechneten personalabhängigen Kosten über das Modul der Finanzbuchhaltung an die Kostenstellenrechnung des Controlling-Moduls weitergegeben.

Die Daten der Zeiterfassung des Personals fließen über die Rückmeldung der einzelnen Fertigungsaufträge in die Produktkalkulation des Controlling-Moduls. Dadurch kann die kalkulatorische Verrechnung von personenabhängigen Kosten auf Fertigungsaufträge, Kundenaufträge oder Projekte durchgeführt werden.

3 Die Prozeßkette von der Kundenanfrage bis zum Fertigungsauftrag

Nachdem in Kapitel zwei dargestellt wurde, wie die Auftragsbearbeitung für die Kundenauftragsfertigung und insbesondere die Kalkulation theoretisch aussehen sollte und die spezifischen Gegebenheiten des Unternehmens TGB kurz aufgezeigt wurden, soll nun anhand eines beispielhaften Prozesses erläutert werden, wie sich die Kundenauftragsfertigung in Hinblick auf die Anforderungen der Firma TGB im SAP R/3 System abbilden läßt.

Dazu wurden im System Teststammdaten, die bezüglich ihrer Bezeichnung eindeutig den Testcharakter zeigen, aufgebaut. Es wurde z.B. das Material mit der Bezeichnung Test-Co-Fert-1 angelegt. Bei der Erläuterung der logischen Zusammenhänge und der Abläufe im SAP R/3 System wird dieses Material zur Demonstration immer wieder benutzt.

Für das Testmaterial wurde ein einstufiger Fertigungsprozeß aufgebaut. Der Prozeß wurde bewußt einfach und übersichtlich gehalten, da sich die Darstellung darauf konzentriert, die logischen Zusammenhänge im SAP R/3 System im Hinblick auf die Kundenauftragsfertigung verständlich zu machen. Die aufgebauten Daten und die gemachten Einstellungen im SAP R/3 System der Phoenix AG sind an allen Stellen so kenntlich gemacht, daß zu erkennen ist, daß sie Testcharakter besitzen.

Die getätigten Einstellungen für den Beispielprozeß orientieren sich zwar an den Anforderungen der Transportgummi GmbH Bad Blankenburg, die aufgebauten Daten sind jedoch keine Abbildung des Fertigungsprozesses bei TGB. Die Testdaten sollen dazu dienen, den Prozeß der Kundenauftragsfertigung im SAP R/3 System auch für andere Tochtergesellschaften der Phoenix AG beispielhaft darzustellen.

Parallel zu dem Testmaterial wird der Prozeß an einigen Stellen auch für ein Material, das sich näher an dem Produktspektrum der Transportgummi GmbH Bad Blankenburg anlehnt, aufgezeigt. Bei diesem Produkt von TGB handelt es sich um ein Material, das mit Hilfe der Variantenkonfiguration im SAP R/3 System abgebildet wird. Mit dem anderen Testmaterial wird dagegen eine einfachere Möglichkeit aufgezeigt, die Kundenauftragsfertigung abzubilden.

In diesem Kapitel wird dargestellt, wie die Vorgänge bei der Bearbeitung eines Kundenauftrages bis zur Übergabe der Daten an die Bedarfsplanung im SAP R/3 System implementiert werden können. Neben den Zusammenhängen werden vor allem die Gestaltungsmöglichkeiten im SAP R/3 System aufgezeigt.

Die wesentlichen Punkte bilden dabei die Kalkulation des Kundenauftrages und die Preisfindung. Es handelt sich hierbei um eine Vorkalkulation, da mit geplanten Daten gerechnet wird. Dabei wird zunächst auf die Organisationsstrukturen, die Stammdaten und die Belege im SAP R/3 System, die einen Einfluß auf die Elemente der Prozeßkette haben, eingegangen. Anschließend wird gezeigt, wie Kundenanfragen und -aufträge im SAP R/3 System hinterlegt werden, wie das System einen Auftrag strukturiert, und welche Besonderheiten des Kundenauftrages bei der Variantenkonfiguration zu beachten sind.

Im nächsten Schritt wird der logische Aufbau der Auftragskalkulation, die Funktionselemente und die Gestaltungsmöglichkeiten dieser Kalkulation dargestellt. Im Abschnitt 3.3.4 auf Seite 100 (Steuerung der Kalkulation) wird gezeigt, nach welchen Entscheidungsregeln im System die Kalkulation im Kundenauftrag abläuft und welche Parameter eingestellt werden müssen.

Nach der Auftragskalkulation werden die Zusammenhänge, die Gestaltungsmöglichkeiten und der Ablauf der Preisfindung aufgezeigt. Durch die Gestaltungsmöglichkeiten werden Alternativen dargestellt, die individuell an die Unternehmensbedürfnisse angepaßt werden können.

3.1 Grundlagen für die Elemente der Prozeßkette im SAP R/3 System

In diesem Abschnitt werden die Grundlagen für die Elemente der Prozeßkette im SAP R/3 System aufgezeigt. Es wird zunächst auf die Organisationsstrukturen und die Stammdaten im SAP R/3 System eingegangen, um danach die Verkaufsbelege zu skizzieren. Auf die dargestellten wichtigen SAP spezifischen Begriffe wird im weiteren Verlauf immer wieder zurückgegriffen. Die gleichbleibenden Einstellungen für die Prozeßkette werden durch einen Umrahmung des Textes deutlich hervorgehoben.

3.1.1 Relevante Organisationsstrukturen im SAP R/3 System

Alle Daten, die gemeinsam genutzt werden sollen, werden auf der obersten Ebene, der Mandantenebene abgelegt. Der Mandant ist die höchste Organisationseinheit im SAP R/3 System. Dadurch wird vermieden, daß Daten, die für alle Unternehmensbereiche gelten, mehrfach gespeichert werden. Außerdem tauschen die einzelnen Anwendungen Daten untereinander aus, so daß Geschäftsvorfälle nicht mehrmals erfaßt werden müssen. Fakturen werden z.B. im Vertrieb gebucht und an die Finanzbuchhaltung weitergeleitet.

Mandant: 0010 = TGB

Im SAP R/3 System kann jeder Unternehmensbereich aus seiner Sicht eine eigene Organisationsstruktur definieren. Diese Organisationsstruktur ist auf die Bedürfnisse des jeweiligen Unternehmensbereiches zugeschnitten und zunächst unabhängig von anderen Unternehmensbereichen.[38]

[38] Vgl. SAP Online Dokumentation 3.0d, Konfiguration und Organisation, S. 18 ff..

Unternehmensbereich	Beispiele der Organisationsstruktur
Finanzbuchhaltung	Buchungskreis, Geschäftsbereich
Kostenrechnung	Kostenrechnungskreis, Geschäftsbereich, Ergebnisbereich, Profit- Center
Vertrieb	Verkaufsorganisation, Vertriebsweg, Sparte
Materialwirtschaft	Werk, Lagerort

Tabelle 3: Unternehmensbereiche und Organisationsstruktur

Da jeder Unternehmensbereich im SAP R/3 System eigene Organisationsstrukturen definieren kann, muß für die Datenübergabe von dem einen in den anderen Unternehmensbereich die Strukturzuordnung einmalig angegeben werden.

3.1.1.1 Finanzbuchhaltung

In der Finanzbuchhaltung wird eine Struktur unter rechtlichen Gesichtspunkten definiert. Die höchste Ebene der Finanzbuchhaltung ist der Buchungskreis. In ihm werden die Geschäftsvorfälle erfaßt. Ein Buchungskreis ist die organisatorische Einheit, für die eine vollständige in sich abgeschlossene Buchhaltung abgebildet werden kann. Dies beinhaltet die Erfassung aller buchungspflichtigen Ereignisse und die Erstellung aller Nachweise für einen gesetzlichen Einzelabschluß, wie Bilanz sowie Gewinn- und Verlustrechnung.[39] Die kleinste organisatorische Einheit ist der Geschäftsbereich.

Für jeden Mandanten können mehrere Buchungskreise eingerichtet werden, um die Buchhaltung mehrerer selbständiger Firmen gleichzeitig führen zu können.

Jeder Buchungskreis verwendet genau einen Kontenplan. Ein Kontenplan kann jedoch von mehreren Buchungskreisen benutzt werden. Der Kontenplan ist ein Organisations- und Gliederungsplan für das gesamte Rechnungswesen.[40]

---

[39] Vgl. SAP Online Dokumentation 3.0d. Konfiguration und Organisation, S. 18 ff..
[40] Vgl. Wöhe, Günter: Einführung in die Allgemeine Betriebswirtschaftslehre, 16. Aufl., München 1986, S. 915.

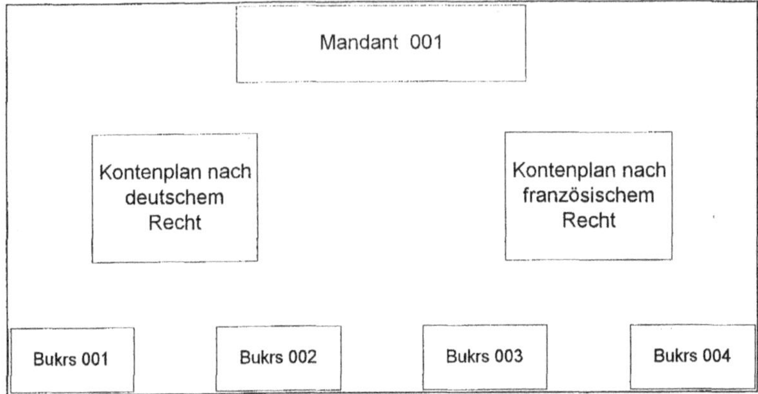

Abbildung 4: Organisationsstruktur der Finanzbuchhaltung[41]

Buchungskreis:	*0018 = TGB*
Kontenplan:	*PHX (Besteht aus IKR-Plan und GKR-Plan)*

3.1.1.2 Controlling

Die höchste Ebene des Controllings ist der Kostenrechnungskreis. Ein Kostenrechnungskreis ist die organisatorische Einheit innerhalb eines Konzerns, für den eine vollständige und in sich geschlossene Kostenrechnung durchgeführt werden kann. Ein Kostenrechnungskreis kann einen oder mehrere Buchungskreise umfassen. Die zugehörigen Buchungskreise müssen alle denselben Kontenplan nutzen. Jedem Buchungskreis können wiederum mehrere Geschäftsbereiche zugeordnet werden. Ein Geschäftsbereich ist eine organisatorische Einheit des externen Rechnungswesens, die einem abgegrenzten Tätigkeits- oder Verantwortungsbereich eines Unternehmens entspricht.[42]

[41] Vgl. SAP Online Dokumentation 3.0d, Konfiguration und Organisation, S. 22.
[42] Vgl. SAP Online Dokumentation 3.0d, Allgemeine Systemverwaltung Gemeinkosten-Controlling, S. 9 ff..

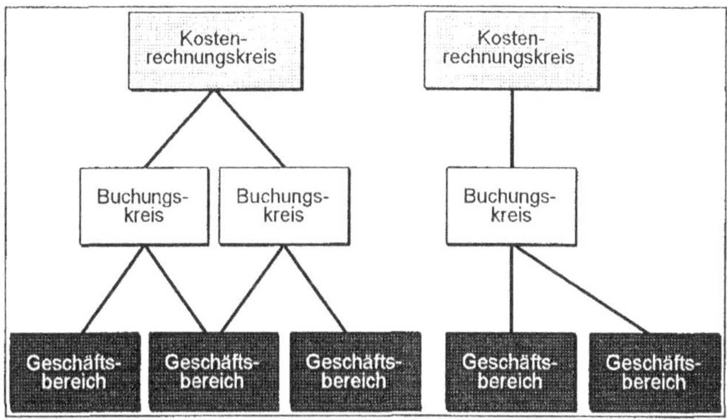

Abbildung 5: Organisationsstruktur des Controllings[43]

Im Kostenrechnungskreis werden die innerbetrieblichen Geschäftsvorfälle abgebildet, wobei die primären Kosten aus dem externen Rechnungswesen übernommen und nach innerbetrieblichen Gesichtspunkten gegliedert werden. Ein Buchungskreis kann genau einem Kostenrechnungskreis entsprechen oder mehrere Buchungskreise verweisen auf einen Kostenrechnungskreis.[44]

Bei TGB ist einem Buchungskreis (0018) auch ein Kostenrechnungskreis (0018) zugeordnet. Dadurch sind die buchhalterische und die kostenrechnerische Sicht des Unternehmens identisch.

Bei TGB wird der Geschäftsbereich 13 = Fördergurte und 01 = Dummy verwendet

[43] Vgl. SAP Online Dokumentation 3.0d, Allgemeine Systemverwaltung Gemeinkosten-Controlling, S. 12.
[44] Vgl. SAP Online Dokumentation 3.0d, Allgemeine Systemverwaltung Gemeinkosten-Controlling, S. 9 ff..

Weitere Strukturierungsmöglichkeiten des Controllings sind der Ergebnisbereich und das Profit Center. Der Ergebnisbereich stellt einen Teil eines Unternehmens dar, für den eine einheitliche Segmentierung des Absatzmarktes vorliegt. Mit Hilfe von klassifizierenden Merkmalen wie z.B. Artikelgruppe, Kundengruppe, Land oder Vertriebsweg werden Segmente gebildet. Durch Gegenüberstellung von Kosten und Erlösen kann in diesen Segmenten ein Ergebnis ausgewiesen werden.[45] Profit Center stellen eine, der internen Steuerung dienende, Einteilung des Unternehmens dar. Auf den Profit-Centern werden Ergebnisse ausgewiesen, so daß der Beitrag des Profit Centers zum Gesamtergebnis der Unternehmung ermittelt werden kann.[46]

3.1.1.3 Vertrieb

Die Organisation im Vertrieb wird mit den Elementen Verkaufsorganisation, Vertriebsweg und Sparte (Produktgruppe) dargestellt. Der Vertriebsbereich setzt sich aus einer Kombination dieser Elemente zusammen.

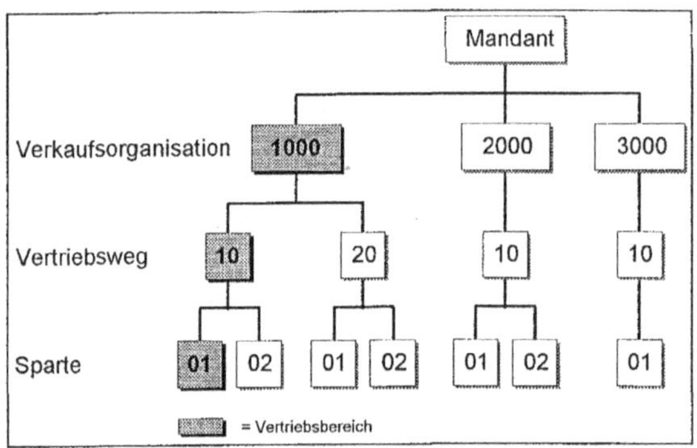

Abbildung 6: Aufbau des Vertriebsbereichs[47]

[45] Vgl. SAP Online Dokumentation 3.0d, Allgemeine Systemverwaltung Gemeinkosten-Controlling, S. 9 ff..
[46] Vgl. Wöhe, Günter: Einführung in die Allgemeine Betriebswirtschaftslehre, 16. Aufl., München 1986, S. 168.
[47] Vgl. SAP Online Dokumentation 3.0d, Grundfunktionen und Stammdaten der Vertriebsabwicklung, S. 9.

Die Verkaufsorganisation steht für eine verkaufende Einheit im rechtlichen Sinne. Geschäftsvorfälle werden jeweils innerhalb einer Verkaufsorganisation abgewickelt. Sie ist z.B. verantwortlich für die Produkthaftung und andere Regreßansprüche der Kunden. Mit Hilfe von Verkaufsorganisationen kann auch eine regionale Unterteilung des Marktes erfolgen.[48]

Unter Vertriebswegen versteht man die Vertriebskanälen eines Unternehmens. Typische Vertriebskanäle sind z.B. Großhandel, Einzelhandel, Industriekunden oder Direktverkauf ab Werk.[49] Der Vertriebsweg entspricht dem, was in der Literatur oft als Distributionskanal bezeichnet wird. Der Vertriebsweg kann demnach eine Kette von Distributionspartnern beinhalten, über welche die Produkte an den Endverbraucher vertrieben werden.[50]

Mit Hilfe von Sparten können Produktgruppen gebildet werden. Für jede Sparte können kundenindividuelle Vereinbarungen, z.B. über Teillieferungen, zur Preisfindung und über die Zahlungsbedingungen getroffen werden. Innerhalb einer Sparte können auch statistische Auswertungen durchgeführt oder ein eigenes Marketing aufgebaut werden.[51]

Bei TGB wird mit folgendem Vertriebsbereich gearbeitet	
Verkaufsorganisation:	*0018 = TGB*
Vertriebsweg	*02 = Technischer Markt*
Sparte:	*01 = Dummy*

Da eine Aufteilung in Sparten bei der Firma TGB bislang noch nicht genutzt wird, wurde als Sparte ein Dummy gebildet, der im weiteren Verlauf der Prozeßkette benutzt wird.

---

[48] Vgl. SAP Online Dokumentation 3.0d, Grundfunktionen und Stammdaten der Vertriebsabwicklung, S. 9 ff..
[49] Vgl. SAP Online Dokumentation 3.0d, Grundfunktionen und Stammdaten der Vertriebsabwicklung, S. 9 ff..
[50] Vgl. Kotler, Philip: Marketing-Management, 7.Aufl., Stuttgart 1992. S.740.
[51] Vgl. SAP Online Dokumentation 3.0d, Grundfunktionen und Stammdaten der Vertriebsabwicklung, S. 9 ff..

3.1.1.4 Materialwirtschaft

In der Materialwirtschaft werden die Orte festgehalten, an denen die Materialien physisch vorhanden sind. Diese Zuordnung erfolgt mit Hilfe der Elemente Werk und Lagerort. Ein Werk ist eine organisatorische Einheit innerhalb eines Unternehmens, in der Materialien produziert bzw. Waren und Dienstleistungen bereitgestellt werden. Werke können wiederum in Lagerorte unterteilt werden. Jedes Werk gehört genau zu einem Buchungskreis. Damit wird es automatisch einem Kostenrechnungskreis zugeordnet und die Bestände mit ihren Werten können in den einzelnen Firmen getrennt geführt werden.[52]

Bei TGB wird unterschieden zwischen zwei Werken.
Werk 1801 = Mischungen
Werk 1802 = Fertigung
Lagerort 1811 = Rohstofflager
Lagerort 1851 = Fertigwarenlager

Zwischen dem Mandanten und dem Werk kann noch eine Einkaufs- und eine Verkaufsorganisation zwischengeschaltet sein. Einkaufs- und Verkaufsorganisationen können jeweils nur einem Buchungskreis zugeordnet werden.

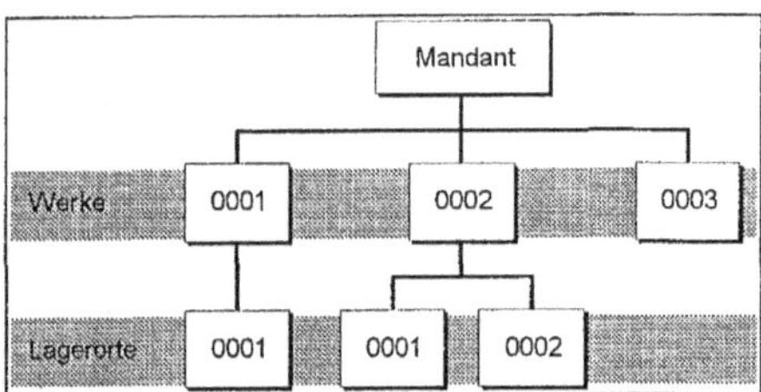

Abbildung 7: Aufbau der Materialwirtschaft

Materialien werden über Materialstammsätze, welche die Informationen über die einzelnen Materialien enthalten, definiert. Der Materialstamm ist hierarchisch aufgebaut.

[52] Vgl. SAP Online Dokumentation 3.0d, Grundfunktionen und Stammdaten der Vertriebsabwicklung, S. 12.

3.1.2 Relevante Stammdaten im SAP R/3 System

Die Produktionsplanung und -steuerung hat die Aufgabe sowohl das Produktionsprogramm (Art und Menge der Erzeugnisse) als auch die Fertigung zu planen. Die unmittelbare Vorbereitung der Fertigung schließt die Beschaffung, Lagerung und den Transport von Rohstoffen und Halbfabrikaten ein.[53]

Materialstammsätze, Stücklisten und Arbeitspläne sind die zentralen Stammdatenquellen für die Produktionsplanung und -steuerung. Im Materialstammsatz werden außerdem Daten, die für die Kalkulation den Versand und die Fakturierung relevant sind, festgehalten.

3.1.2.1 Materialstamm

Der Materialstammsatz enthält alle Daten, die zur Verwaltung des Materials und der Prozesse, bei denen auf Materialdaten zurückgegriffen wird, erforderlich sind. Es existieren unterschiedliche Sichten auf den Materialstammsatz, da von den verschiedenen Unternehmensbereichen unterschiedliche Materialdaten relevant sind und entsprechend auch nur von der jeweiligen Abteilung gepflegt werden dürfen. So hat z.B. der Vertrieb andere Informationsbedürfnisse bezüglich der Materialien als die Controlling-Abteilung.

[53] Vgl. SAP Online Dokumentation 3.0d, PP-Produktionplanung und -steuerung, Stücklisten, S. 10.

Das System sieht verschiedene Materialarten vor, mit Hilfe derer die Materialien gemäß ihrer Verwendung im Unternehmen klassifiziert werden können. Beispiele für Materialarten sind die Rohstoffe, die Halbfabrikate und die Fertigerzeugnisse. Die Materialart steuert z.B., ob für ein Material eine interne oder eine externe Nummernvergabe vorgesehen wird, und welche Sichten für ein Material gepflegt werden dürfen. Die Materialart beeinflußt außerdem die Zuordnung des Materials zu einer Kontoklassenreferenz. Zusammen mit der Bewertungsklasse wird über die Kontoklassenreferenz die Kontenfindung bei automatischen Buchungen gesteuert. Welche Bewertungsklassen für ein Material zulässig sind, wird ebenfalls über die Materialart gesteuert.

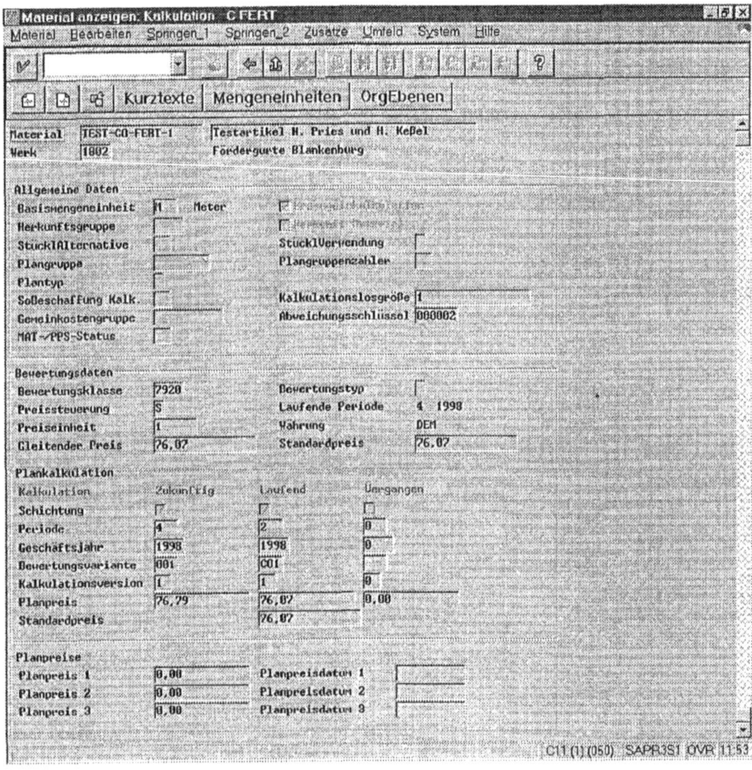

Screenshot 2: Materialstammsicht Kalkulation

Der Screenshot zeigt die Kalkulationssicht des Materialstammsatzes. In der Kalkulationssicht des Materialstammes werden die für die Kalkulation der Materialien relevanten Parameter gepflegt. Die Abbildung zeigt die Materialstammdaten der Kalkulationssicht des zur Demonstration angelegten Testmaterials mit der Bezeichnung Test-Co-Fert-1.

Das Material hat die Bewertungsklasse 7920 Fertigerzeugnisse. Für die Preissteuerung wurde der Wert S (Standardpreis) gesetzt. Das bedeutet, daß für die Bestandsbewertung des Materials der Standardpreis benutzt wird. Für ein eigengefertigtes Material kann der Standardpreis entweder manuell eingegeben werden, oder es ergibt sich aus der Plankalkulation. Für das in der Abbildung zu sehende Testmaterial wurde eine Plankalkulation angelegt. Der Standardpreis entspricht daher dem Wert der laufenden Plankalkulation In der obigen Abbildung ist dieser Wert in der mittleren Spalte des Abschnittes Plankalkulation zu sehen.

In der linken Spalte ist der zukünftige Wert der Plankalkulation zu sehen. Dieser Wert ist das Ergebnis einer Kalkulation, die für eine zukünftige Periode erstellt und vorgemerkt wurde. Die Spalte enthält auch die Bewertungsvariante, die für diese Periode zur Vormerkung freigegeben wurde.

In der Dispositionssicht 1 des Materialstammsatzes wird das Dispomerkmal des Materials, d.h. das Dispositionsverfahren, und in der Dispositionssicht 2 des Materialstammsatzes die Strategiegruppe des Materials eingetragen. Das Dispomerkmal und die Strategiegruppe sind später für die Zuweisung einer Bedarfsart zu einer Kundenauftragsposition wichtig. Über die Bedarfsklasse, die mit der Bedarfsart verknüpft ist, wird die Kalkulation und die Disposition dieser Kundenauftragsposition gesteuert. Dieser Zusammenhang wird detailliert in Abschnitt 3.3.4.1 auf Seite 100 (Einstellungen in der Bedarfsklasse) erläutert.

3.1.2.2 Stücklisten

Die Stückliste ist ein für den jeweiligen Zweck vollständiges, formal aufgebautes Verzeichnis für einen Gegenstand, das alle zugehörenden Gegenstände unter Angabe von Bezeichnung, Sachnummer, Menge und Einheit enthält. Als Stückliste werden nur solche Verzeichnisse bezeichnet, die sich auf die Menge ≥ 1 eines Gegenstandes beziehen.[54]

Stücklisten werden im Controlling für die Kalkulation verwendet. Mit ihrer Hilfe können die Materialeinsatzkosten eines Erzeugnisses berechnet werden, indem die benötigte Anzahl eines Einsatzmaterials mit seinem Wert multipliziert wird.

Zwei Arten von Stücklisten sind in dieser Arbeit von Interesse. Die Materialstückliste und die Variantenstückliste.

3.1.2.2.1 Die Materialstückliste

Die Materialstückliste enthält in ihrem Materialstammsatz z.B. beschreibende Daten (Größe, Abmessung, Gewicht), Steuerungsdaten (Materialart, Branche) und Daten, die direkt vom System fortgeschrieben werden (Bestände, Preis). In der Regel stellen diese Materialstücklisten den Aufbau von Erzeugnissen dar, die im Unternehmen produziert werden.[55]

---

[54] Vgl. DIN 199, Teil 2, Nr. 51.
[55] Vgl. SAP Online Dokumentation 3.0d, PP-Produktionplanung und -steuerung, Stücklisten, S. 18.

Die folgende Abbildung zeigt ein Beispiel für eine Stückliste.

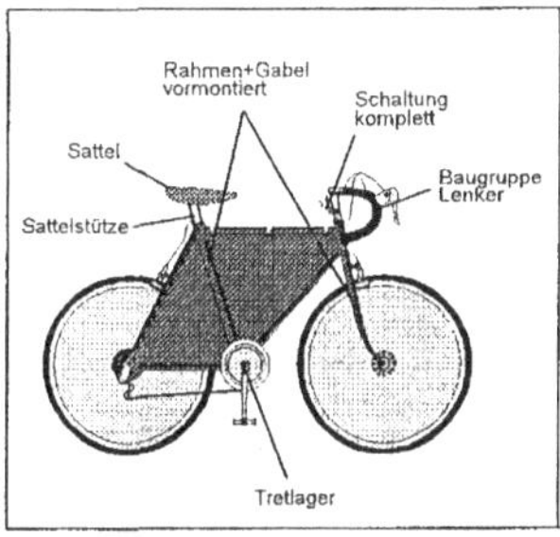

Rahmen+Gabel vormontiert	PP-RAHM01	1	ST
Baugruppe Lenker	PP-LENK	1	ST
Schaltung komplett	PP-SCH	1	ST
Tretlagersatz	PP-TLAG	1	ST
Sattel	PP-SAT	1	ST
Sattelstütze	PP-SATST	1	ST
...			

Abbildung 8: Beispiel einer Stückliste[56]

Die Abbildung zeigt eine Möglichkeit, das Mengengerüst eines Erzeugnisses darzustellen. Eine andere Variante wäre es, die Stückliste in Form eines Baumes zu visualisieren. Das Endprodukt stände dann auf der obersten Stufe und die Halbfabrikate und Rohstoffe auf den unteren Stufen. Die Verzweigungen des Baumes zeigen an, welches Bauteil oder welcher Rohstoff in welches andere Teil in welcher Menge eingehen.

Für eine Stückliste sind verschiedene Verwendungen möglich. Um eine Stückliste für eine Kalkulation zu benutzen, muß diese Stückliste für die Verwendung Kalkulation angelegt sein. Um sie in der Produktionsplanung zu nutzen, muß sie entsprechend für die Verwendung Fertigung angelegt werden.

StücklVerwendung

StlVerw	FertRel	KonstRel	InstRel	ErsTeil	KalkRel	VertrRel	Verwendungstext
1	+	.	-	.	.	-	Fertigung
2	.	+	-	.	.	-	Konstruktion
3	.	.	-	.	.	.	universal
4	-	-	+	-	-	-	Instandhaltung
5	.	.	-	.	.	+	Vertrieb
6	.	.	-	.	+	.	Kalkulation
A	+	.	-	.	.	-	Fertigung MGW
B	.	.	-	.	+	.	Kalkulation MGW

Screenshot 3: Stücklistenverwendungen

[56] Vgl. DIN 199, Teil 2, Nr. 51.

In der Abbildung sind die verschiedenen Verwendungen von Stücklisten, die im System hinterlegt sind, zu sehen. Die beiden Verwendungen A und B wurden speziell für die Mündener Gummiwerke angelegt.

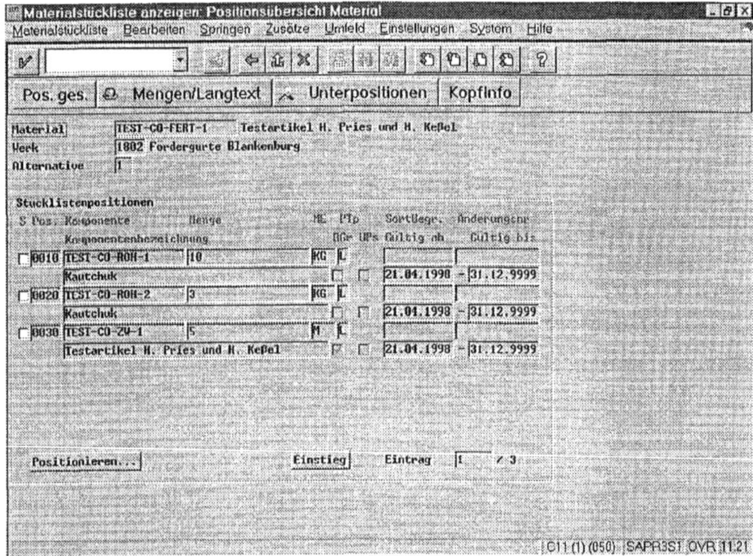

Screenshot 4: Stückliste

Die Abbildung zeigt das Mengengerüst des benutzten Testmaterials. In eine Einheit des Fertigproduktes Test-Co-Fert-1 gehen 10 Einheiten des Rohmaterials Test-Co-Roh-1, 3 Einheiten des Rohmaterials Test-Co-Roh-2 und 5 Einheiten des Halbfabrikates Test-Co-Zw-1 ein.

3.1.2.2.2 Die Variantenstückliste

Eine Sonderform der Materialstückliste ist die Variantenstückliste, die bei der Variantenfertigung eingesetzt wird. Bei der Variantenfertigung gibt es verschiedene Produktausprägungen, die Einfluß auf die Zusammensetzung des Endproduktes haben. Durch die Kombination dieser Produktausprägungen entsteht eine hohe Anzahl von Varianten. Zusätzliche Komplexität entsteht bei der Variantenfertigung, wenn nicht alle theoretisch möglichen Kombinationen von Produktausprägungen zugelassen sind. Es könnte z.B. für ein Luxusauto das Verbot bestehen, Standardsitze in diesen Wagen einzubauen.[57]

Variantenreiche Produkt werden im SAP R/3 System als konfigurierbares Material geführt und über eine Maximalstückliste abgebildet. In dieser Maximalstückliste sind alle möglichen Kombinationen vorhanden. Aus dieser Variantenstückliste können alle Varianten erzeugt werden, indem die einzelnen Kundenwünsche berücksichtigt werden und die Abhängigkeiten zwischen den Produkteigenschaften durch Beziehungswissen hinterlegt wird.[58]

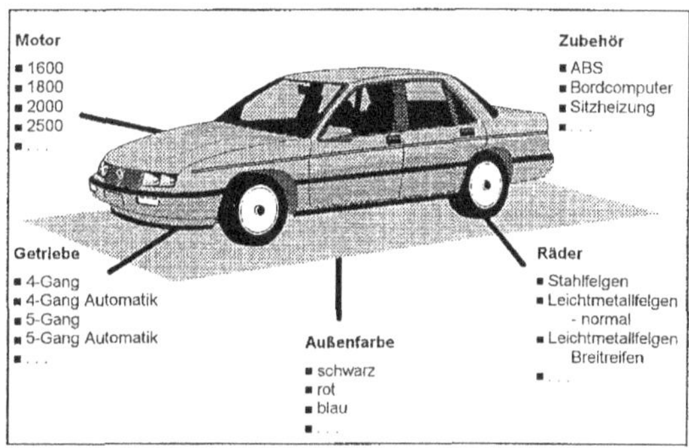

Abbildung 9: Variantenfertigung[59]

[57] Vgl. SAP Online Dokumentation 3.0d, LO-Logistik Allgemein, Variantenkonfiguration, S. 8 ff..
[58] Vgl. SAP Online Dokumentation 3.0d, PP-Produktionplanung und -steuerung, Stücklisten, S. 19.
[59] Vgl. SAP Online Dokumentation 3.0d, LO-Logistik Allgemein, Variantenkonfiguration, S. 8.

Die grundlegende Vorgehensweise des SAP R/3 Systems bei der Variantenkonfiguration wird im folgenden anhand des Beispiels Auto erläutert. Ein Auto wird aus einer Vielzahl von Bauteilen, z.B. Motor, Achse, Sitze, etc. montiert. Bestimmte Teile eines Typs sind fest vorgegeben, z.B. wird immer die gleiche Hinterachse für einen Typ benutzt. Bei anderen Bauteilen sind Wahlmöglichkeiten gegeben. Es wird z.B. jeder Typ mit mehreren unterschiedlichen Motorisierungen angeboten. Darüber hinaus gibt es optionale Bauteile, die auf Wunsch des Kunden eingebaut werden. Bei solchen optionalen Bauteilen handelt es sich jedoch nur um Zusatzausstattungen, ohne die das Auto trotzdem funktionsfähig wäre. Ein Beispiel für solch eine Zusatzausstattung ist der Airbag.

Ein Kunde bestellt einen bestimmten Typ eines Autos mit speziellen Anforderungen an die Ausstattung. Der Vertriebsmitarbeiter gibt des Auftrag für das Auto mit den gesamten Anforderungen des Kunden in das System ein. Basierend auf der Variantenbeschreibung im Kundenauftrag können daraufhin die notwendigen Grunddaten, die Stückliste und der Arbeitsplan speziell für die gewünschte Variante abgeleitet werden.

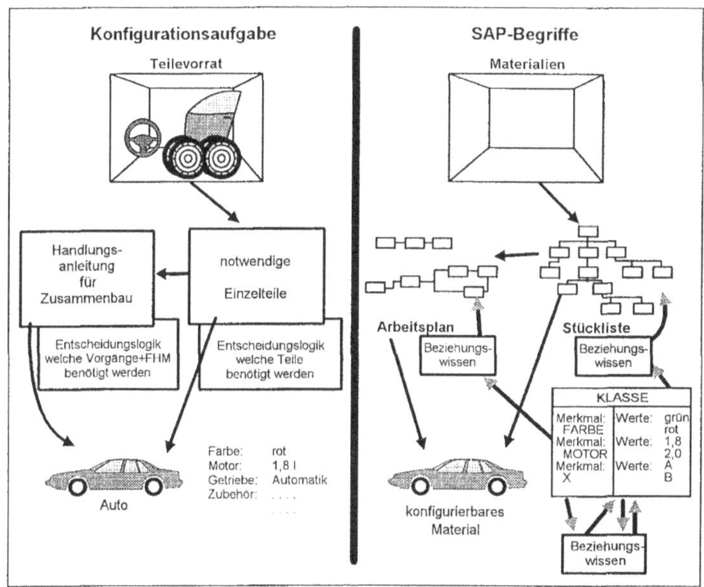

Abbildung 10: Vorgehen bei der Variantenkonfiguration

Um ein Material zu konfigurieren, wird im SAP R/3 System auf verschiedene Objekte zurückgegriffen, die in einer Wissensbasis zusammengefaßt sind. Diese Wissensbasis setzt sich aus folgenden Objekten zusammen:

- Materialstamm
- Stücklisten
- Arbeitsplänen
- Merkmale
- Klassen
- Preiskonditionen
- Beziehungswissen.

Über Beziehungswissen schafft das SAP R/3 System die Verbindung zwischen den ausgewählten Produkteigenschaften und den Komponenten, die zur Fertigung der Variante notwendig sind. Über die Angaben zur Ausstattung, zum Modell und zur Leistung eines Autos kann z. B. eine entsprechende Stückliste erstellt werden.

Außerdem kann Beziehungswissen eingesetzt werden, um gültige Kombinationen von Produkteigenschaften zuzulassen oder bestimmte Kombinationen zu verbieten. Es kann z.B. in der Stückliste das Verbot hinterlegt werden, einen Motor mit hoher Leistung mit einem billigen Chassis zu verbinden.

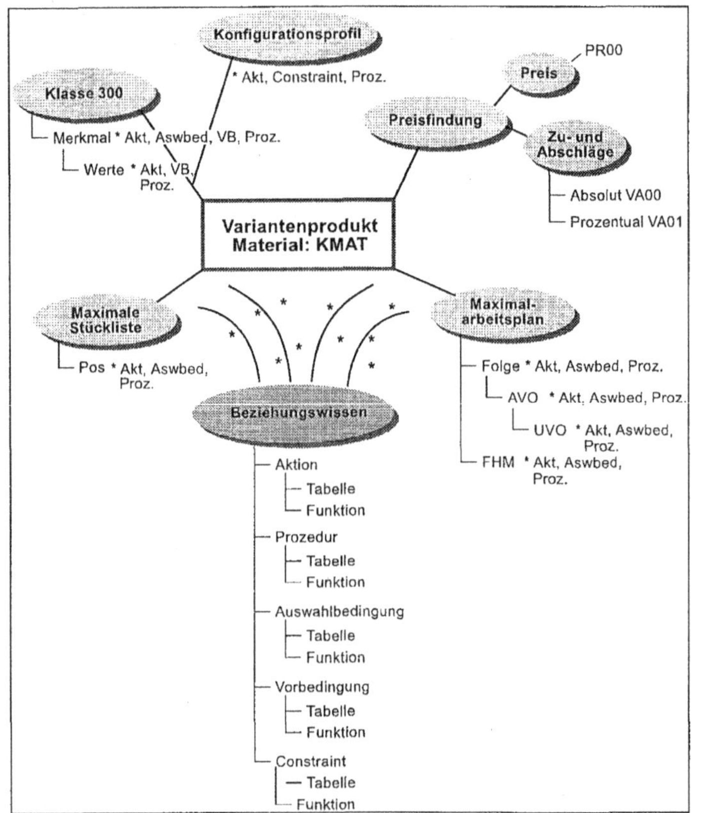

Abbildung 11: Beziehungswissen[60]

[60] Vgl. SAP Online Dokumentation 3.0d. LO-Logistik Allgemein, Variantenkonfiguration, S. 8 ff..

Über die Funktion *Materialfindung* kann automatisch überprüft werden, ob bereits Materialien mit der gleichen oder ähnlichen Konfiguration vorhanden sind. In diesem Fall muß die Konfiguration nicht erst speziell zu einem Auftrag durchgeführt werden und das Produkt kann möglicherweise sofort geliefert werden.[61]

3.1.2.3 Arbeitspläne

In einem Arbeitsplan wird die Reihenfolge der einzelnen Arbeitsvorgänge, die notwendig sind, um schrittweise ein fertiges Erzeugnis herzustellen, festgelegt. Dabei enthält der Arbeitsplan Information über Arbeitsplätze, an denen die einzelnen Arbeitsschritte ausgeführt werden, und die dafür notwendigen Fertigungshilfsmittel. Außerdem sind im Arbeitsplan die Vorgabewerte (geplante Zeiten) für die Ausführung der einzelnen Arbeitsvorgänge hinterlegt. Diese Vorgabewerte dienen als Grundlage für die Kalkulation, die Durchlaufterminierung sowie die Kapazitätsplanung. Die Vorgabewerte sind Planwerte für den Fertigungsauftrag und können geändert werden. Die Vorgänge des Arbeitsplans legen für den Fertigungsauftrag den Ablauf der Fertigung fest.[62]

Arbeitspläne werden im Controlling bei der Bewertung der Eigenleistung verwendet. Die Verbindung wird über den Arbeitsplatz hergestellt. Im Arbeitsplatz ist eine Formel und eine Leistungsart hinterlegt. Die Formel berücksichtigt arbeitsplatzbedingte Abweichungen von der Vorgabezeit und die Leistungsart legt fest, wie die betriebliche Leistung des Arbeitsplatzes gemessen wird (z.B. in Maschinenstunden oder in Mengeneinheiten). Aus der Verbindung von Arbeitsplan und Arbeitsplatz errechnet das System, wieviel Leistung erwartet wird. Für die Bewertung der Eigenleistungen eines Vorgangs wird auf die Verrechnungssätze zurückgegriffen, die für diese Leistungsarten in der Kostenstellenrechnung geplant wurden.[63]

---

[61] Vgl. SAP Online Dokumentation 3.0d, LO-Logistik Allgemein, Variantenkonfiguration, S. 8 ff..
[62] Vgl. SAP Online Dokumentation 3.0d, PP-Produktionplanung und -steuerung, Arbeitspläne, S. 8 ff.
[63] Vgl. SAP Online Dokumentation 3.0d, CO-Controlling, Produktkalkulation, S. 19ff..

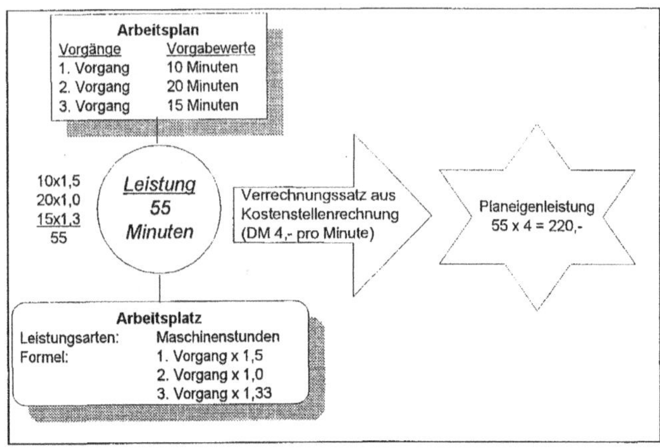

Abbildung 12: Ermittlung der Planeigenleistung mit Hilfe des Arbeitsplans

Zu einem konfigurierbaren Material bestehen, wie bei den Stücklisten, Maximalarbeitspläne, die alle möglichen Arbeitsvorgänge enthalten um eine Variante zu fertigen. Mit Hilfe dieser Maximalarbeitspläne können für alle Varianten die notwendigen Arbeitsschritte dargestellt werden.[64]

[64] Vgl. SAP Online Dokumentation 3.0d, LO-Logistik Allgemein. Variantenkonfiguration, S. 8 ff..

In folgender Abbildung ist der Arbeitsplan, der für das Testmaterial Test-Co-Fert-1 angelegt wurde, zu sehen.

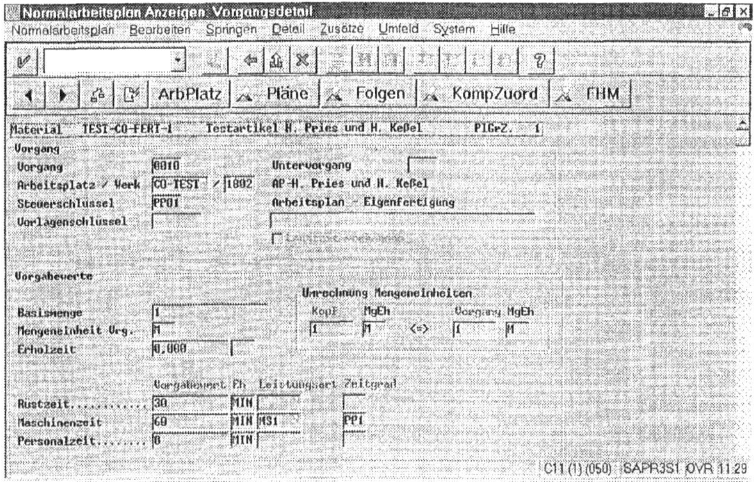

Screenshot 5: Arbeitsplan

3.1.3 Verkaufsbelege

Geschäftsvorgänge, die den Verkauf betreffen, werden im SAP R/3 System als Verkaufsbelege abgebildet. Man unterscheidet allgemein vier Gruppen von Verkaufsbelegen:

- Anfragen und Angebote
- Aufträge
- Rahmenverträge, wie z.B. Kontrakte und Lieferpläne
- Kundenprobleme und Reklamationen.[65]

Während der Kundenauftragsbearbeitung übernimmt das SAP R/3 System mit Hilfe der Verkaufsbelege folgende Grundfunktionen:

- Überwachung der Verkaufsvorgänge
- Verfügbarkeitsprüfung
- Preisfindung und Steuerermittlung
- Bedarfsübergabe
- Versandterminierung
- Kreditlimitprüfung etc..

Die Daten, die aus diesen Grundfunktionen resultieren (z.B. Preise und Versandtermine) werden im Verkaufsbeleg festgehalten.[66]

Der Verkaufsbeleg ist ein einzelner Beleg. Er kann aber auch ein Teil einer Kette von zueinander gehörenden Belegen sein. Ein Angebot kann z.B. mit Bezug zu einer Anfrage erstellt werden. Bei einem späteren Auftrag kann dieser Kundenauftrag mit Bezug zu dem Angebot angelegt werden und die daraus resultierende Rechnung hat den Bezug zum Kundenauftrag. Dieser Belegfluß von einem Beleg in den nächsten reduziert den manuellen Arbeitsaufwand, erleichtert die Suche bei auftretenden Problemen und verringert die Durchlaufzeit eines Kundenauftrages.[67]

---

[65] Vgl. SAP Online-Dokumentation, Vertrieb, Verkauf, S. 9.
[66] Vgl. SAP Online-Dokumentation, Vertrieb, Verkauf, S. 9.
[67] Vgl. SAP Online-Dokumentation, Vertrieb, Verkauf, S. 10.

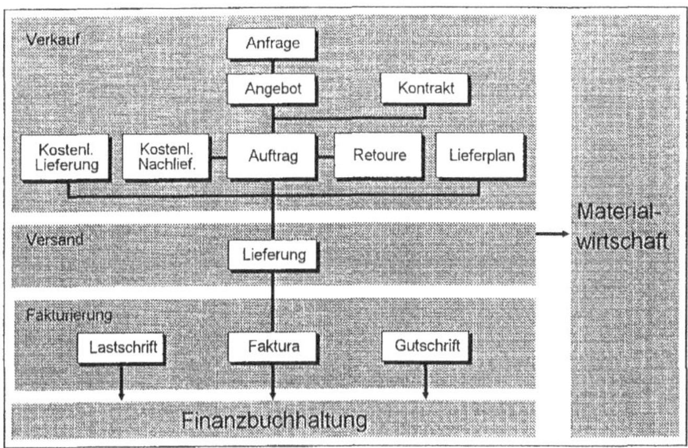

Abbildung 13: Belegfluß von Verkaufsbelegen im Verkauf[68]

Ein Verkaufsbeleg besteht aus Kopfdaten und Positionsdaten. In den Kopfdaten werden allgemeinen Daten festgehalten, die für den gesamten Beleg Gültigkeit haben (Nummer des Auftraggebers, Nummer des Warenempfängers und des Regulierers, Belegwährung und Kurs, Preiselemente für den gesamten Beleg, Lieferdatum und Versandstelle). In den Postitionsdaten werden nur Daten gespeichert, die nur für bestimmte Positionen gültig sind (Materialnummer, Zielmenge bei Rahmenverträgen, Nummer des Warenempfängers, Werks- und Lagerortangaben, Preiselemente für die einzelnen Positionen).[69]

Die Daten in den Verkaufsbelegen werden auf verschiedenen Bildschirmmasken festgehalten. Die Übersichtsbilder in einem Verkaufsbeleg beinhalten z.B. Besteller, Versand, Fakturierung und Absagegrund. Die Detailbilder in einem Verkaufsbeleg enthalten unter anderem Konditionen, Kontierung, Bestelldaten und den Status.[70]

[68] Vgl. SAP Online-Dokumentation, Vertrieb, Verkauf, S. 10.
[69] Vgl. SAP Online-Dokumentation, Vertrieb, Verkauf, S. 12 ff..
[70] Vgl. SAP Online-Dokumentation, Vertrieb, Verkauf, S. 12 ff..

Die Standardversion des SAP R/3 Systems beinhaltet eine Reihe von vordefinierten Verkaufsbelegarten. Über Steuerungselemente, die im Vertriebs-Customizing festgelegt sind, kann jede Verkaufsbelegart so eingestellt werden, daß sie einen eigenen Funktionsumfang enthält.

Bearbeitungsart	Verkaufsbelegart	Abkürzung
Vorverkaufsphase	Anfrage	AF
	Angebot	AG
	Kostenlose Lieferung	KL
Verkaufsphase	**Terminauftrag**	**TA**
	Barverkauf	BV
	Sofortauftrag	SO
Rahmenverträge	Mengenkontrakt	KM
	Wartungsvertrag	WV
	Mietvertrag	MV
	Lieferplan	LP
Reklamationen	Gutschriftsanforderung	G2
	Lastschriftsanforderung	L2
	Kostenlose Nachlieferung	KN
	Retour	RE

Tabelle 4: Standard-Verkaufsbelegarten[71]

Bei der Firma TGB wird hauptsächlich mit der Verkaufsbelegart TA gearbeitet. Die Einstellung der Verkaufsbelegarten erfolgt im Customizing.

Vorgehen: *Customizing → Vertrieb → Verkauf → Verkaufsbelege → Verkaufsbelegkopf → Verkaufsbelegarten definieren*

[71] Vgl. SAP Online-Dokumentation, Vertrieb, Verkauf, S. 19.

3.2 Der Kundenauftrag

In diesem Abschnitt wird zunächst die Kundenanfrage gezeigt, die das erste Glied der Prozeßkette der Kundenauftragsfertigung darstellt. Anschließend wird die Eröffnung des Kundenauftrages mit dem Steuerungselement Positionstyp und der für die Preisfindung wichtigen Konditionsart gezeigt. Schließlich wird noch auf die Besonderheit bei der Eröffnung eines Kundenauftrages eingegangen, wenn der Auftrag ein konfigurierbares Material enthält.

3.2.1 Die Kundenanfrage und das Angebot

Eine Anfrage wird grundsätzlich benutzt, wenn der Kunde Informationen bezüglich der Verfügbarkeit und des Preises eines bestimmten Materials benötigt. Ein Angebot geht eine Stufe weiter. Es ist rechtlich verbindlich und muß daher mit einem Gültigkeitszeitraum versehen werden.

In Anfragen und Angeboten kann die Wahrscheinlichkeit berechnet werden, daß es tatsächlich zu einem Kundenauftrag kommt. Das System ermittelt die Wahrscheinlichkeit anhand von Stammdaten, die für die Verkaufsbelegart und spezifische Kunden definiert werden können. Das System berechnet aufgrund der Daten einen Prozentsatz für die Auftragswahrscheinlichkeit.[72] Auf der Grundlage der errechneten Wahrscheinlichkeit ermittelt das System einen erwarteten Auftragswert. Da für die Firma TGB die Stammdaten zur Berechnung der Auftragswahrscheinlichkeit noch nicht vorhanden sind, wird im Zuge dieser Darstellung auf diese Möglichkeit verzichtet.

Bei der Erstellung eines Angebotes besteht weiterhin die Möglichkeit, für ein vom Kunden nachgefragtes Produkt alternative Positionen einzugeben. Dem Kunden können so verschiedene Auswahlmöglichkeiten zur Verfügung gestellt werden. Sollte es zu einem späteren Vertragsschluß kommen, kann dann ein Kundenauftrag auf Basis der gewählten Alternative erstellt werden.

---

[72] Vgl. SAP Online-Dokumentation, Arbeiten mit Anfragen und Angeboten.

Die Nutzung der Funktion, ob ein bestimmter Artikel vorrätig ist, hat für die Kundenauftragsfertigung keine Bedeutung, da jeder nachgefragte Artikel erst produziert werden muß. Nützlich ist jedoch die Möglichkeit der Angebotskalkulation. Würde die Vorverkaufsphase nicht im System abgebildet, müßte die Angebotserstellung manuell oder mit einem anderen EDV-System erfolgen. Da im Kundenauftrag jedoch auf jeden Fall eine Kalkulation erstellt werden muß, könnte diese bei dem Zurückgreifen auf ein Angebot so übernommen oder einfach nur modifiziert werden.

Bei der Frage, ob bei der Kundenauftragsfertigung mit den Belegen Anfrage und Angebot gearbeitet werden soll, ist zu beachten, daß das Arbeiten mit diesen Belegen grundsätzlich mit mehr Aufwand für den Anwender verbunden ist, als wenn in der Auftragsbearbeitung direkt mit der Eingabe des Kundenauftrages begonnen würde, da so mehrere Schritte zu durchlaufen sind.

Dem Mehraufwand, der sich dadurch ergibt, daß bei der Auftragsbearbeitung mehrere Schritte durchlaufen werden müssen, steht entgegen, daß eine Kalkulation nur einmal komplett neu erstellt werden muß und beim Anlegen des Kundenauftrages eventuell noch modifiziert wird. Es besteht ferner der Vorteil, daß alle Angebote, die einmal erstellt wurden, im System gespeichert sind und so auf die Daten immer wieder bei der Erstellung neuer Angebote zurückgegriffen werden kann. Würden Angebote, die nicht zu Kundenaufträgen geführt haben, nicht gespeichert, bestünde auch keine Möglichkeit, daß die Vertriebsmitarbeiter diese Daten im System wieder aufrufen.

Ein weiterer Vorteil der Abbildung der Vorverkaufsphase im System besteht in der Möglichkeit, Auswertungen im Rahmen des Vertriebscontrollings zu erstellen. Es kann z.B. für Angebote, die zu Aufträgen geführt haben, der Angebotswert mit dem tatsächlichen Auftragswert verglichen werden. Ferner kann überprüft werden, welcher Prozentsatz der Angebote tatsächlich zu einem Auftrag geführt haben.

Diese Möglichkeiten waren zum Zeitpunkt der Erstellung dieser Arbeit für die Implementierung beim Unternehmen TGB noch nicht vorgesehen. Die dargestellten Auswertungsmöglichkeiten sind jedoch, unabhängig von dem Beispiel TGB, allgemein interessant für Abbildung der Kundenauftragsfertigung im SAP R/3 System.

3.2.2 Eröffnung des Kundenauftrages

Die Eröffnung des Kundenauftrages im System dokumentiert die Tatsache, daß es zwischen dem anbietenden Unternehmen und dem Kunden zu einer vertraglichen Vereinbarung gekommen ist.

3.2.2.1 Ablauf im System

Bei der Eröffnung des Kundenauftrages kann entweder auf ein bereits vorhandenes Angebot zurückgegriffen oder der komplette Auftrag neu eingegeben werden. Wird das System vom Unternehmen bei der Bearbeitung der Anfrage noch nicht benutzt, werden bei der Eröffnung des Kundenauftrages alle relevanten Daten eingegeben. Bei dem Rückgriff auf ein bereits bestehendes Angebot werden alle relevanten Daten aus diesem Angebot automatisch in den Kundenauftrag übernommen.

Im folgenden wird durch ein Beispiel dargestellt, welche Daten bei der Eröffnung eines Kundenauftrages vom System erfragt werden. Die Organisationseinheiten des Beispiels entsprechen den bisher implementierten Organisationseinheiten der Firma TGB.

Es müssen die Verkaufsbelegart und die Organisationseinheiten Vertriebsweg, Verkaufsorganisation und Sparte, die zusammen den Vertriebsbereich bilden, eingegeben werden.

Vorgehen: *Logistik → Vertrieb → Verkauf → Auftrag → Anlegen*
Angabe der Verkaufsbelegart und des Vertriebsweges

Verkaufsbelegart:	*TA*
Verkaufsorganisation:	*0018 = TGB*
Vertriebsweg:	*02 = Technischer Markt*
Sparte:	*01 = Dummy*

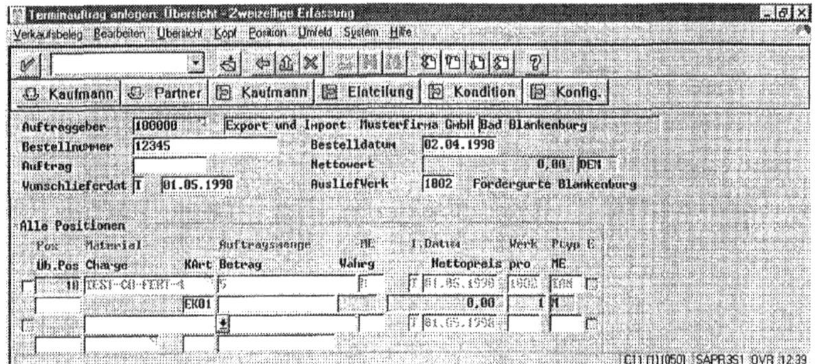

Screenshot 6: Terminauftrag

Der Kundenauftrag kann mehrere Positionen enthalten. Diese werden in der Eingabemaske für den Kundenauftrag nacheinander eingegeben. Jede einzelne Position des Kundenauftrages erhält einen bestimmten Positionstypen, der bestimmte Steuerungselemente enthält.

3.2.2.2 Steuerungselemente des Kundenauftrages

Über die Verkaufsbelegart, den Vertriebsweg und den Positionstyp wird der Kundenauftrag gesteuert. Das Steuerungselement Positionstyp wird im folgenden kurz dargestellt.

Positionstypen ermöglichen in den Verkaufsbelegen eine Steuerung, die differenziert für jede einzelne Position des Kundenauftrages durchgeführt wird. Dies ist notwendig, um die aus den verschiedenen Geschäftsvorfällen resultierenden Anforderungen abzudecken. Es ist z.B. möglich, daß bestimmte Positionen kostenlos sind, und somit diese Positionen nicht fakturiert werden müssen.

Zu jeder Verkaufsbelegart sind verschiedene Positionstypen zulässig. In der Anfrage, im Angebot und im Auftrag werden überwiegend die Positionstypen AFN, AGN und TAN verwendet (siehe Anhang). Zu jedem Positionstyp wird eine eigene Steuerung definiert.[73] Zu den steuerungsrelevanten Einstellungen gehören:

- Allgemeine Daten:
  Hier wird eingestellt, ob für eine Position eine Preisfindung durchgeführt wird, ob die Daten von der Positionsebene (z.B. Zahlungsbedingungen) von denen der Kopfebene abweichen dürfen oder wann eine Position als erledigt gilt. (Das Angebot ist z.B. erledigt, wenn die gesamte Menge in Kundenauftrag übernommen wird)
- Versanddaten:
  Hier wird z.B. eingestellt, wann eine Position lieferrelevant ist und ob das Gewicht und das Volumen einer Position ermittelt werden soll.
- Fakturadaten:
  Hier wird z.B. eingestellt, ob eine Position fakturarelevant ist, ob ein Verrechnungswert ermittelt werden soll oder ob es sich um eine statistische Position handelt.

<u>*Vorgehen:*</u> *Customizing → Vertrieb → Verkauf → Verkaufsbelege → Verkaufsbelegposition → Positionstyp definieren*

Im Materialstammsatz wird eine Positionstypengruppe über die Materialart definiert. Für die Materialart FERT ist z.B. die Materialpositionstypengruppe NORM festgelegt. Die Positionstypengruppe gruppiert die Materialien nach gewünschten Merkmalen. Die Ermittlung von Positionstypen in Verkaufsbelegen wird dadurch unterstützt.

<u>*Vorgehen:*</u> *Customizing → Logistik allgemein → Grunddaten Logistik: Materialstamm → Material → Steuerungsdaten →Eigenschaften der Materialarten festlegen*

---

[73] Vgl. SAP Online-Dokumentation, Vertrieb, Verkauf, S. 20.

Die Zuordnungsvorschrift ist in der Form aufgebaut, daß die Kombination aus der Positionstypengruppe und der Verkaufsbelegart auf einen Positionstyp verweist. Als zusätzliches Entscheidungskriterium kann noch die Verwendung der Position und der Positionstyp der übergeordneten Position benutzt werden.

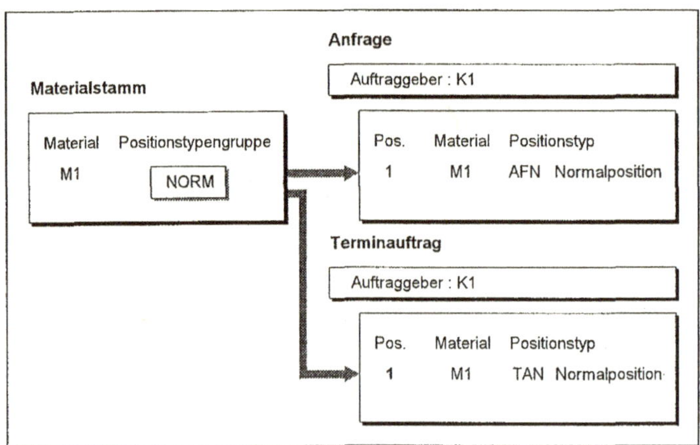

Abbildung 14: Positionstyp in Abhängigkeit von Materialpositionstypengruppe und Verkaufsbelegart

Die Einstellung der Zuordnungsregeln erfolgt im Customizing.

Vorgehen: *Customizing → Vertrieb → Verkauf → Verkaufsbelege → Verkaufsbelegposition → Positionstypen zuordnen*

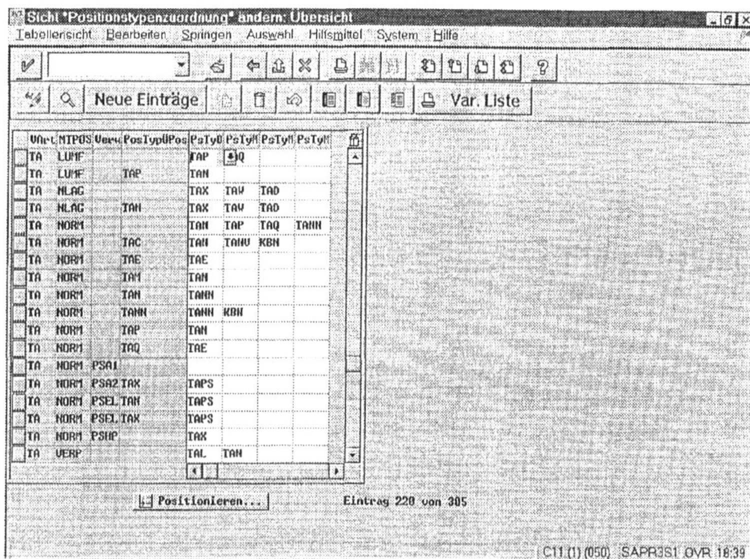

VArt	MTPOS	Verw	PosTypÜPos	PsTyD	PsTyM	PsTyM	PsTyM
TA	LUMF			TAP	Q		
TA	LUMF		TAP	TAN			
TA	NLAG			TAX	TAW	TAD	
TA	NLAG		TAN	TAX	TAW	TAD	
TA	NORM			TAN	TAP	TAQ	TANN
TA	NORM		TAC	TAN	TANV	KBN	
TA	NORM		TAE	TAE			
TA	NORM		TAM	TAN			
TA	NORM		TAN	TANN			
TA	NORM		TANN	TANN	KBN		
TA	NORM		TAP	TAN			
TA	NORM		TAQ	TAE			
TA	NORM	PSA1					
TA	NORM	PSA2	TAX	TAPS			
TA	NORM	PSEL	TAN	TAPS			
TA	NORM	PSEL	TAX	TAPS			
TA	NORM	PSHP		TAX			
TA	VERP			TAL	TAN		

Screenshot 7: Zuordnung des Positionstyp zur Kundenauftragsposition

Die Abbildung zeigt die Einstellungen im Customizing, die für die Zuordnung der Positionstypen zur Kundenauftragsposition vorgenommen wurden. Einem Material, das die Positionstypengruppe NORM hat, wird in einem Auftrag mit der Verkaufsbelegart TA (Terminauftrag) der Positionstyp TAN (Normalposition) zugewiesen. Da dem Testmaterial Test-Co-Fert-1, das für die Prozeßkette benutzt wird, die Materialpositionstypengruppe NORM zugewiesen wurde, und für die Kundenaufträge die Verkaufsbelegart TA verwendet wird, erhält das Testmaterial im Kundenauftrag den Positionstyp TAN. Die Entscheidungskriterien der Verwendung von Position und übergeordnete Position wurden nicht benutzt.

Für ein zu konfigurierbares Material wurde die Zuordnungsregel so eingestellt, daß eine Position im Kundenauftrag bei Benutzung der Verkaufsbelegart TA (Terminauftrag) den Positionstyp TAC (Konfiguration) erhält. Die Regel lautet, daß sich aus der Materialpositionstypengruppe 0002-Konfiguration und der Verkaufsbelegart TA der Positionstyp TAC ergibt.

Durch diese Einstellungen werden einer zu konfigurierenden Materialposition und einer Position mit manuell einzugebender Stückliste und Arbeitsplan bei Nutzung der Verkaufsbelegart TA unterschiedliche Positionstypen zugewiesen.

3.2.3 Besonderheiten des Kundenauftrages bei der Variantenkonfiguration

Die Variantenkonfiguration stellt eine Möglichkeit dar, die Fertigung der Transportgummi GmbH Bad Blankenburg abzubilden. Die Grundlagen der Variantenkonfiguration wurden bereits in Abschnitt 3.1.2.2.2 auf Seite 61 (Die Variantenstückliste) dargestellt. In diesem Abschnitt wird gezeigt, wie im SAP R/3 System ein Kundenauftrag, der ein konfigurierbares Material enthält, angelegt wird.

Die Konfiguration des Materials erfolgt bei Anlegen des Kundenauftrages. Es wird daher im folgenden kurz gezeigt, was sich bei der Auftragsbearbeitung für ein zu konfigurierendes Material gegenüber dem dargestellten Testmaterial, dessen Stückliste und Arbeitsplan durch die Einzelkalkulation manuell eingegeben werden, ändert.

Der Kundenauftrag wird wie bereits oben erläutert durch die Eingabe der Kundenauftragsart TA und des Vertriebsbereiches 0018,02,01 eröffnet. Zusätzlich kann noch das Verkaufsbüro 1801 und die Verkäufergruppe 100 angegeben werden. Anschließend wird die Auftragsmaske mit den spezifischen Daten Auftraggeber, Wunschlieferdatum Materialnummer etc. ausgefüllt.

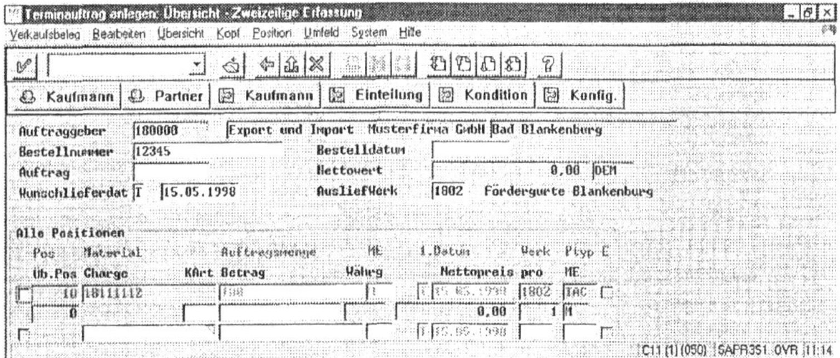

Screenshot 8: Kundenauftrag KMAT

Nachdem die Eingaben bestätigt wurden, verzweigt das System automatisch zu einer Bildschirmmaske, in der die verschiedenen Merkmalsausprägungen eingegeben werden müssen.

Terminauftrag anlegen: Merkmalbewertung
Bewertung Bearbeiten Springen Sicht Zusätze Umfeld System Hilfe
Darstellung... Umfang... Merkmalbeziehung... Wertebeziehung...
Auftraggeber 180000 Export und Import Musterfirma GmbH
Material 18111112 KMAT für Textilgurt zum Testen
Menge 100 M Position 10
Wunschlieferdatum 15.05.1998
Ergebnis Stammdaten Konf.-Struktur Erklärung...
Merkmalbewertung
FERTIGUNGSART voll
GURTBREITE 1000
KARKASSEBEZEICHNUNG ep 500/4
DICKE_TRAGSEITE1 5
DICKE_LAUFSEITE 4
MISCHUNGSNAME_TS yi
MISCHUNGSNAME_LS yn
FERTIGUNGSLAENGE_ROLLE 100
GEWEBEBREITE_EINZELFERTIGUNG_1
GEWEBEBREITE_EINZELFERTIGUNG_2
Nicht angezeigt werden... Liste...
Komponenten
Verfügbarkeit... Einstellungen...
C11 (1) (050) SAPR3S1 OVR 10:47

Screenshot 9: Merkmalsausprägungen KMAT

Die verschiedenen Merkmalsausprägungen haben folgende Bedeutung:

- Fertigungsart:

  Die Fertigungsart gibt an, wie der Aufbau des Fördergurtes beschaffen ist. „Voll“ bedeutet z.B., daß das Textilgewebe im Fördergurt, die sogenannte Karkasse von den Kautschukmischungen komplett umschlossen ist.
- Dicke Tragseite, Dicke Laufseite:

  Dieses Merkmal bestimmt die Dicke Oberseite und der Unterseite des Fördergurtes.
- Karkassenbezeichnung:

  Dieses Merkmal bestimmt die Art des Textilgewebes im Fördergurt.
- Gurtbreite und Fertigungslänge:

  Diese Merkmale geben die Breite und Länge des Fördergutes in mm an.
- Mischungsname LS und TS:

  Bei diesem Merkmal wird die Art der Kautschukmischung für die Oberseite und die Unterseite des Fördergurtes bestimmt.

Mit den Merkmalsausprägungen und dem hinterlegten Beziehungswissen kann das das SAP R/3 System eine Stückliste und einen Arbeitsplan generieren. Die generierte Stückliste läßt sich über den Button „Ergebnis“ abrufen.

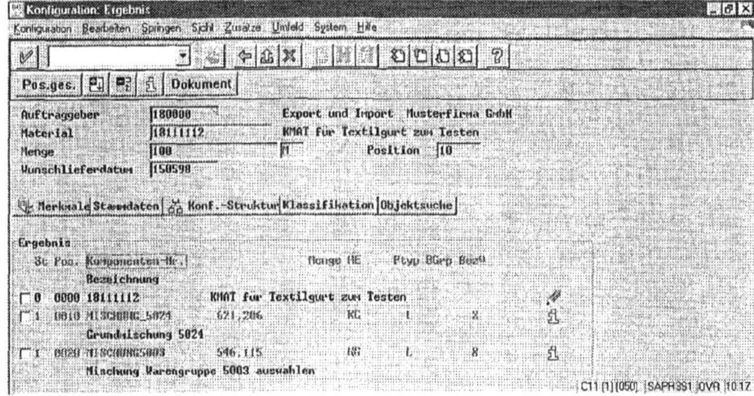

Screenshot 10: Stückliste KMAT

Nachdem in der Stückliste das konfigurierbare Material markiert wurde, kann der Arbeitsplan für dieses Material angezeigt werden.

<u>*Vorgehen:*</u> *Sicht → Objekte → Plan*

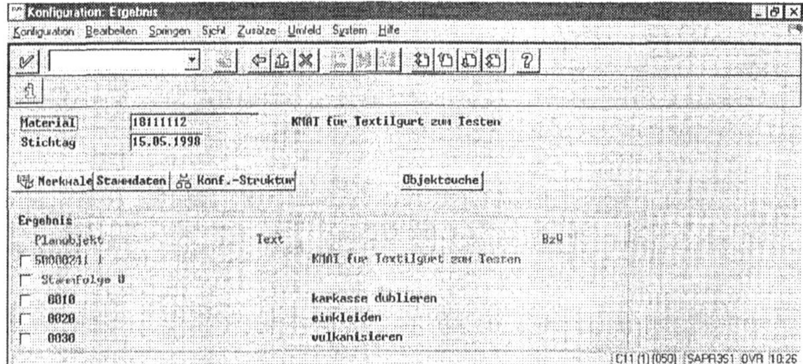

Screenshot 11: Arbeitsplan KMAT

Das Material ist konfiguriert. Im nächsten Schritt wird die Position kalkuliert und die Preisfindung für diese Position durchgeführt.

3.3 Die Kalkulation

Nachdem die einzelnen Positionen des Kundenauftrages im System erfaßt sind, wird für jede Positionen eine Kalkulation durchgeführt. Diese Vorkalkulation basiert auf geplanten Daten. Die Vorkalkulation ist die Voraussetzung dafür, daß nach Abschluß des Kundenauftrages ein Plan-Ist Vergleich durchgeführt werden kann. Sie kann außerdem als Basis für die später durchzuführende Preisfindung benutzt werden.

Es wird zunächst dargestellt, wie die Kalkulation allgemein im SAP R/3 System aufgebaut ist, aus welchen Funktionselementen sie besteht und welche Kalkulationsverfahren zur Verfügung stehen.

Anschließend wird speziell auf die Auftragskalkulation eingegangen, d.h. über welche Steuerungselemente eine Anpassung der Kalkulation an die Bedürfnisse des Unternehmens erfolgt. Dabei wird gleichzeitig erläutert, welche Einstellungen für das Beispiel der Firma TGB gewählt wurden.

3.3.1 Zeitpunkte einer Kalkulation

Eine Kalkulation kann zu verschiedenen Zeitpunkten eines Geschäftsjahres erstellt werden.

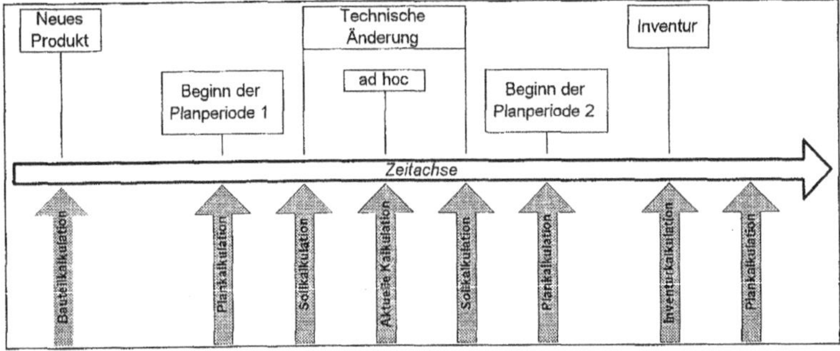

Abbildung 15: Überblick über den Zeitpunkt von Kalkulationen

Das Ziel der einzelnen Kalkulationen ist wie folgt definiert:

- Plankalkulation:
  Eine Plankalkulation wird i.d.R. am Anfang eines Geschäftsjahres erstellt und ist für das ganze Jahr gültig. Sie dient dazu, den Standardpreis für Materialien in diesem Geschäftsjahr zu ermitteln.
- Sollkalkulation:
  Die Sollkalkulation wird verwendet, um die Herstellkosten eines Materials im Laufe des Geschäftsjahres zu ermitteln. Wenn sich innerhalb eines Geschäftsjahres das Mengengerüst eines Materials ändert, wird das Material in der Sollkalkulation mit dem aktuellen Mengengerüst und den Preisen der Plankalkulation bewertet. Die Ergebnisse der Sollkalkulation können mit denen der Plankalkulation verglichen werden, um die Auswirkungen von Änderungen in der Fertigungsstruktur auf die Kosten festzustellen.
- Aktuelle Kalkulation:
  Die aktuelle Kalkulation wird während des Geschäftsjahres erstellt und bewertet das aktuelle Mengengerüst mit den aktuellen Preisen. Diese Kalkulation kann z.B. bei der Entscheidung zwischen Eigenfertigung und Fremdbezug nützlich sein.
- Inventurkalkulation:
  Die Inventurkalkulation wird verwendet, um Wertansätze für die steuer- und handelsrechtliche Bestandsbewertung zu ermitteln.

Die Kalkulation muß auf Werksebene durchgeführt werden, d.h. alle Kalkulationsdaten werden mit Bezug auf ein Werk gespeichert. Die Materialbewertung erfolgt auf Bewertungskreisebene. Deswegen ist es für die Kalkulation wichtig, daß pro Werk eine Bewertungskreisebene existiert. Kalkulationsdaten aus anderen Werken können in der Kalkulation berücksichtigt werden, solange die Werke demselben Buchungskreis zugeordnet sind.

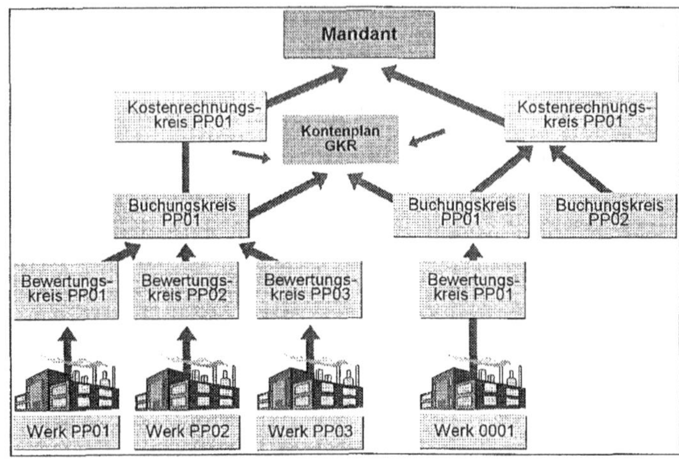

Abbildung 16: Organisationsebene der Erzeugniskalkulation[74]

Die verschiedenen Kalkulationen werden in SAP R/3 System über sogenannte Kalkulationsvarianten unterschieden.

3.3.2 Funktionselemente der Kalkulation

Die Kalkulation wird über verschiedene Parameter gesteuert. Diese einzelnen Parameter sind in verschiedenen Funktionselementen der Kalkulation nämlich der Kalkulationsvariante, der Kalkulationsart, der Bewertungsvariante und dem Kalkulationsschema hinterlegt.

3.3.2.1 Kalkulationsvariante

Die Kalkulationsvariante bildet das Herzstück der Kalkulation im SAP R/3 System. In ihr sind die wesentlichen Steuerungsparameter einer Kalkulation für unterschiedliche Kalkulationszwecke zusammengefaßt.

---

[74] Vgl. SAP Print Doku 3.0d, CO-Produktkalkulation, S. 18.

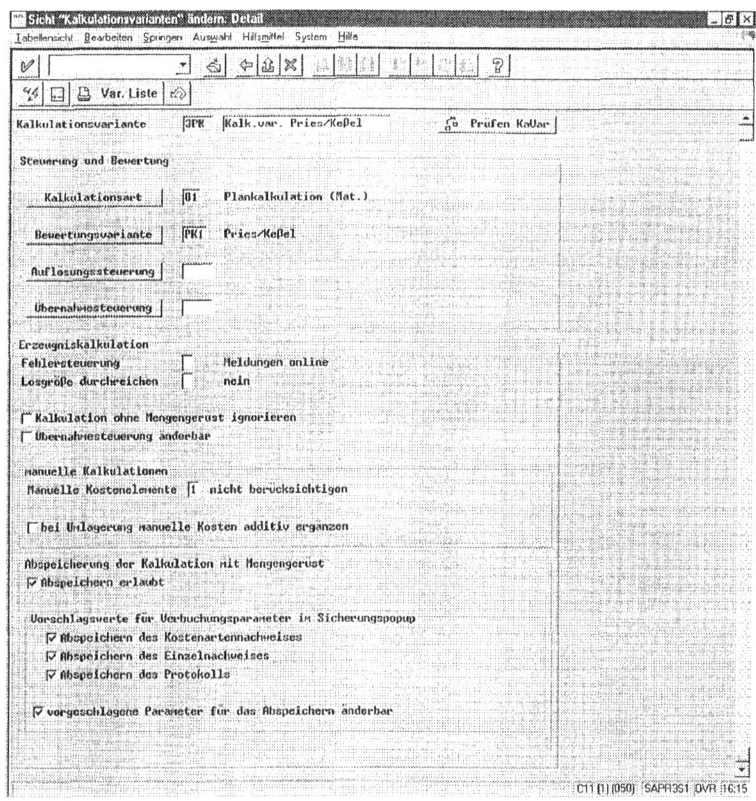

Screenshot 12 : Steuerungsparameter der Kalkulationsvariante 3PK

Die Steuerungsparameter der Kalkulationsvariante lassen sich in zwei Bereiche unterteilen:

- Steuerung und Bewertung:
  Die wichtigsten Steuerungsparameter für die Kalkulation sind in diesem Bereich hinterlegt. Dies sind die Bausteine Bewertungsvariante und Kalkulationsart. Beide werden separat definiert, wobei die Bewertungsvariante das anzuwendende Zuschlagsschema und die Kalkulationsart die Terminsteuerung enthält.
- Erzeugniskalkulation:
  Dieser Bereich enthält Steuerungsparameter, die über die Verwendung und die Abspeicherung der Daten aus der Kalkulation Auskunft geben.

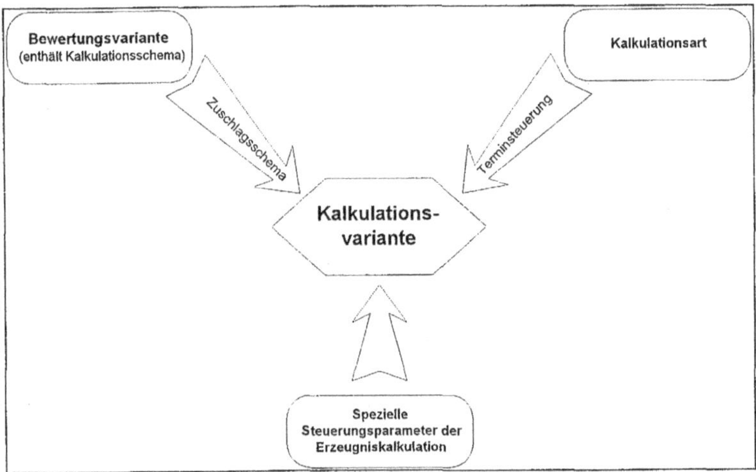

Abbildung 17: Aufbau der Kalkulationsvariante im SAP R/3 System

Das Anlegen einer neuen Kalkulationsvariante erfolgt im Customizing.

<u>Vorgehen:</u> *Werkzeuge → Business Engineering → Customizing → Unternehmens IMG → Controlling → Produktkosten-Controlling → Produkt-kalkulation → Erzeugniskalkulation ohne Mengengerüst → Kalkulationsvarianten festlegen*

Für die Prozeßkette wurden die Kalkulationsvariante 3PK für die Kalkulation mit Mengengerüst und die Kalkulationsvariante 4PK für die Kalkulation ohne Mengengerüst angelegt.

3.3.2.2 Kalkulationsart

Die Kalkulationsart gibt an:

- Für welches Bezugsobjekt die Kalkulation erstellt wird.
  Als Bezugsobjekte kommen alle im SAP R/3 System möglichen Kostenträger in Frage, z. B. Material, Auftrag oder Projekt.
- Welche Zuschlagsbasis für die Kalkulation verwendet wird
  (1 = Herstellkosten, 2 = Selbstkosten).
- Welche Terminsteuerung in der Erzeugniskalkulation verwendet wird, d.h. welche Termine vorgeschlagen werden und ob der Anwender die vorgeschlagenen Termine ändern darf. Man unterscheidet zwischen:
  - Kalkulationsdatum
    Dieses Datum bestimmt, ab wann eine Kalkulation bzw. bis wann eine Kalkulation gültig ist.
  - Auflösungstermin
    Der Auflösungstermin bestimmt, wie das gültige Mengengerüst für die Kalkulation selektiert wird. Auf Basis dieses Termins wird die entsprechende Stückliste und der entsprechende Arbeitsplan selektiert, aufgelöst und kalkuliert.
  - Bewertungstermin
    Der Bewertungstermin bestimmt, wie das System nach gültigen Daten sucht, um folgende Preisen zu ermitteln:
    * Preise für Lagermaterialien aus dem Materialstammsatz
    * Tarife für Leistungsarten aus der Kostenstellenplanung
    * Preise für extern bearbeitete Materialien aus dem Einkauf
    * Preise für extern bearbeitete Vorgänge aus dem Einkauf.

- Zu welchem Zeitpunkt die Ergebnisse der Erzeugniskalkulation abgespeichert werden. Hierbei wird zwischen maschineller Kalkulation, also mit vorhandenem Mengengerüst und manueller Kalkulation ohne Mengengerüst unterschieden.
- In welches Feld des Materialstammsatzes die Kalkulationsergebnisse fortgeschrieben werden könne (Standardpreis, steuerrechtlicher Preis, handelsrechtlicher Preis, keine Fortschreibung oder sonstige außer Standardpreis).

<u>Vorgehen:</u> *Werkzeuge → Business Engineering → Customizing → Unternehmens IMG → Controlling → Produktkosten-Controlling → Produkt-kalkulation → Erzeugniskalkulation ohne Mengengerüst → Kalkulationsarten festlegen*

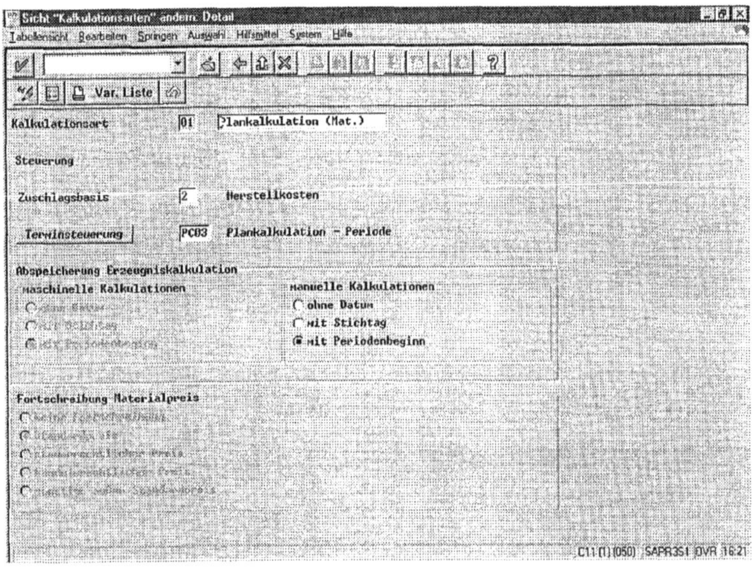

Screenshot 13: Steuerungsparameter der Kalkulationsart

3.3.2.3 Bewertungsvariante

Die Bewertungsvariante bestimmt die Wertansätze für die Materialien und Leistungsarten der einzelnen Positionen einer Kalkulation. Das Ergebnis einer Kalkulation hängt davon ab, mit welchen Preisen Rohstoffe und Fremdleistungen bewertet werden.

Für die Wertansätze werden in der Bewertungsvariante sogenannte Strategiefolgen definiert. Die Strategiefolge gibt an, in welcher Reihenfolge das System Wertansätze zur Bewertung der Kalkulationspositionen sucht. Der erste realisierbare Wertansatz wird dann in die Kalkulation übernommen. Eine Strategiefolge wird zur Bewertung der Materialien, Eigenleistungen, Fremdleistungen und Lohnbearbeitung definiert.

Für die Prozeßkette wurde die Bewertungsvariante PK1, die in der folgenden Abbildung zu sehen ist, angelegt.

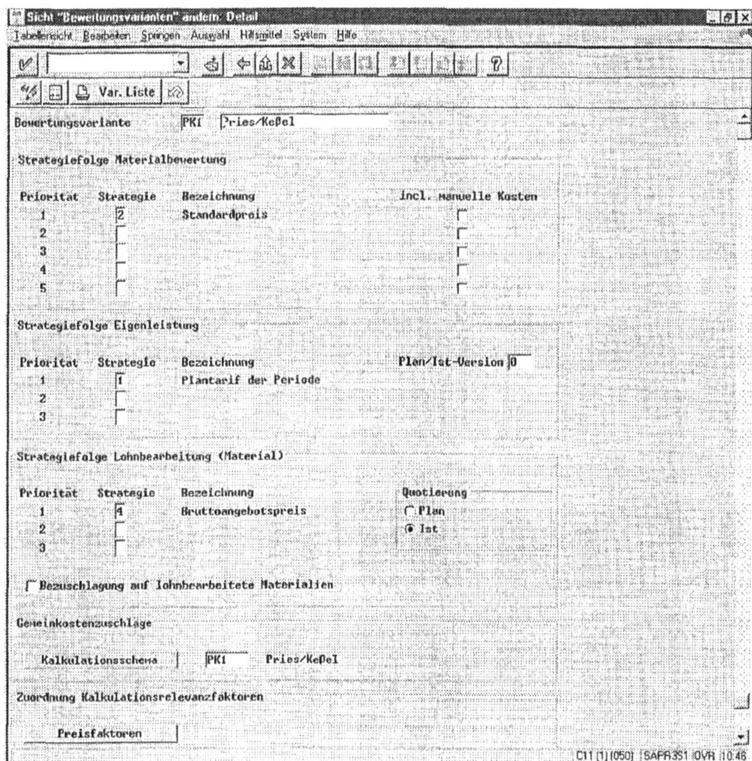

Screenshot 14: Bewertungsvariante PK1

Strategiefolge Material:	*2 =*	*Das Material soll nur zum Standardpreis bewertet werden.*
Strategiefolge Eigenleistung:	*1 =*	*Die Eigenleistung soll aus einem festgelegten Plantarif berechnet werden*
Strategiefolge Lohnbearbeitung:	*4 =*	*Die Fremdfertigung wird zum Brutto-preis bewertet*
Kalkulationsschema:	*PK1*	
Kalkulationsrelevanzfaktoren:	*Um Stücklistenpositionen bei der Kalkulation nicht oder nur abgeschwächt zu berücksichtigen, können im Rahmen einer Bewertungsvariante , sog. Kalkulations-relevanzfaktoren definiert werden. Sie steuern die Nichtberücksichtigung oder Abwertung einzelner Positionen*	

Für die Rohstoffe wurde bei dieser Variante als erster Bewertungsansatz ein Planpreis eingegeben.

In der Bewertungsvariante erfolgt außerdem die Zuordnung eines Zuschlagskalkulationsschemata.

3.3.2.4 Kalkulationsschema

Im Zuschlagskalkulationsschema werden die Sätze festgelegt, mit denen die Gemeinkosten auf die Einzelkosten aufgeschlagen werden.

Bei der Kalkulation einer Position im Kundenauftrag erfolgt die Zuordnung des Kalkulationsschemas über die Bedarfsklasse. Auf diese Zusammenhänge wird in Abschnitt 3.3.4 auf Seite 100 (Steuerung der Kalkulation) eingegangen.

Bei der Kalkulation eines Materials erfolgt die Zuordnung des Kalkulationsschemas, indem der Schlüssel in der Bewertungsvariante eingetragen wird. Da einer Kalkulationsvariante wiederum eine Bewertungsvariante zugewiesen werden muß, wird durch die Wahl einer Kalkulationsvariante für eine durchzuführende Kalkulation über die Verknüpfung mit der Bewertungsvariante auch ein Kalkulationsschema bestimmt. Beispielhaft wird diese Zuordnung an der nächsten Abbildung deutlich.

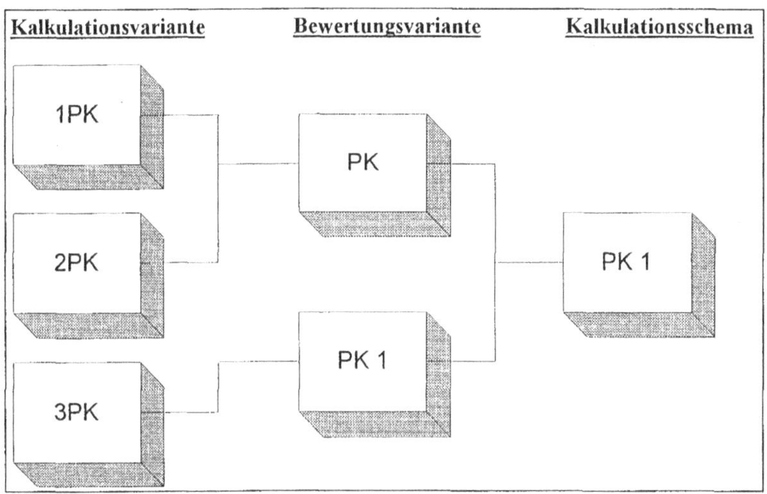

Abbildung 18: Verknüpfung Kalkulationsvariante - Bewertungsvariante - Kalkulationsschema

Einer Kalkulation, die mit einer der drei Kalkulationsvarianten 1PK bis 3PK durchgeführt wird, liegt das Zuschlagskalkulationsschema PK 1 zugrunde.

Das Zuschlagskalkulationsschema ist im Customizing unter dem Punkt *Kalkulationsschema definieren* hinterlegt.

Vorgehen: *Controlling → Produktkosten-Controlling → Produktkalkulation → Grundeinstellungen für die Erzeugniskalkulation → Gemeinkosten-zuschläge → Kalkulationsschema definieren*

Das angelegte Kalkulationsschema hat folgende Struktur:

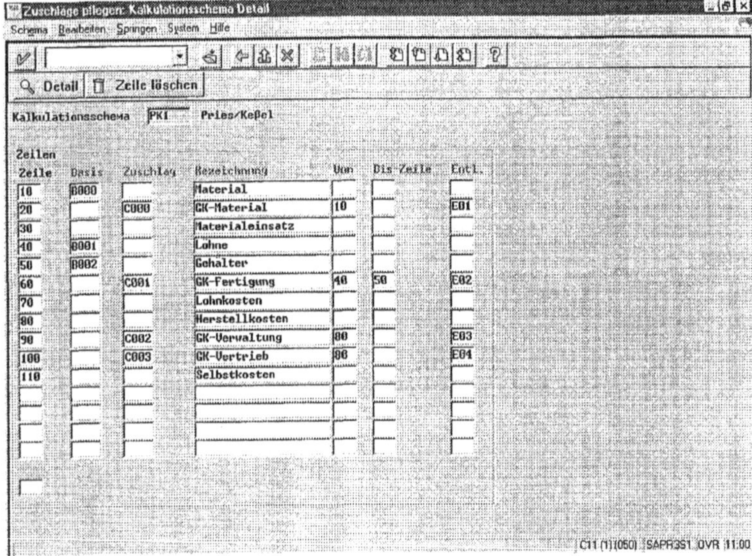

Zeile	Basis	Zuschlag	Bezeichnung	Von	Bis Zeile	Entl.
10	B000		Material			
20		C000	GK-Material	10		E01
30			Materialeinsatz			
40	B001		Lohne			
50	B002		Gehalter			
60		C001	GK-Fertigung	40	50	E02
70			Lohnkosten			
80			Herstellkosten			
90		C002	GK-Verwaltung	80		E03
100		C003	GK-Vertrieb	80		E04
110			Selbstkosten			

Screenshot 15: Kalkulationsschema

Für die Einzelkosten, die als Bezugsbasis für die Bezuschlagung der Gemeinkosten dienen, wird ein Schlüssel für eine Berechnungsbasis in der Spalte Basis angegeben. Die Berechnungsbasis, der Zuschlag und der Entlastungsschlüssel werden durch einen Doppelklick in der jeweiligen Spalte aufgerufen. Eine Berechnungsbasis besteht aus Kostenarten, die nach jeweils identischen Bedingungen bezuschlagt werden. Sie gilt für einen Kostenrechnugskreis. Es muß angegeben werden, ob der Zuschlag auf die Gesamtkosten, die fixen Kosten oder die variable Kosten erfolgen soll.

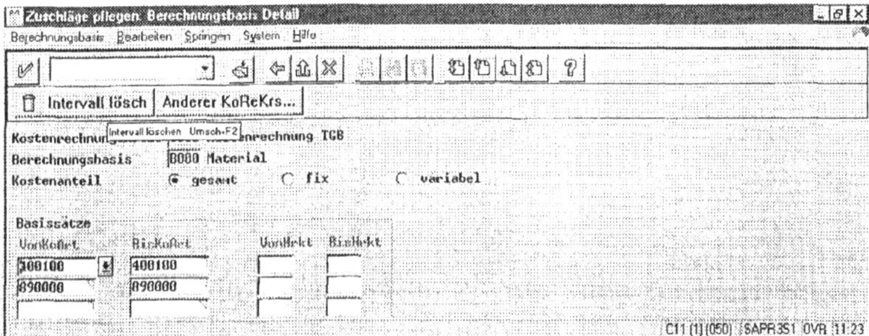

Screenshot 16: Berechnungsbasis B000 im Kalkulationsschema PK1

Die Berechnungsbasis B000 faßt die beiden Kostenarten 400100 und 890000 zu dem Einzelkosten-Posten Material zusammen. Über die Kostenarten werden Kosten verrechnet. Jede Kostenstellenleistung bzw. jeder Materialverbrauch wird mit einer Kostenart unterlegt.

In der zweiten Zeile des dargestellten Kalkulationsschemas stehen die Materialgemeinkosten. In den Spalten „von bis" werden die Zeilennummern der Positionen angegeben, auf die sich der Zuschlag bezieht. In der Spalte Zuschlag wird der Schlüssel eingetragen, über den die Steuerungsparameter für den Zuschlag eingestellt werden.

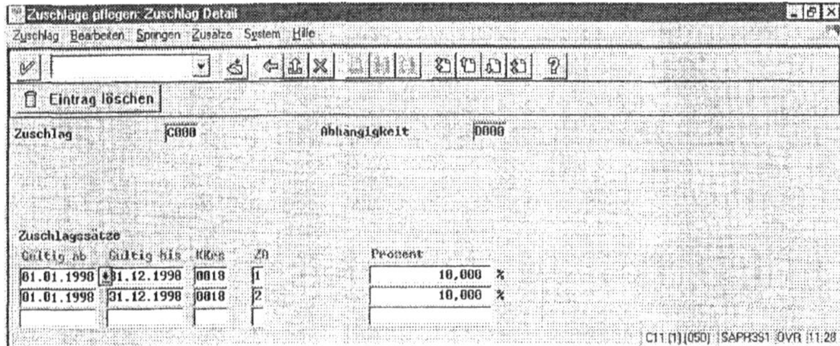

Screenshot 17: Zuschlagssatz C000 im Kalkulationsschema PK1

Der Zuschlagssatz kann zeitlich differenziert werden, d.h. in Abhängigkeit von Zeiträumen können unterschiedliche Prozentsätze bestimmt werden. Es muß ferner der Kostenrechnungskreis sowie in der Spalte ZA die Zuschlagsart (1 = Ist, 2 = Plan, 3= Obligo) festgelegt werden. In diesem Fall wurde für das ganze Jahr der Zuschlagssatz von 10 % gewählt.

In der Spalte „Entl." werden die Entlastungssätze festgelegt. In der Entlastung wird hinterlegt, unter welcher Kostenart, in welchem Zeitraum, welche Kostenstelle oder welcher Auftrag entlastet wird.

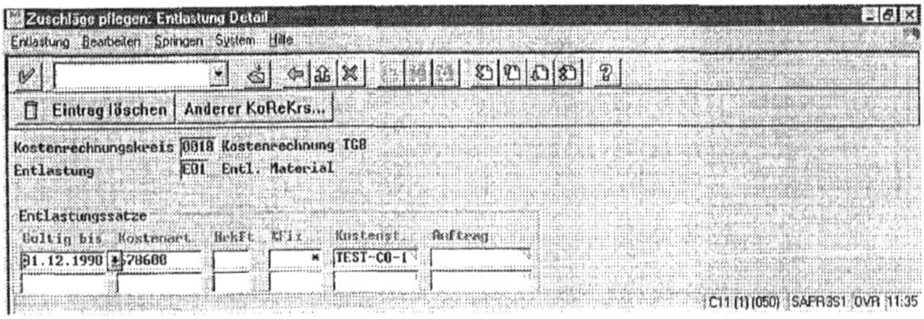

Screenshot 18: Entlastung E01 im Kalkulationsschema PK1

In der Entlastung E01 wird z.B. über die Kostenart 678600 die Kostenstelle Test-CO-1 entlastet.

3.3.3 Kalkulationsmethoden

Im folgenden wird die Kalkulation mit und ohne Mengengerüst allgemein dargestellt. Hierbei soll die Logik der beiden unterschiedlichen Kalkulationsmethoden für ein Material dargestellt werden. Der genaue Ablauf der Kalkulation, wie sie speziell für einen Kundenauftrag abläuft, wird später im Abschnitt 3.3.5 auf Seite 114 (Ablauf der Kalkulation) dargestellt.

3.3.3.1 Kalkulation mit Mengengerüst

Die Kalkulation mit Mengengerüst greift auf Daten der Stückliste und des Arbeitsplans des zu kalkulierenden Erzeugnisses zurück, um die Materialkosten und die Kosten für die Fertigungsleistungen zu kalkulieren. Die Stückliste und der Arbeitsplan des Materials sind im PP-Modul hinterlegt. In der folgenden Abbildung ist das Beispiel für eine Stückliste zu sehen.

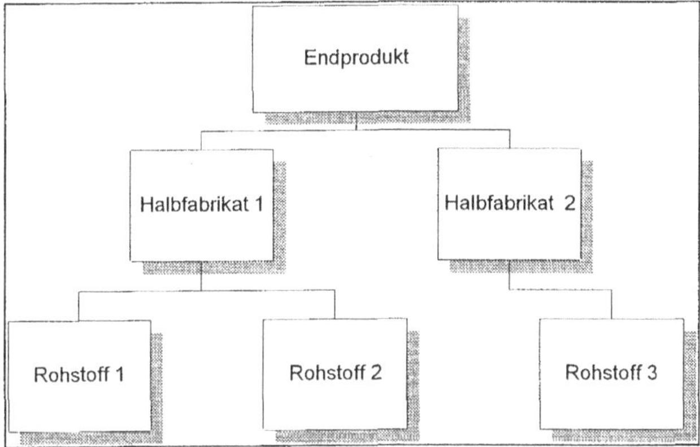

Abbildung 19: Beispiel für eine Stückliste

Bei der Durchführung einer Kalkulation für das Endprodukt werden zunächst die beiden Halbfabrikate kalkuliert und die Ergebnisse dann in die Kalkulation des Endproduktes einfließen. Die drei Rohstoffe werden zu den Preisen bewertet, die in der bei der Kalkulation benutzten Bewertungsvariante vorgegeben sind. Zu den Halbfabrikaten und dem Enderzeugnis werden die im SAP R/3 System hinterlegten Arbeitspläne benutzt, um die anfallenden Fertigungsleistungen zu kalkulieren.

3.3.3.2 Kalkulation ohne Mengengerüst

Die Kalkulation ohne Mengengerüst verwendet keine Stücklisten und Arbeitspläne. Statt dessen werden die einzelnen Kalkulationspositionen manuell eingegeben. Das Mengengerüst und die Arbeitsschritte des zu kalkulierenden Objekts werden daher durch die Eingabe der einzelnen Kalkulationspositionen festgelegt.

3.3.3.2.1 Aufbau

Die Kalkulation ohne Mengengerüst ist von ihrer Struktur her einstufig. Eine mehrstufige Kalkulation läßt sich jedoch dadurch realisieren, daß Halbfabrikate auf den verschiedenen Fertigungsstufen einzeln kalkuliert werden und auf der nächsthöheren Stufe dann zu Herstellkosten eingehen.

Um das Endprodukt zu kalkulieren, müssen vorher die beiden Halbfabrikate jeweils einzeln kalkuliert werden, die Kalkulationsergebnisse in den Materialstammsatz übernommen werden (siehe Abschnitt 3.3.6 auf Seite 116), und dann eine Kalkulation des Endprodukts mit den beiden Halbfabrikaten als Einsatzstoffe durchgeführt werden. Die anfallenden Arbeitsschritte (z.B. Eigenleistungen oder Fremdleistungen) werden als Kalkulationspositionen auf den jeweilig anfallenden Stufen eingegeben.

Es kann dabei nur eine Kalkulationsvariante gewählt werden, die eine Kalkulation ohne Mengengerüst auch vorsieht.

3.3.3.2.2 Ablauf

Vorgehen: *Rechnungswesen → Controlling → Produktkostenrechnung → Erzeugniskalkulation → Kalkulation → Ohne Mengengerüst → Anlegen*

Man gelangt in folgendes Einstiegsbild:

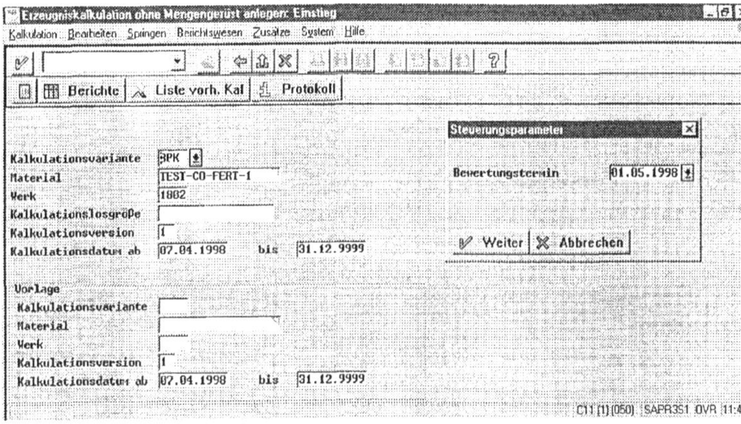

Screenshot 19: Einstiegsbild Kalkulation ohne Mengengerüst anlegen

Neben der Eingabe des zu kalkulierenden Materials, der Kalkulationsvariante und dem Werk ist die Losgröße, die Kalkulationsversion, der Gültigkeitszeitraum und der Bewertungstermin der Kalkulation anzugeben.

Die Eingabe der Kalkulationslosgröße ist optional. Wird sie nicht eingegeben, übernimmt das System die Losgröße aus dem Materialstammsatz. Das System bietet die Möglichkeit, das Material mehrmals in verschiedenen Versionen zu kalkulieren. Auf diese Weise können verschiedene manuell einzugebende Mengengerüste, bzw. verschiedene Arbeitspläne ausprobiert werden.

Der Bewertungstermin ist der Stichtag für die Bewertung der Kalkulationspositionen. Das bedeutet, daß Rohstoffe zu dem Preis und Halbfabrikate mit den Herstellkosten in die Kalkulation eingehen, die für den Stichtag Gültigkeit haben. Das gleiche gilt für die Zuschlagssätze im Kalkulationsschema (siehe Abschnitt 3.3.2.4 auf Seite 90), die ebenfalls in Abhängigkeit vom Zeitraum unterschiedliche Werte annehmen können. Der Bewertungsstichtag spielt außerdem eine Rolle für die Übernahme des Kalkulationsergebnisses in den Materialstammsatz.

Über den Punkt *Liste vorhandener Kalkulationen* ist es möglich, sich bereits angelegte Kalkulationen, die nach Kriterien wie der Kalkulationsvariante oder dem Zeitraum ausgewählt werden, anzeigen zu lassen.

Nach Bestätigung des Bewertungsstichtages gelangt man in folgendes Bild:

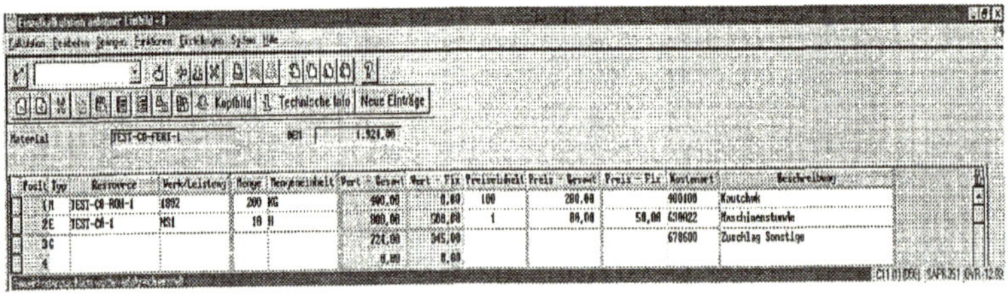

Screenshot 20: Erzeugniskalkulation ohne Mengengerüst

In den einzelnen Zeilen werden die Kalkulationspositionen eingegeben. In der Spalte T wird zunächst der Positionstyp der Kalkulationsposition eingegeben. Er bestimmt, welche weiteren Daten zur Durchführung der Kalkulation für diese Position vom Benutzer eingegeben werden müssen. Soll z.B. die erste Position ein Material sein, werden als weitere Angaben die Materialnummer, das Werk und die Menge des Materials, die in das zu kalkulierende Objekt einfließt. Die folgende Tabelle zeigt in Abhängigkeit des Positionstyps die benötigten Eingaben und die Informationen, die vom System ermittelt werden.

Bei Positionstyp		Eingabe	das System ermittelt
M	Material	Materialnummer, Werk, Menge	Preis, Mengeneinheit, Kostenart, Text, Positionswert
E	Eigenleistung	Kostenstelle, Leistungsart, Menge	Preis, Mengeneinheit, Kostenart, Text, Positionswert
B	Bauteil	Bauteilname, Menge	Preis, Mengeneinheit, Kostenart, Text, Positionswert
V	variable Position	Menge, Preis	Positionswert
T	Text		Beschreibung
S	Summe		Summe der Positionswerte oberhalb dieser Position

Tabelle 5: Eingaben pro Positionstyp[75]

In dem Beispiel wurden als Kalkulationspositionen ein Material und eine Eigenleistung eingegeben. Der „Wert-Gesamt" ergibt sich durch Multiplikation der Menge mit dem durch die Strategiefolge für die Bewertung bestimmten Preis der Position. In diesem Fall wurde für Material als höchste Priorität für die Bewertung der Standardpreis genommen. Der im Materialstammsatz für Test-Co-Roh-1 hinterlegte Standardpreis beträgt DM 200,- pro 100 Kg. Bei einer Menge von 200 Kg ergibt sich damit der „Wert-Gesamt" für diese Position zu DM 400,-.

Nachdem alle Einzelkosten kalkuliert wurden, werden die Gemeinkosten berechnet.

Vorgehen: *Funktion → Zuschläge ermitteln*

Die Gemeinkosten werden durch das Kalkulationsschema berechnet, das mit der entsprechenden Bewertungsvariante verknüpft ist. In dem Beispiel erscheinen sie in der dritten Zeile.

[75] Vgl. SAP- Dokumentation, CO-Einzelkalkulation, September 1995, S. 3-9.

3.3.4 Steuerung der Kalkulation

Eine Kalkulation wird durch die Wahl der Kalkulationsmethode, der Bewertungsvariante, der Kalkulationsart und des Kalkulationsschemas für die Berechnung der Gemeinkosten gesteuert.

Bei den Einstellungen, die für die Steuerung der Kalkulation gemacht werden, ist die grundsätzliche Fragestellung zu klären, wie die Kalkulation aus der Sicht des Anwenders ablaufen soll, d.h. ob und wie der Anwender einen Einfluß auf die Wahl der Kalkulationsmethode, der Kalkulationsvariante und der weiteren Funktionselemente hat. Der Anwender ist in diesem Fall der Vertriebsmitarbeiter, der den Kundenauftrag in das System eingibt und dabei die Kalkulation des Produktes durchführt. Da das SAP R/3 System für den Anwender so gestaltet werden soll, daß er es bedienen kann, ohne die genauen Zusammenhänge der Steuerung der Kalkulation zu verstehen, sollte er z.B. nicht die Möglichkeit haben, die Kalkulationsmethode beim Anlegen des Kundenauftrages frei zu bestimmen.

In diesem Abschnitt wird dargestellt, welche Einstellungen in der Bedarfsklasse, die das Herzstück der Kalkulationssteuerung darstellt, vorgenommen werden können und nach welchen Regeln die Zuweisung der Bedarfsklasse erfolgt. Dabei wird gezeigt, welche Einstellungen für das in der Prozeßkette benutzte Testmaterial vorgenommen wurden, damit die Zielsetzung erreicht wird, daß der Benutzer keinen Einfluß auf die Wahl der Kalkulationsmethode hat.

3.3.4.1 Einstellungen in der Bedarfsklasse

Mit der Bedarfsklasse wird im Controlling die Kundenauftragsfertigung gesteuert. Einstellungen werden über das Customizing vorgenommen.

Vorgehen: *Customizing → Controlling → Produktkosten-Controlling → Kostenträgerrechnung → Kostenträgerrechnung bei Kunden-einzelfertigung → Steuerung der Kundeneinzelfertigung → Bedarfsklassen*

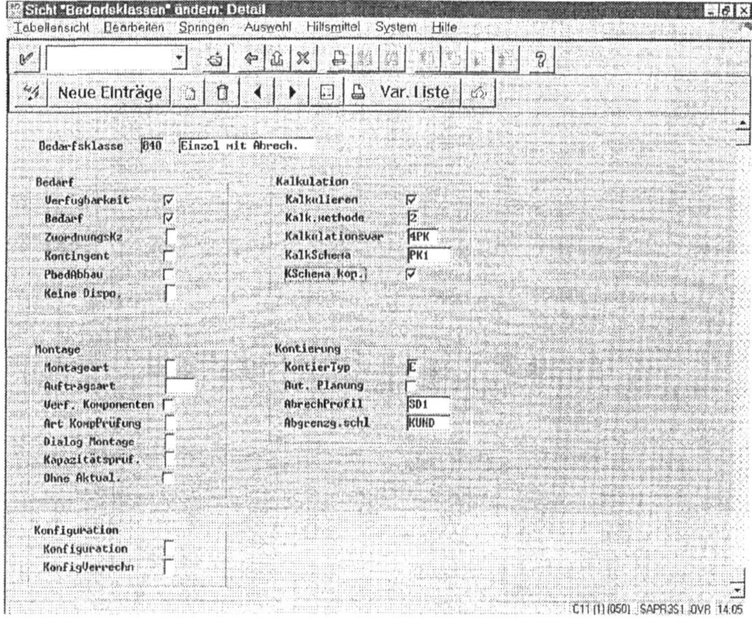

Screenshot 21: Bedarfsklasse

Die Steuerungselemente der Bedarfsklasse teilen sich in die Abschnitte Bedarf, Kalkulation, Kontierung und Konfiguration auf.

3.3.4.1.1 Kalkulation

In dem Abschnitt Kalkulation werden alle Steuerungsparameter für die Kalkulation angegeben. Hierzu gehören die Kalkulationsmethode, die Kalkulationsvariante und das Kalkulationsschema. Ist das Kennzeichen „Kalkulieren“ aktiviert, bedeutet dies, daß ein Vorgang kalkuliert werden muß, bevor Folgevorgänge durchgeführt werden können.

Die Bedarfsklasse entscheidet darüber, welche Kalkulationsmethode und welche Kalkulationsvariante für eine zu kalkulierende Kundenauftragsposition benutzt wird. In der Bedarfsklasse können die Kalkulationsmethode, die Kalkulationsvariante und das Kalkulationsschema eingetragen werden. Die Felder können jedoch auch offengelassen werden. Werden in der Bedarfsklasse keine entsprechenden Eintragungen vorgenommen, muß der Anwender des Systems bei Aufruf der Kalkulation für eine Auftragsposition entscheiden, welche Kalkulationsmethode und welche Kalkulationsvariante vom System benutzt wird. Die folgende Abbildung verdeutlicht, welche Auswirkung der Eintrag in der Bedarfsklasse für die Kalkulation im Kundenauftrag hat.

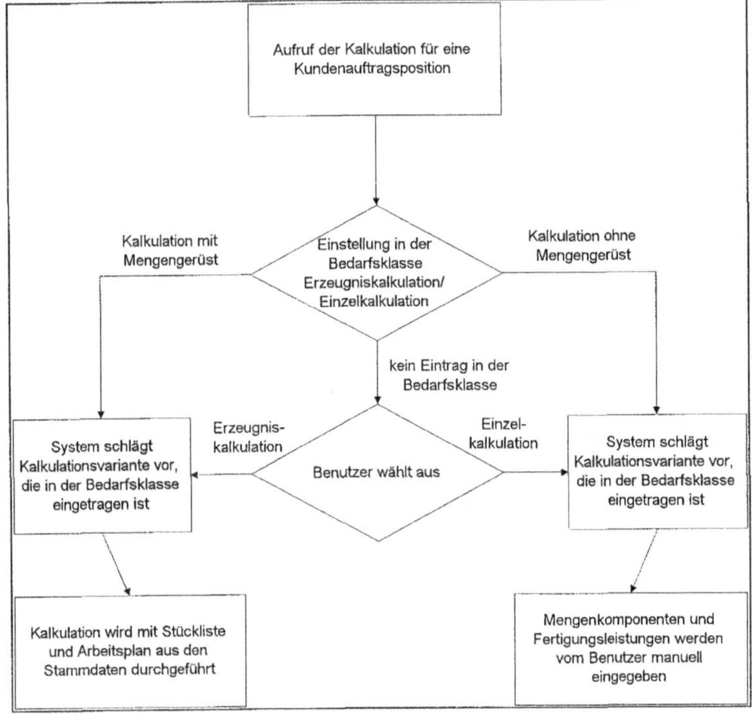

Abbildung 20: Auswahl der Kalkulationsmethode

Bei der Frage, welche Einstellung bezüglich der Kalkulationsmethode und der Kalkulationsvariante in der Bedarfsklasse vorgenommen werden soll, stellt sich die bereits angesprochene Frage, welche Freiheiten dem Anwender des Systems, also des Vertriebsmitarbeiters, der den Kundenauftrag in das System eingibt, bei der Auswahl der Funktionselemente gegeben werden sollen.

Die Frage, welche Kalkulationsmethode für ein Material benutzt wird, muß davon abhängen, um was für ein Material es sich bei der jeweiligen Position im Kundenauftrag handelt. Für das Testmaterial, das für die beispielhafte Prozeßkette benutzt wird, ist vorgesehen, daß das Mengengerüst und die Arbeitsgänge im Kundenauftrag manuell eingegeben werden. Eine Position im Kundenauftrag mit dem Material Test-Co-Fert-1 muß daher eine Bedarfsklasse zugewiesen werden, die als Kalkulationsmethode die Einzelkalkulation vorsieht. Einer Position, die aus einem konfigurierbaren Material besteht, muß entsprechend eine Bedarfsklasse, die auf die Erzeugniskalkulation verweist, zugeordnet werden. Welche Bedarfsklassen für die beiden Fälle vorgesehen wurden, wird im folgenden Abschnitt (Zuordnung der Bedarfsklasse zur Kundenauftragsposition) erläutert.

Ein weiteres, in dem Abschnitt Kalkulation einzustellendes Steuerungselement der Bedarfsklasse ist das Kennzeichen „KSchema kop." Ist dieses Kennzeichen aktiviert, bedeute das, daß das Kalkulationsschema bei abhängigen Objekten durchgereicht wird. Das Kalkulationsschema, welches im Kundenauftrag verwendet wird, wird dann auch z.B. beim Fertigungsauftrag zur Anwendung kommen.

3.3.4.1.2 Kontierung

In dem Abschnitt Kontierung werden die Steuerungsparameter für die Kontierung festgelegt. Über den Kontierungstyp bestimmt man, wie die Kundenauftragsfertigung im SAP R/3 System durchgeführt wird. Mit dem Kontierungstyp legt man fest:

- Daß ein CO-Objekt zur Sammlung der Kosten zur Kundenauftragsposition erzeugt wird (Abrechnung über Kundenauftrag). Das geschieht über das Feld Verbrauchsbuchung.
- Daß Warenbewegungen in der Logistik über den Kundenauftragsbestand erfolgen. Das geschieht über das Feld Sonderbestand.

Vorgehen: *Customizing → Controlling → Produktkosten-Controlling → Kostenträgerrechnung → Kostenträgerrechnung bei Kundeneinzelfertigung → Steuerung der Kundeneinzelfertigung → Kontierungstypen überprüfen*

Mit dem Kontierungstyp "E" bestimmt man, daß bei jeder Buchung auf die Kundenauftragsposition Kosten im CO Modul des SAP R/3 System fortgeschrieben werden. Alle Warenbewegungen für Kundenauftragspositionen mit dem Kontierungstyp "E" werden unbewertet über den Kundenauftragsbestand durchgeführt (siehe Abschnitt 4.2.2 auf Seite 151).[76]

Die Aktivierung des Kennzeichens „Aut. Planung“ ist nur bei der Kundenauftragsfertigung möglich. Ist dieses Kennzeichen aktiv, wird beim Erfassen oder Ändern der Kundenauftragsposition automatisch die mehrstufige Kundeneinzelplanung durchgeführt.

[76] Vgl. SAP Online-Dokumentation, Controlling, Kostenträgerrechnung, S. 287.

Das Kennzeichen „Abrechnungsprofil" gibt an, an welchen Abrechnungsempfänger abgerechnet wird. (SD1=Kundenauftrag Einzelfertigung) Das Abrechnungsprofil verweist auf ein Abrechnungsschema und ein Ergebnisschema. Diese beiden Schemata spielen bei der Kalkulation keine Rolle. Das Abrechnungsschema ist bei der Abrechnung des Fertigungsauftrages an den Kundenauftrag und der Abrechnung des Kundenauftrages an das Ergebnis von Bedeutung. Darauf wird in den Abschnitten 4.5.3 auf Seite 191 (Verrechnung der Istkosten des Fertigungsauftrages an den Kundenauftrag) und 4.8 auf Seite 218 (Die interne Abrechnung) näher eingegangen. Das Ergebnisschema steuert die Abrechnung des Kundenauftrages an das Ergebnis. (siehe Abschnitt 4.8 auf Seite 218)

Das Kennzeichen „Abgrenzg.schl" übernimmt die Abgrenzung des Kundenauftrages im Rahmen des Periodenabschlusses. (AUFT = Abgrenzungsaufträge, Projekte / FERT = WIP-Ermittlung Fertigungsaufträge / KUND = Abgrenzung Kundenaufträge). Bleibt dieses Feld unausgefüllt, dann erfolgt keine Abgrenzung dieser Kundenauftragsposition zum Periodenabschluß. Das Periodenergebnis würde durch Kundenauftragspositionen, die am Periodenende noch nicht abgeschlossen sind, verfälscht. Die unfertigen Kundenauftragspositionen müssen am Periodenende in das Ergebnis abgerechnet werden. Ohne die Abgrenzung würde diesen Kosten im Ergebnis keine Erlöse gegenüberstehen. Durch die Abgrenzung wird automatisch eine den Kosten entsprechende Gegenbuchung durchgeführt, die den Erlösgegenwert der Kundenauftragsposition darstellt.

3.3.4.1.3 Weitere Steuerungselemente

Die weiteren Steuerungselemente teilen sich in die Abschnitte Bedarf und Konfiguration auf.

In dem Abschnitt Bedarf werden die Steuerungsparameter für die Bedarfsplanung gesetzt. Ist das Kennzeichen „Verfügbarkeit" aktiv, dann ist für den jeweiligen Vorgang eine Verfügbarkeitsprüfung durchzuführen. Ist das Kennzeichen „Bedarf" aktiv, bedeutet dies, daß bei dem jeweiligen Vorgang eine Bedarfsübergabe durchzuführen ist.

In dem Abschnitt Konfiguration werden die Steuerungsparameter für das konfigurierbare Material gesetzt. Unter dem Punkt Konfiguration wird festgelegt, ob eine Konfiguration des Materials erlaubt ist (*), ob sie Pflicht ist (+) oder ob sie nicht erlaubt ist (-). Außerdem wird über das Kennzeichen „KonfigVerrechn" gesteuert, ob Kundenaufträge auf dem konfigurierbarem Material mit der Variantenvorplanung oder mit der Merkmalsvorplanung verrechnet werden.

3.3.4.2 Zuordnung der Bedarfsklasse zur Kundenauftragsposition

Jeder Kundenauftragsposition wird eine Bedarfsklasse zugewiesen. Dabei wird der Kundenauftragsposition bei der Eröffnung des Kundenauftrages durch das SAP R/3 System automatisch ein Positionstyp für den Verkaufsbeleg vorgeschlagen. Anhand dieses Positionstypen ermittelt das SAP R/3 System wie dieser Beleg bearbeitet werden soll.

Die Bedarfsklasse enthält Steuerungselemente, die für die Kalkulation und die spätere Abrechnung der Istkosten relevant sind. Die Zuordnung der Bedarfsklasse zu der Kundenauftragsposition kann auf zwei verschiedenen Wegen erfolgen. Diese beiden Zuordnungsregeln werden im Customizing festgelegt. Wann welche Regel benutzt wird, wird in den nächsten Abschnitten erläutert.

3.3.4.2.1 Zuordnung über die Strategiegruppe des Materials

Eine Möglichkeit, die Bedarfsklasse einer Materialposition im Kundenauftrag zuzuweisen, besteht darin, die Zuweisung über die Strategiegruppe des Materials durchzuführen. Die Strategiegruppe spielt eine Rolle bei der Planung des Materials. Sie ist im Materialstammsatz in der Dispositionssicht 2 hinterlegt. In der Sicht der Planungsstrategie ist dann schließlich die Bedarfsklasse hinterlegt.

Die Stratgegiegruppe wird wie folgt im Customizing eingestellt:

Vorgehen: *Customizing → Controlling → Produktkosten-Controlling → Kostenträgerrechnung → Kostenträgerrechnung bei Kunden-einzelfertigung → Steuerung der Kundeneinzelfertigung → Selektion der Bedarfsart über die Dispositionsgruppe → Planungsstrategie überprüfen → Doppelklick auf Strategie*

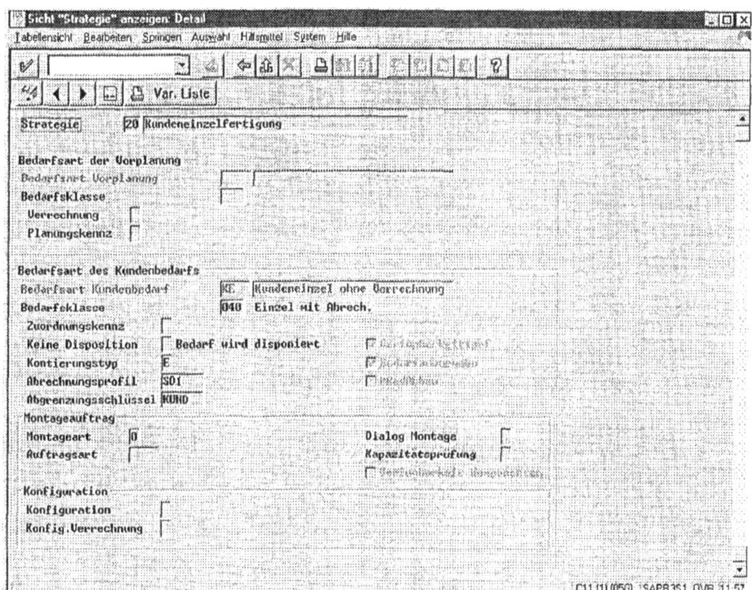

Screenshot 22: Zuordnung der Bedarfsart über die Strategiegruppe

Für die Prozeßkette wurde die Strategiegruppe 20 für die Kalkulation der Kundenauftragsfertigung ohne Mengengerüst und die Strategiegruppe 25 für die Kalkulation der Kundenauftragsfertigung mit Mengengerüst gewählt. In der Strategiegruppe 20 ist die Bedarfsklasse 40 und in der Strategiegruppe die Bedarfsklasse 46 eingestellt.

Die Strategiegruppe enthält wie die Bedarfsklasse den Kontierungstyp, das Abrechnungsprofil und den Abgrenzungsschlüssel. Es stellt sich daher die Frage, auf welchem der beiden Wege die Zuweisung dieser Parameter erfolgt. Ist für ein Material die Strategiegruppe gepflegt, dann hat die Zuweisung der genannten Parameter für die Abrechnung Priorität gegenüber der Zuweisung über die Bedarfsklasse.

3.3.4.2.2 Zuordnung über das Dispositionsmerkmal und die Positionstypengruppe des Materials

Eine weitere Möglichkeit der Zuweisung einer Bedarfsklasse zu einer Kundenauftragsposition besteht darin, über das Dispositionsmerkmal und die Positionstypengruppe des Materials eine Bedarfsart zuzuweisen. Die Bedarfsart ist dann wiederum mit der Bedarfsklasse verknüpft. Die Bedarfsart ist eine Klassifikation der Primärbedarfsarten in z.B. Kunden-, Lager- und Planbedarf. Mit den Bedarfsarten können verschiedene Bedarfe (Auftragsbedarf, Lieferbedarf, Kundeneinzelbedarf) identifiziert werden.

Die Zuordnung mit Hilfe des Dispositionsmerkmals sieht wie folgt aus:

<u>*Vorgehen:*</u> *Customizing → Controlling → Produktkosten-Controlling → Kostenträgerrechnung → Kostenträgerrechnung bei Kundeneinzelfertigung → Steuerung der Kundeneinzelfertigung → Steuerung der Bedarfsartenfindung überprüfen*

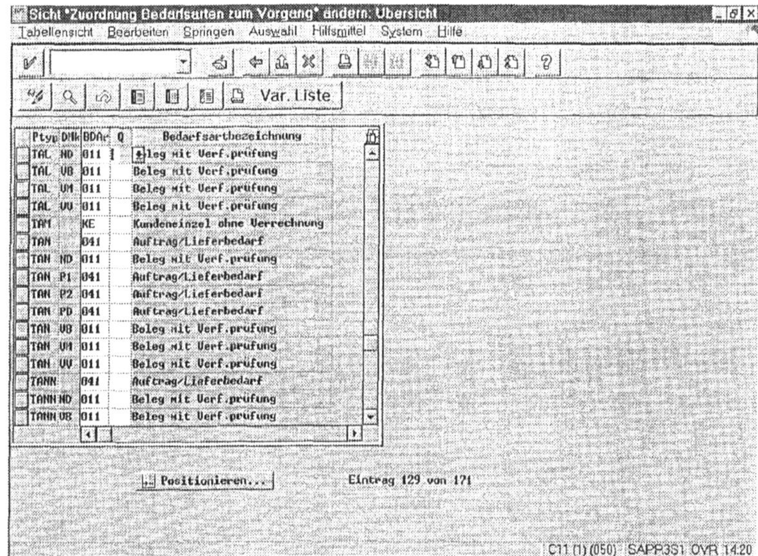

Screenshot 23: Zuordnung der Bedarfsart über das Dispositionsmerkmal

Aus der Tabelle ist z.B. zu sehen, daß einer Position mit dem Positionstyp TAN die Bedarfsart 11 zugewiesen wird, wenn im Stammsatz des Materials der Position das Dispositionsmerkmal ND eingetragen ist.

Bei der Zuordnung über das Dispositionsmerkmal wird der Kundenauftragsposition zunächst nur die Bedarfsart zugewiesen. Über die Bedarfsart wird dann die Bedarfsklasse selektiert.

<u>*Vorgehen:*</u> *Customizing → Controlling → Produktkosten-Controlling → Kostenträgerrechnung → Kostenträgerrechnung bei Kunden-einzelfertigung → Steuerung der Kundeneinzelfertigung → Bedarfsarten überprüfen*

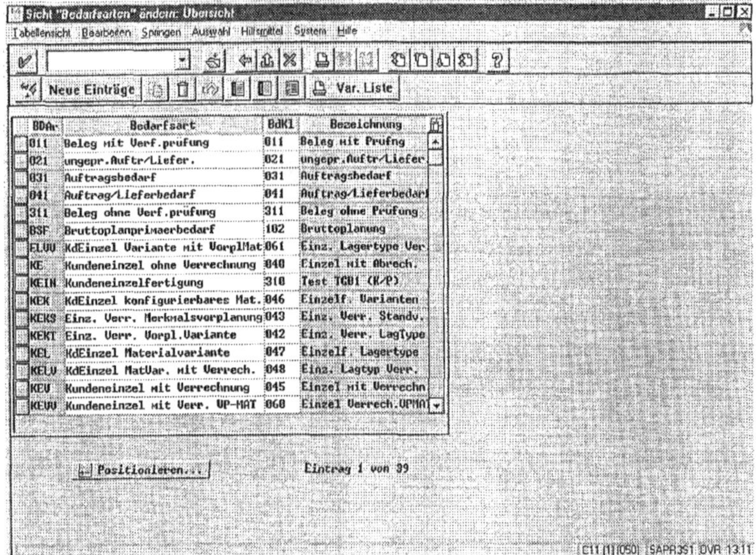

Screenshot 24: Zuordnung der Bedarfsklasse zur Bedarfsart

In der Abbildung ist die Sicht im Customizing zu sehen, in der den einzelnen Bedarfsarten die Bedarfsklassen zugeordnet werden. Der Bedarfsart 41, die oben bei der Zuweisung zu einer Position im Kundenauftrag erwähnt wurde, ist die Bedarfsklasse 41 zugeordnet.

Bei der Zuordnung der Bedarfsklasse über die Strategiegruppe ist das Material der Entscheidungsparameter, d.h. einem Material wird immer die gleiche Bedarfsklasse zugewiesen. Bei der Zuordnung der Bedarfsklasse über die Auftragsart und die Bedarfsart ist der Vorgang der Entscheidungsparameter. Das bedeutet, einem Material können durch verschiedene Kundenvorgänge, die durch die Kundenauftragsarten repräsentiert werden (z.B. TA = Terminauftrag oder BV = Barverkauf) unterschiedliche Positionstypen und somit auch unterschiedliche Bedarfsklassen zugeordnet werden.[77] Dies ist jedoch in der Praxis ein Spezialfall. Generell erfolgt die Zuordnung der Bedarfsklasse daher über die Strategiegruppe.

3.3.4.2.3 Selektion einer Zuordnungsvorschrift für die Bedarfsklasse

Es wurde gezeigt, daß das System zwei Möglichkeiten vorsieht, einer Position im Kundenauftrag eine Bedarfsklasse zuzuordnen. Die nächste Frage lautet, wo die Einstellung dafür vorgenommen wird, welche dieser beiden Zuordnungsregeln wann Anwendung findet.

Die Einstellung dafür erfolgt in der gleichen Tabelle im Customizing, in der auch die Zuordnung der Bedarfsklasse über das Dispositionsmerkmal eingestellt ist (siehe Screenshot 23: Zuordnung der Bedarfsart über das Dispositionsmerkmal) . Die Auswahl wird in der Spalte „Quelle Bedarfsart" getroffen. Folgende Abbildung zeigt die möglichen Optionen.

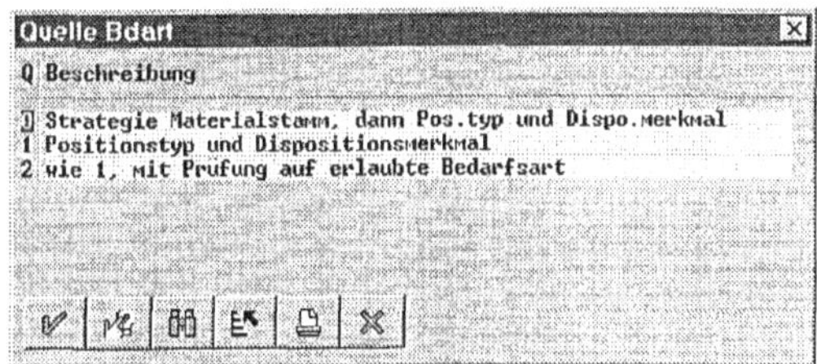

Screenshot 25: Quelle Bedarfsart

[77] Vgl. SAP Einführungsleitfaden, Steuerung der Bedarfsartenfindung überprüfen.

Die Einstellung null bedeutet, daß das System zunächst überprüft, ob für das betreffende Material eine Strategiegruppe im Stammsatz hinterlegt ist. Wurde keine Strategiegruppe hinterlegt, erfolgt die Zuweisung über das Dispositionsmerkmal.

Ist eine 1 oder eine 2 eingestellt, wird unabhängig davon, ob eine Strategiegruppe hinterlegt ist, die Zuweisung über das Dispositionsmerkmal und den Positionstyp der Verkaufsbelegposition durchgeführt.

Die Logik, nach der das System einer Position im Kundenauftrag eine Bedarfsklasse zuweist, ist in der folgenden Abbildung zu sehen.

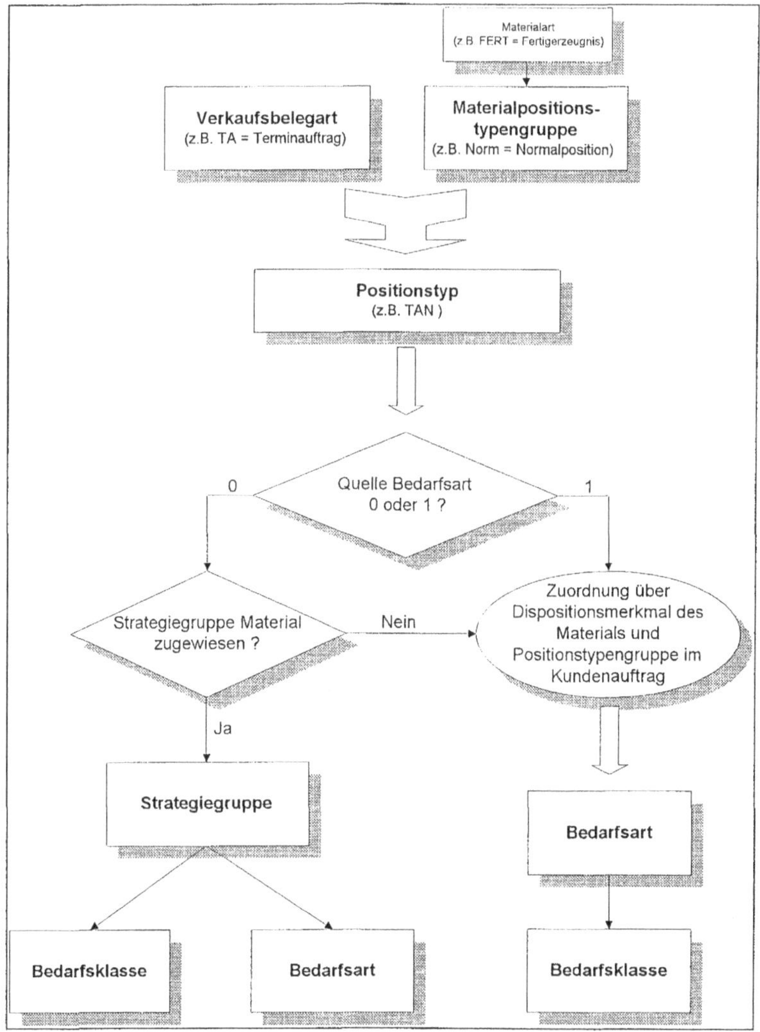

Abbildung 21: Zuordnung Bedarfsklasse zu Kundenauftragsposition

Für die beispielhafte Prozeßkette wurde die Möglichkeit vorgesehen, die Bedarfsklasse über die Strategiegruppe des Materials zu selektieren. Dies gilt sowohl für das Testmaterial Test-Co-Fert-1 als auch für das zu konfigurierende Material.

Dem Material Test-Co-Fert-1 ist die Strategiegruppe 20 zugewiesen. Der Screenshot 22: Zuordnung der Bedarfsart über die Strategiegruppe) zeigt die Strategiegruppe 20-Kundeneinzelfertigung. Die Strategiegruppe verweist auf die Bedarfsklasse 40. In der vorgesehenen Bedarfsklasse 40 wurde schließlich als Kalkulationsmethode die 2-Einzelkalkulation bestimmt. Als Kalkulationsvariante wurde 4 PK eingesetzt. Diese Kalkulationsvariante wurde speziell für die Einzelkalkulation angelegt. Durch diese Einstellung ist gesichert, daß bei Eingabe einer Materialposition im Kundenauftrag, für die das Mengengerüst und die Arbeitsvorgänge manuell eingegeben werden sollen, bei der Kalkulation dieser Position die Einzelkalkulation benutzt wird.

Dem Testmaterial, das zur Demonstration der Variantenkonfiguration angelegt wurde, wurde die Strategiegruppe 25 zugewiesen. Diese Strategiegruppe verweist auf die Bedarfsklasse 46. Die Bedarfsklasse sieht die Erzeugniskalkulation als Kalkulationsmethode vor. Als Kalkulationsvariante und Kalkulationsschema wurden die Variante TGB1 und das Schema TGB001 zugeordnet. Damit ist die Forderung erfüllt, daß bei Eingabe einer zu konfigurierenden Materialposition im Kundenauftrag die Erzeugniskalkulation benutzt wird.

Die getätigten Einstellungen im Customizing führen also dazu, daß der Anwender des Systems keine Wahlmöglichkeit bezüglich der Kalkulationsmethode für eine Materialposition im Kundenauftrag hat. Die Wahl fällt durch das Material, das er im Kundenauftrag eingibt. Ein zu konfigurierendes Material wird mit der Erzeugniskalkulation, ein Material mit manuell einzugebender Stückliste und Arbeitsplan mit der Einzelkalkulation kalkuliert.

3.3.5 Ablauf der Kalkulation

Nachdem alle notwendigen Einstellungen für die Kalkulation vorgenommen worden sind, kann die Kalkulation im Kundenauftrag durchgeführt werden.

<u>*Vorgehen:*</u> *Position im Kundenauftrag markieren → Position → Kalkulation → Eingabe der Materialien und der Eigenleistungen → Enter*[78] *→ Funktionen → Zuschläge ermitteln*

Das System zeigt die Kalkulationsvariante 4PK, die für die Einzelkalkulation vorgesehen und daher in der Bedarfsklasse hinterlegt ist, an. Sie kann vom Benutzer bestätigt oder überschrieben werden. Anschließend zeigt das System das Einzelkalkulationsbild, in dem die Materialpositionen und Fertigungsleistungen für das Material eingegeben werden können, an.

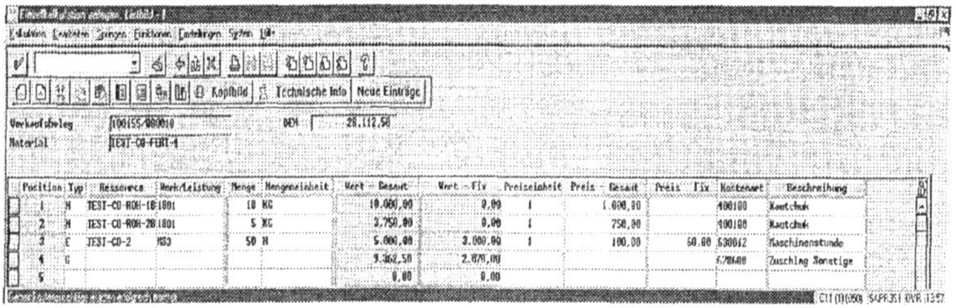

Screenshot 26: Ablauf der Kalkulation im Kundenauftrag

Für das Testmaterial Test-Co-Fert-4 wurden als Mengengerüst 10 Kg des Rohstoffs Test-Co-Roh-1B und 5 Kg des Rohstoffs Test-Co-Roh-2B eingegeben. Die Preise von 1000 DM/Kg für den ersten Rohstoff und 750 DM/Kg für den zweiten Rohstoff sind die Planpreise in den Materialstammsätzen. Sie werden vom System zur Kalkulation benutzt, da in der Bewertungsvariante PK1 der Planpreis als erste Priorität für die Bewertung der Materialien herangezogen wurde.

[78] Durch die „Enter-Taste" wird in eine neue Bildschirmmaske verzweigt.

Als Fertigungsleistung wurden 50 Einheiten der Leistungsart MS3 von der Kostenstelle Test-Co-2 eingegeben. Dies bedeutet, daß das Material Test-Co-Fert-4 50 Stunden lang auf dem Arbeitsplatz, welcher zu der Kostenstelle Test-Co-2 gehört, bearbeitet wird. Der Preis von DM 100,- je Fertigungsstunde entspricht dem Planpreis aus der Planung der Leistungsart MS3 für die Kostenstelle Test-Co-2 der betreffenden Periode. In der Bewertungsvariante PK1 wurde entsprechend als erste Priorität der Plantarif der Periode angegeben.

In der vierten Zeile stehen die Gemeinkosten, die sich durch Bezuschlagung auf die Material- und Fertigungseinzelkosten ergeben. Im Kopf steht der kalkulierte Gesamtwert der Position von DM 28.112,50.

3.3.6 Verwendung des Kalkulationsergebnisses

Das Ergebnis einer Kalkulation kann in den Materialstammsatz übernommen werden. Für die Kalkulation einer Position im Kundenauftrag hat dies keine Relevanz, da diese Kalkulation nur für den jeweiligen Kundenauftrag Gültigkeit hat. Es spielt jedoch eine Rolle für eigengefertigte Halbfabrikate, da der Preis, der zur Bewertung dieser Produkte herangezogen wird und somit auch eine Einfluß auf den Wert einer Kundenauftragsposition hat, im Materialstammsatz der Halbfabrikate hinterlegt werden muß.

Soll das Ergebnis einer Kalkulation in den Stammsatz des Materials als Standardpreis übernommen werden, muß diese Kalkulation als Plankalkulation durchgeführt werden. Die Plankalkulation kann für Materialien durchgeführt werden, für die im Stammsatz das Preissteuerungskennzeichen „S“ gesetzt ist.

Für eine Plankalkulation muß die Kalkulationsvariante folgende Bedingungen erfüllen:

- Das Kennzeichen *Abspeichern erlaubt* ist für die Kalkulationsvariante gesetzt.
- Das Kennzeichen *Standardpreis* ist für die Kalkulationsart gesetzt.
- Die Plankalkulation darf keine Fehler aufweisen, d.h. sie muß den *Status KA* haben.
- Der Bewertungsstichtag der Plankalkulation muß in der Periode liegen, für die der Preis übernommen werden soll.

Die ersten beiden genannten Bedingungen sind bei der Kalkulationsvariante 3PK erfüllt.

Bevor das Ergebnis einer Kalkulation in den Stammsatz übernommen wird, muß eine Vormerkung erfolgen. Die Vormerkung gilt für eine bestimmte Bewertungsvariante und die entsprechende Periode. Dies bedeutet, daß nur bestimmte Bewertungsvarianten pro Buchungskreis und Periode erlaubt werden. So kann die Bewertungsstrategie von Periode zu Periode verändert werden.

Durch die Erlaubnis der Vormerkung wird erzwungen, daß in der betreffenden Periode nur eine Kalkulation in den Materialstammsatz übernommen wird, die der beabsichtigten Bewertungsstrategie für diese Periode entspricht.

<u>Vorgehen:</u> *Rechnungswesen → Controlling → Produktkostenrechnung → Erzeugniskalkulation → Org.Maßnahmen → Vormerkung erlauben*

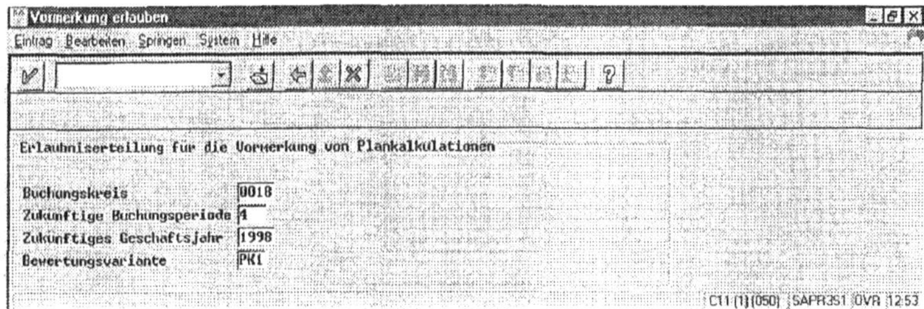

Screenshot 27: Vormerkung erlauben

Es kann überprüft werden, welche Bewertungsvarianten bereits zur Vormerkung erlaubt wurden, indem man sich die Vormerkungs- und Freigabeerlaubnis anzeigen läßt.

Vorgehen: *Rechnungswesen → Controlling → Produktkostenrechnung → Erzeugniskalkulation → Org.Maßnahmen → Erlaubnis anzeigen*

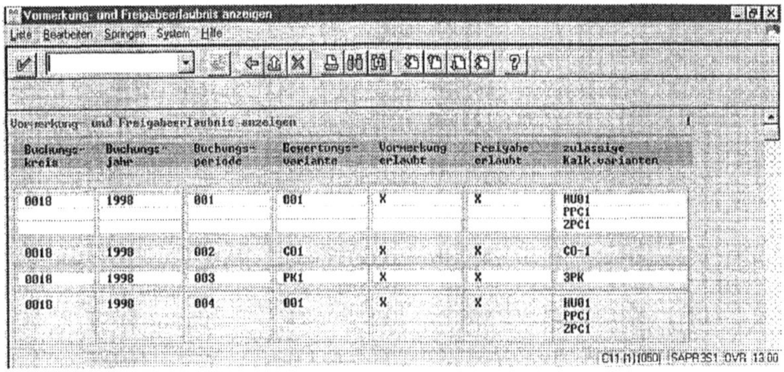

Vormerkung- und Freigabeerlaubnis anzeigen

Liste Bearbeiten Springen System Hilfe

Vormerkung- und Freigabeerlaubnis anzeigen

Buchungskreis	Buchungsjahr	Buchungsperiode	Bewertungsvariante	Vormerkung erlaubt	Freigabe erlaubt	zulässige Kalk.varianten
0018	1998	001	001	X	X	HU01 PPC1 ZPC1
0018	1998	002	C01	X	X	CO-1
0018	1998	003	PK1	X	X	3PK
0018	1998	004	001	X	X	HU01 PPC1 ZPC1

C11 (1) (050) SAPR3S1 OVR 13:00

Screenshot 28: Vormerkung und Freigabeerlaubnis anzeigen

In diesem Fall ist für die Periode 3 die Bewertungsvariante PK1 freigegeben. 3PK ist die einzig zulässige Kalkulationsvariante, da nur diese Variante mit PK1 verknüpft ist. Selbstverständlich kann für jede Periode nur eine Bewertungsvariante freigegeben werden.

Durch die Vormerkung der Plankalkulation wird der kalkulierte Wert als zukünftiger Standardpreis in den Materialstammsatz übernommen.

Vorgehen: *Rechnungswesen → Controlling → Produktkostenrechnung → Erzeugniskalkulation → Kalkulation → Fortschreibung →*

→ Sdt.Preis vormerken

Kalkulationsvormerkung in Materialstamm

Eintrag Bearbeiten Springen System Hilfe

Vormerkung einer Plankalkulation für eine zukünftige Buchungsperiode

Material: TEST-CO-FERT-1

Werk: 1802

Zukünftige Buchungsperiode: 004

Zukünftiges Geschäftsjahr: 1998

C11 (1) (050) SAPR3S1 OVR 13:05

Screenshot 29: Kalkulationsvormerkung in den Materialstamm

Es müssen Angaben bezüglich des Materials, des Werkes und der entsprechenden Periode gemacht werden. Es kann überprüft werden, welche Kalkulationen angelegt wurden und welche Kalkulationen für die Vormerkung in Frage kommen.

<u>Vorgehen:</u> *Rechnungswesen → Controlling → Produktkostenrechnung → Erzeugniskalkulation → Infosystem → Liste vorhandener Kalkulationen*

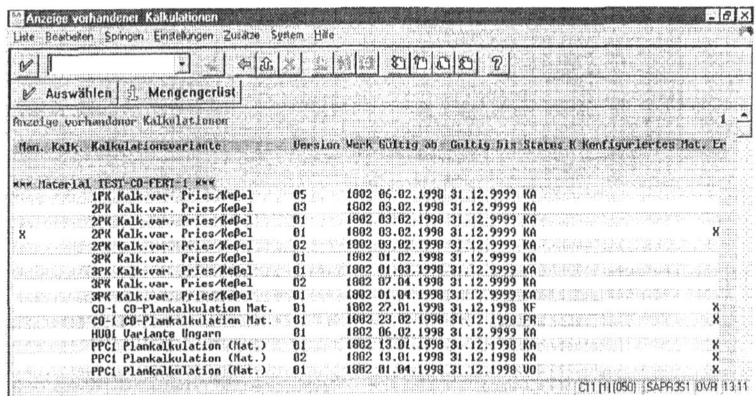

Anzeige vorhandener Kalkulationen

Liste Bearbeiten Springen Einstellungen Zusätze System Hilfe

Auswählen | Mengengerüst

Anzeige vorhandener Kalkulationen 1

*** Material TEST-CO-FERT-1 ***

Man. Kalk.	Kalkulationsvariante	Version	Werk	Gültig ab	Gultig bis	Status	K	Konfiguriertes Mat.	Er
	1PK Kalk.var. Pries/Keßel	05	1802	06.02.1998	31.12.9999	KA			
	2PK Kalk.var. Pries/Keßel	03	1802	03.02.1998	31.12.9999	KA			
	2PK Kalk.var. Pries/Keßel	01	1802	03.02.1998	31.12.9999	KA			
X	2PK Kalk.var. Pries/Keßel	01	1802	03.02.1998	31.12.9999	KA			X
	2PK Kalk.var. Pries/Keßel	02	1802	03.02.1998	31.12.9999	KA			
	3PK Kalk.var. Pries/Keßel	01	1802	01.02.1998	31.12.9999	KA			
	3PK Kalk.var. Pries/Keßel	01	1802	01.03.1998	31.12.9999	KA			
	3PK Kalk.var. Pries/Keßel	02	1802	07.04.1998	31.12.9999	KA			
	3PK Kalk.var. Pries/Keßel	01	1802	01.04.1998	31.12.9999	KA			
	CO-1 CO-Plankalkulation Mat.	01	1802	27.01.1998	31.12.1998	KF			X
	CO-1 CO-Plankalkulation Mat.	01	1802	23.02.1998	31.12.1998	FR			X
	HU01 Variante Ungarn	01	1802	06.02.1998	31.12.9999	KA			
	PPC1 Plankalkulation (Mat.)	01	1802	13.01.1998	31.12.1998	KA			X
	PPC1 Plankalkulation (Mat.)	02	1802	13.01.1998	31.12.1998	KA			X
	PPC1 Plankalkulation (Mat.)	01	1802	01.04.1998	31.12.1998	VO			X

C11 (1) (050) SAPR3S1 OVR 13:11

Screenshot 30: Anzeigen vorhandener maschineller Kalkulationen

Die Kalkulation ist durch einen Status determiniert. Die unterste Kalkulation in der Liste hat den Status VO, was bedeutet, daß sie vorgemerkt ist. Damit eine Kalkulation vorgemerkt werden kann, muß sie den Staus KA haben und der Bewertungsstichtag muß im richtigen Monat liegen. Ist eine Kalkulation fehlerhaft, hat sie den Status KF. Der Bewertungsstichtag ist in dieser Sicht nicht erkennbar. Das Datum in der Spalte „Gültig ab" bezieht sich nicht auf den Bewertungsstichtag. Nachdem eine Kalkulation vorgemerkt wurde, kann sie im nächsten Schritt freigegeben werden und erhält den Status FR.

Nach Durchführung der Vormerkung ist das Ergebnis der Plankalkulation als zukünftiger Preis im Materialstammsatz gekennzeichnet.

<u>Vorgehen:</u> *Logistik → Materialwirtschaft → Materialstamm → Sicht Buchhaltung → Button Plankalkulation*

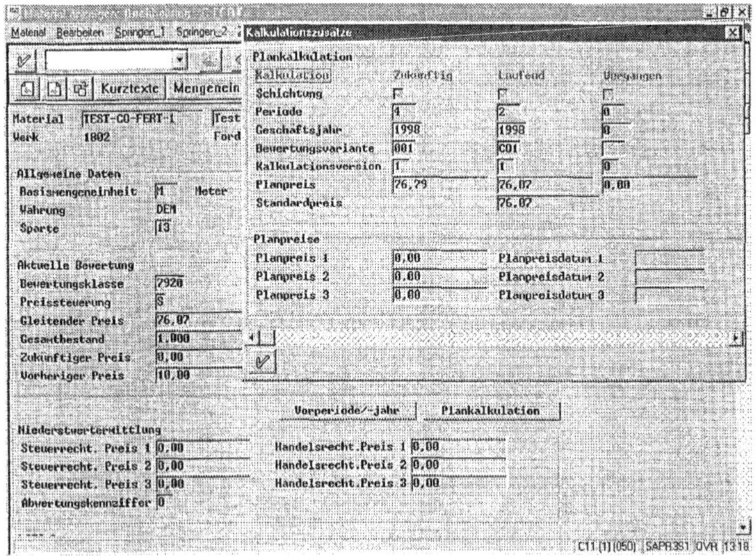

Screenshot 31: Zusatzinformationen zur Plankalkulation

Im Materialstammsatz wird das Ergebnis der aktuell gültigen, der zukünftigen bereits vorgemerkten und der Kalkulation der vergangenen Periode angezeigt. Die Sicht enthält als Zusatzinformation, mit welcher Bewertungsvariante die Kalkulation durchgeführt wurde.

Durch die Freigabe einer Plankalkulation zu einem Material wird der vorgemerkte Preis als Standardpreis für die laufende Periode in den Materialstammsatz übernommen.

Vorgehen: *Erzeugniskalkulation → Kalkulation → Fortschreibung → Sdt.Preis freigeben*

Es muß das Material und der Bewertungskreis, für den die Freigabe gültig sein soll, eingegeben werden.

3.3.7 Kalkulationsberichte

Um Berichte für einen Mandanten verfügbar zu machen, müssen die Berichtsgruppen von einem Quellmandanten (i.d.R. Mandant 000) in den aktuellen Mandanten kopiert und danach generiert werden. Ein Bericht besteht aus mehreren verschiedenen Berichtsgruppen.

Vorgehen: *Werkzeuge → Business Engineering → Customizing → Controlling → Produktkosten-Controlling → Informationssystem → Erzeugniskalkulation → Berichte für Erzeugniskalkulation importieren und Berichte für Erzeugniskalkulation generieren*

Außerdem kann der Quellmandant geändert und die Berichtsgruppen eingeschränkt werden.

Vorgehen: *Berichtsgruppen → Neue Selektion*

3.3.7.1 Grundlagen

Im Informationssystem können die über die Kalkulation ermittelten Kosten als Kostenelemente, als Kostenarten oder als Einzelnachweis aufgerufen werden.

Zusätzlich können zwei Kalkulationen, zwei Aufträge oder ein Auftrag und eine Kalkulation miteinander verglichen werden.

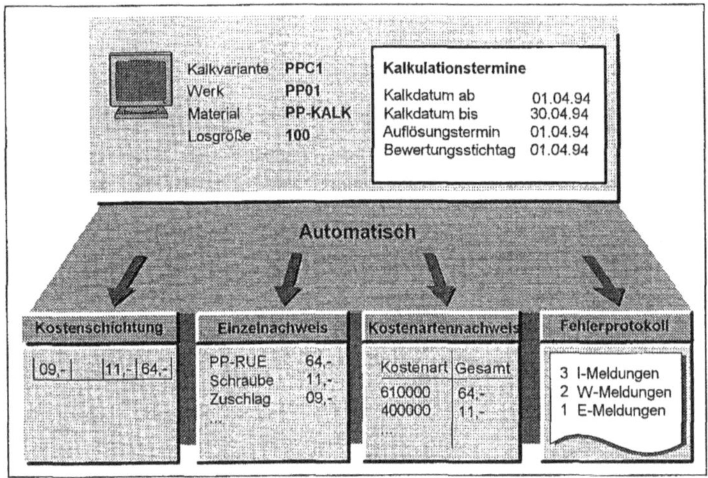

Abbildung 22: Automatische Berichtserstellung

Vorgehen: *Infosysteme → Rechnungswesen → Produktkosten → Produktkalkulation → Erzeugniskalkulation → Berichtsauswahl*

3.3.7.2 Kostenarten

Der Kostenartennachweis gliedert die einzelnen Kalkulationspositionen nach Kostenarten. Die Kostenarten gliedern die Kosten im Betrieb nach der Art ihrer Entstehung, z.B. nach Materialkosten, Lohnkosten. Die Kostenarten werden als primäre Kostenarten, denen Sachkonten in der Finanzbuchhaltung entsprechen, und als sekundäre Kostenarten, die nur in der Kostenstellenrechnung existieren, angelegt. Für jede Kostenart wird die Kostenartennummer und der Gesamtwert dieser Kostenart mit der Unterteilung in fixe und variable Kosten angegeben.

Vorgehen: *Infosysteme → Rechnungswesen → Produktkosten → Produktkalkulation → Erzeugniskalkulation → Berichtsauswahl → Kostenarten → Erzeugnisse → Kostenrechnungskreis eingeben→ Material eingeben → Kalkulationsvariante eingeben*

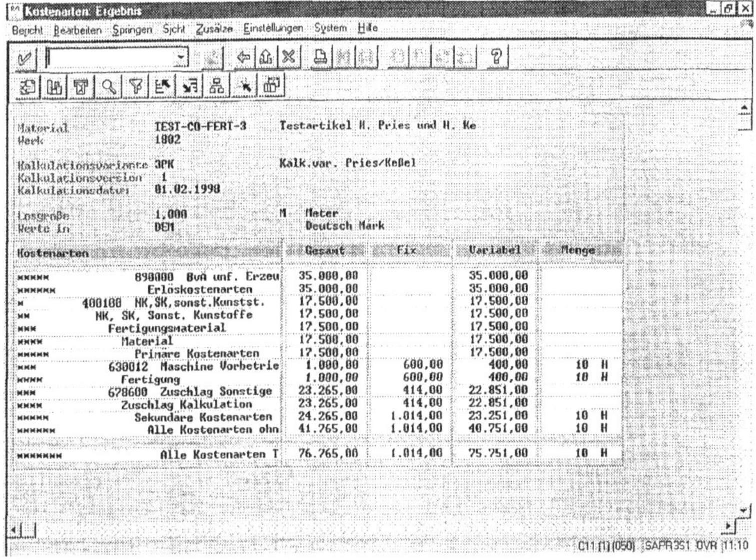
Kostenarten: Ergebnis

Bericht Bearbeiten Springen Sicht Zusätze Einstellungen System Hilfe

Material TEST-CO-FERT-3 Testartikel H. Pries und H. Ke
Werk 1002

Kalkulationsvariante 3PK Kalk.var. Pries/Keßel
Kalkulationsversion 1
Kalkulationsdatum 01.02.1998

Losgröße 1,000 M Meter
Werte in DEM Deutsch Mark

Kostenarten	Gesamt	Fix	Variabel	Menge
***** 890000 BvA unf. Erzeu	35.000,00		35.000,00	
****** Erlöskostenarten	35.000,00		35.000,00	
* 400100 NK,SK,sonst.Kunstst.	17.500,00		17.500,00	
** NK, SK, Sonst. Kunstoffe	17.500,00		17.500,00	
*** Fertigungsmaterial	17.500,00		17.500,00	
**** Material	17.500,00		17.500,00	
***** Primäre Kostenarten	17.500,00		17.500,00	
*** 630012 Maschine Vorbetrie	1.000,00	600,00	400,00	10 H
**** Fertigung	1.000,00	600,00	400,00	10 H
*** 678600 Zuschlag Sonstige	23.265,00	414,00	22.851,00	
**** Zuschlag Kalkulation	23.265,00	414,00	22.851,00	
***** Sekundäre Kostenarten	24.265,00	1.014,00	23.251,00	10 H
****** Alle Kostenarten ohn	41.765,00	1.014,00	40.751,00	10 H
******* Alle Kostenarten T	76.765,00	1.014,00	75.751,00	10 H

C11 (1) (050) SAPR351 OVR 11:10

Screenshot 32: Ergebnisbericht Kostenarten

3.3.7.3 Kostenelemente

Um den Kostenursprung über mehrere Fertigungsstufen zu analysieren, können im Rahmen der Kostenschichtung verschiedene Kostenarten zu einem Kostenelement zusammengefaßt und gegliedert werden. Die Kostenelemente können in der Erzeugniskalkulation angezeigt, im Informationssystem analysiert und in die Ergebnisrechnung übernommen werden. Außerdem dienen die Kostenelemente als Filter auf die Kalkulationsergebnisse. Sie bestimmen:

- Welche Kosten in der Kalkulation des übergeordneten Materials berücksichtigt werden.
- Welche Kosten einen Teil des Standardpreises für das kalkulierte Material bilden sollen.
- Welche Kosten einen Teil des handelsrechtlichen und steuerrechtlichen Preises für das kalkulierte Material bilden sollen.

Zuerst muß ein Elementeschema mit verschiedenen Elementen im Customizing angelegt und für die Kostenelemente Steuerungs- und Bewertungsparameter definiert werden.

<u>*Vorgehen:*</u> *Werkzeuge → Business Engineering → Customizing → Controlling Produktkosten-Controlling → Produktkalkulation → Grundeinstellung für die Erzeugniskalkulation → Kostenelemente definieren → Elemente mit Eigenschaften → Doppelklick auf Element*

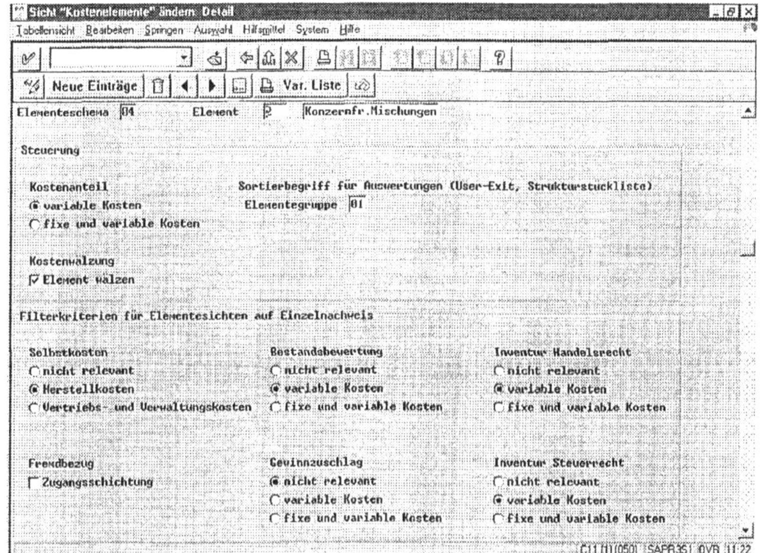

Screenshot 33: Steuerungs- und Bewertungsparameter für Kostenelemente

Danach müssen diesen Elementen Kostenartenintervalle zugewiesen werden.

<u>Vorgehen:</u> *Werkzeuge → Business Engineering → Customizing → Controlling Produktkosten-Controlling → Produktkalkulation → Grundeinstellung für die Erzeugniskalkulation → Kostenelemente definieren → Elemente mit Eigenschaften → Zuordnung Element-Kostenartenintervall*

Eine Tabelle mit den eingestellten Zuordnungen befindet sich im Anhang.

Nach Abschluß dieser Vorarbeiten kann der Bericht Kostenelemente aufgerufen werden. Hierbei muß beachtet werden, daß in der Maske „Kostenelemente: Selektion" die gewünschte Elementesicht eingestellt ist.

<u>Vorgehen:</u> *Infosysteme → Rechnungswesen → Produktkosten → Produktkalkulation → Erzeugniskalkulation → Berichtsauswahl → Kostenelemente → Erzeugnisse → Zusätze → Berichtsparameter → Elementesicht einstellen (02=Herstellkosten)*

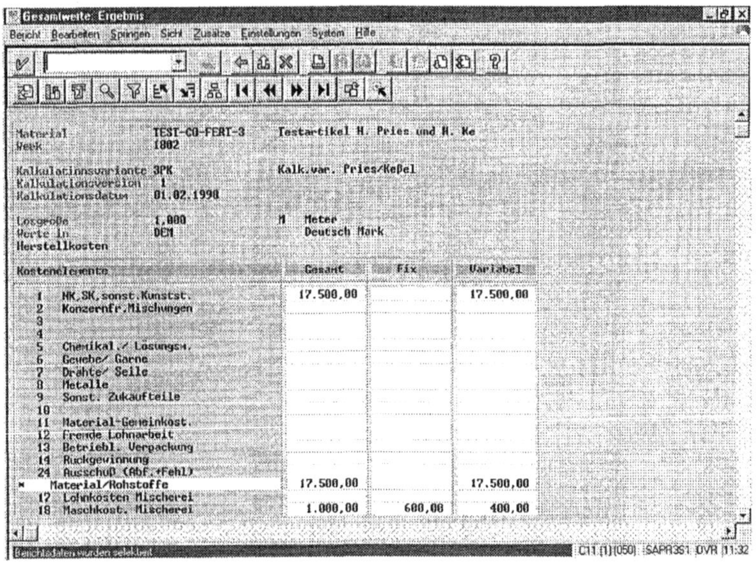

Screenshot 34: Ergebnisbericht Kostenelemente

3.3.7.4 Einzelnachweis

Der Einzelnachweis gliedert die Kosten nach Kalkulationspositionen, d.h. nach den einzelnen Materialien und Leistungen, deren Kosten über die Kalkulation ermittelt wurden. Er gibt beispielsweise an, welche Kosten für ein bestimmtes Material oder welche Kosten für die Inanspruchnahme der Leistungen einer Kostenstelle geplant sind. Außerdem sind folgende Berichtsvariationen möglich:

- Kalkulationspositionen mit Texten
- Kalkulationspositionen mit Herkunftsgruppe
- Kalkulationspositionen mit Kostenarten
- Kostenarten
- Herkunftsgruppen
- Kostenarten/Herkunftsgruppe.

3.4 Die Preisfindung

Nachdem für eine Position im Kundenauftrag die Kalkulation durchgeführt wurde, ist im nächsten Schritt ein Preis für diese Position zu bestimmen. In diesem Abschnitt wird zunächst darauf eingegangen, wie die Preisfindung im Kundenauftrag gesteuert wird. Anschließend wird dargestellt, wie im System die Preisfindung für eine Kundenauftragsposition durchgeführt wird. Schließlich wird noch darauf eingegangen, welche Besonderheiten sich bei der Preisfindung für ein konfigurierbares Material ergeben.

3.4.1 Steuerung der Preisfindung im Kundenauftrag

Die Preisfindung im Kundenauftrag wird verwendet, um den Verkaufspreise für einen Kunden oder Vertriebsmitarbeiter zu ermitteln. Konditionen stellen dabei eine Reihe von Bedingungen dar, die bei der Kalkulation eines Preises im Vertrieb zur Geltung kommen.[79] Bei der Auftragsabwicklung wird anhand eines Ausgangspreises, der z.B. manuell eingegeben oder aus dem Controlling zur Verfügung gestellt wird, automatisch der Endpreis berechnet. Dieser Endpreis basiert auf Konditionsarten (Zu- und Abschlägen), die für jeden Kunden unterschiedlich sein können. Aus der Summe aller Konditionsarten ergibt sich das Kalkulationsschema des Vertriebs. Das Kalkulationsschema des Vertriebs legt fest, wie das SAP R/3 System die Preisfindung für einen bestimmten Verkaufsbeleg durchführt, d.h. auf welche Konditionsarten es zugreift und in welcher Reihenfolge dies geschieht.

[79] Vgl. SAP Online-Dokumentation, Vertrieb, Konditionen und Preisfindung, S. 6.

Der Ablauf des Preisfindung im Vertrieb sieht wie folgt aus:

- Das SAP R/3 System ermittelt aus dem Kundenschema, das im Kundenstammsatz hinterlegt ist, und aus der Verkaufsbelegart des Kundenauftrages das Kalkulationsschema des Vertriebs (Schritt 1 in der Abbildung).
- Das Kalkulationsschema definiert die gültigen Konditionsarten sowie die Reihenfolge ihrer Berechnung im Kundenauftrag (Schritt 2 in der Abbildung).
- Jeder Konditionsart kann eine Zugriffsfolge zugeordnet sein. Das System überprüft die angegebenen Zugriffe, bis es einen gültigen Konditionssatz findet. Der erste Zugriff kann z.B. ein kundenindividueller Materialpreis sein. Ist die Suche nach diesem Zugriff erfolglos, geht das System zum nächstem Zugriff, bis es einen gültigen Datensatz findet (Schritt 3 + 4 in der Abbildung).
- Aus den Informationen, die im Konditionssatz abgelegt sind, ermittelt das System einen Preis. Wenn der Konditionssatz z.B. eine Preisstaffel enthält, berechnet das System den Preis gemäß dieser Preisstaffel.
- Das System wiederholt diesen Vorgang für jede Konditionsart des Kalkulationsschemas des Vertriebs und ermittelt aus der Verrechnung der einzelnen Ergebnisse einen Endpreis(Schritt 5 in der Abbildung).[80]

[80] Vgl. SAP Online-Dokumentation, Vertrieb, Konditionen und Preisfindung. S. 10.

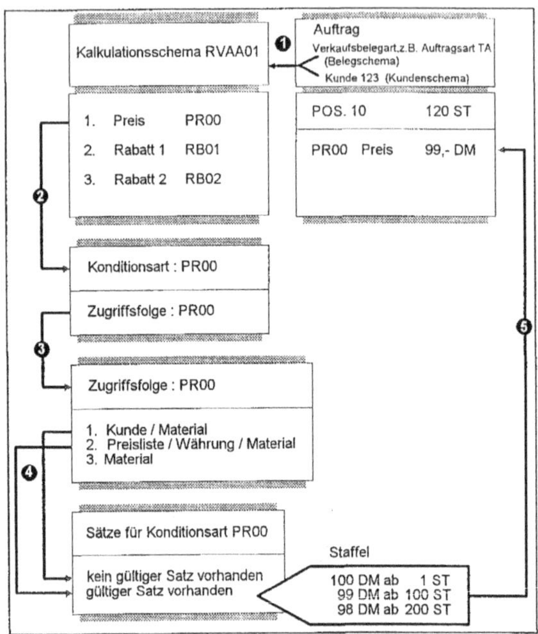

Abbildung 23: Preisfindung des Vertriebs[81]

Bei der Erfassung von Kundenaufträgen kann das SAP R/3 System eine automatische Preisfindung durchführen. Dabei wird ein Bruttopreis ermittelt, alle relevanten Abschläge abgezogen, eventuelle Zuschläge hinzugerechnet und anschließend der Nettopreis für den Kundenauftrag ermittelt.

[81] Vgl. SAP Online-Dokumentation, Vertrieb, Konditionen und Preisfindung, S. 10.

Bei den Konditionsarten unterscheidet man zwischen vier Hauptkategorien:

- Preise
- Zu- und Abschläge
- Frachten
- Steuern.[82]

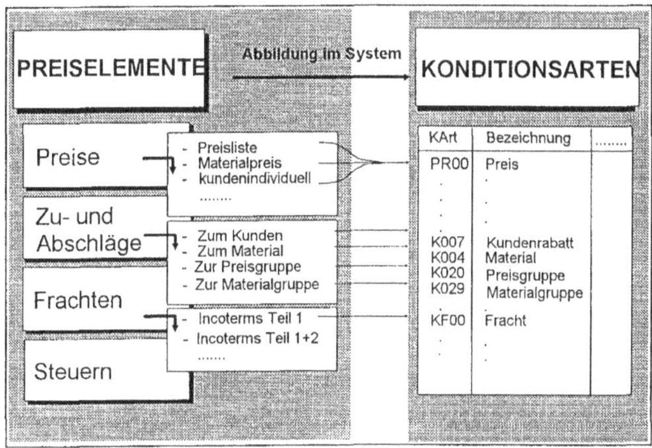

Abbildung 24: Preiselemente im SAP R/3 System[83]

3.4.1.1 Die Konditionsart

Die Konditionsart ist der Parameter, über den die Art und Weise der Preisfindung eingestellt wird. Die Konditionsart gibt an, ob das SAP R/3 System bei der Preisfindung einen Zuschlag, Abschlag oder andere Preiselemente, wie Frachtkosten oder Steuern verwenden soll. Für jedes Preiselement wird eine Konditionsart definiert.[84] Im System sind bereits festgelegte Konditionsarten vorhanden. Es können aber auch eigene Preiselemente definiert werden.

<u>Vorgehen:</u> *Customizing → Vertrieb → Grundfunktionen → Preisfindung → Steuerung der Preisfindung → Konditionsarten definieren → Konditionsarten pflegen → Neue Einträge*

---

[82] Vgl. SAP Online-Dokumentation, Vertrieb, Konditionen und Preisfindung, S. 18.
[83] Vgl. SAP Online-Dokumentation, Vertrieb, Konditionen und Preisfindung, S. 18.
[84] Vgl. SAP Online-Hilfe, Konditionsart F1 im Kundenauftrag.

Bei der Kundenauftragsfertigung sollte eine Konditionsart verwendet werden, die es ermöglicht, auf das Ergebnis der Kalkulation in der Preisfindung zurückzugreifen. Dafür stellt das System die Konditionsarten EK01 und EK02 zur Verfügung.

Konditionsart	Bezeichnung	Verwendung
EK01	Einzelkalkulation	Grundlage für die Preisfindung
EK02	Einzelkalkulation - statistisch	Berechnung des Deckungsbeitrags

Tabelle 6: Konditionsarten für die Einzelkalkulation

Die Konditionsart EK01 wird als Grundlage für die Preisfindung eines Verkaufsbelegs verwendet. Das System berechnet die Plankosten und kopiert sie automatisch als EK01-Konditionsart in das Preisbild des Verkaufsbelegs. Zu diesen Plankosten können Zu- oder Abschläge addiert bzw. subtrahiert werden.

Die Konditionsart EK02 kann zur Berechnung des Deckungsbeitrages herangezogen werden. Das System berechnet die Plankosten und kopiert sie automatisch als EK02-Konditionsart in das Preisbild des Verkaufsbelegs. Die Konditionsart EK02 hat rein statistischen Charakter, d.h. sie beeinflußt die Preisfindung nicht.[85]

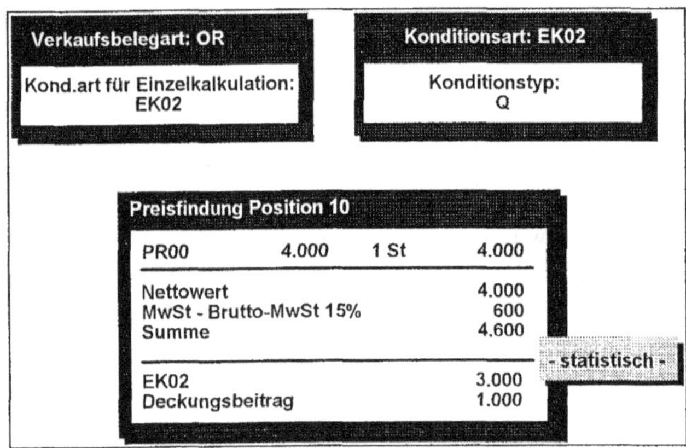

Abbildung 25: Berechnung des Deckungsbeitrages mit Konditionsart EK02

[85] Vgl. SAP Online-Dokumentation, Vertrieb, Konditionen und Preisfindung, S. 67.

Vorgehen: *Customizing → Vertrieb → Grundfunktionen → Preisfindung → Steuerung der Preisfindung →Konditionsarten definieren → Konditionsarten pflegen*

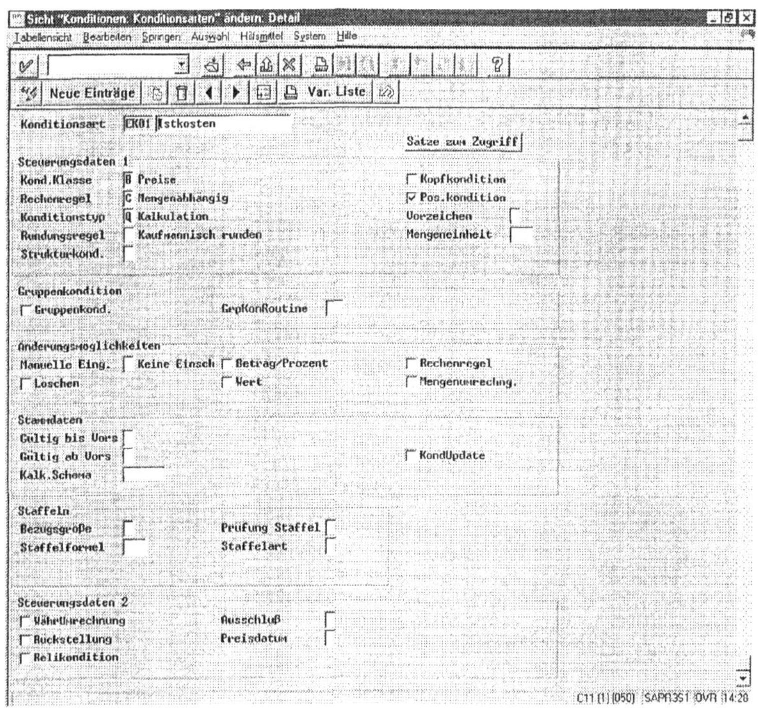

Screenshot 35: Konditionsart EK01

Der Aufbau der Konditionsart EK02 ist der gleiche wie EK01. Welche der beiden Konditionsarten gewählt wird, hängt davon ab, welches Verfahren der Preisfindung bei der Firma TGB angewandt wird. Bei der Konditionsart EK01 hat der Verkäufer keinen Entscheidungsspielraum, da der Preis direkt aus dem Ergebnis der Kalkulation abgeleitet wird. Wird hingegen die Konditionsart EK02 benutzt, kann der Verkäufer das Kalkulationsergebnis als Anhaltspunkt für die Berechnung der Preisforderung benutzen. Das System schreibt ihm jedoch keinen Basispreis vor.

Bei der Ist-Analyse von TGB wurde erwähnt, daß für jeden Auftrag ein Preis ermittelt wird, der sich an einem festen Deckungsbeitrag, der für das laufende Jahr erstellt wird, orientiert. Es besteht daher ein Entscheidungsspielraum des Vertriebs bei der Preisverhandlung. Der Verkäufer hat als Zielvorgabe einen Gesamtdeckungsbeitrag, den er mit seinen abgeschlossenen Aufträgen zu erzielen hat. Er kann jedoch für jeden einzelnen Auftrag individuell nach der jeweiligen Situation entscheiden. Für das Unternehmen TGB ist daher die Konditionsart EK02 die geeignetere Alternative.

3.4.1.2 Das Kalkulationsschema

Im Kalkulationsschema des Vertriebs werden die verschiedenen Konditionsarten nach unternehmensindividuellen Bedürfnissen zugeordnet.

Vorgehen: *Customizing → Vertrieb → Grundfunktionen → Preisfindung → Steuerung der Preisfindung → Kalkulationsschemata definieren und zuordnen → Kalkulationsschema pflegen → Kalkulationsschema auswählen → Steuerung*

In der folgenden Abbildung ist das im Rahmen der Prozeßkette benutzte Schema , das für TGB angefertigt wurde, zu sehen.

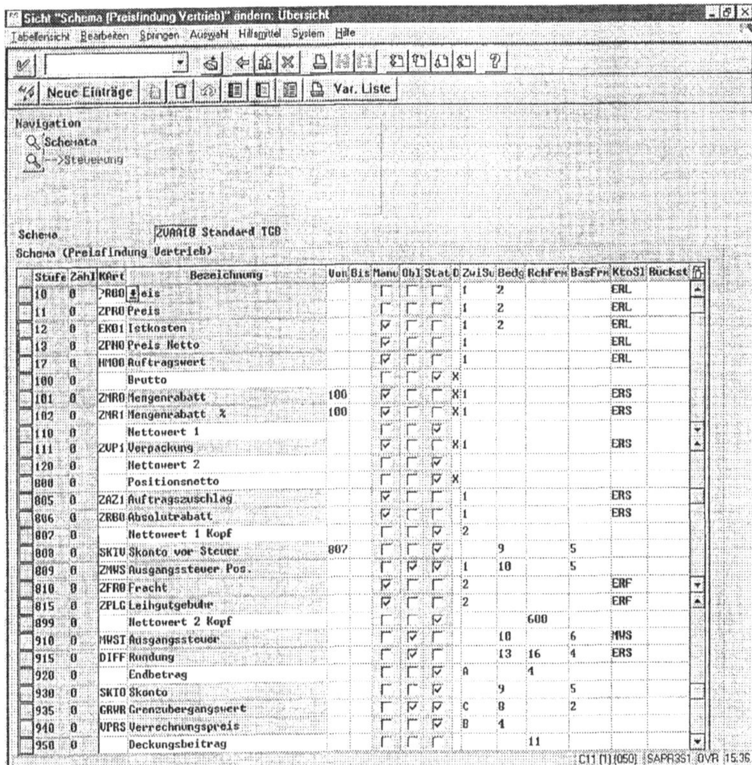

Sicht "Schema (Preisfindung Vertrieb)" ändern: Übersicht

Tabellensicht Bearbeiten Springen Auswahl Hilfsmittel System Hilfe

Neue Einträge Var. Liste

Navigation
Schemata
-->Steuerung

Schema ZVAA18 Standard TGB

Schema (Preisfindung Vertrieb)

Stufe	Zähl	KArt	Bezeichnung	Von	Bis	Manu	Obl	Stat	D	ZwiSu	Bedg	RchFrm	BasFrm	KtoSl	Rückst
10	0	?R00	eis			☐	☐	☐		1	2			ERL	
11	0	ZPR0	Preis			☐	☐	☐		1	2			ERL	
12	0	EK01	Istkosten			☑	☐	☐		1	2			ERL	
13	0	ZPN0	Preis Netto			☑	☐	☐		1				ERL	
17	0	HM00	Auftragswert			☑	☐	☐		1				ERL	
100	0		Brutto			☐	☐	☑	X						
101	0	ZMR0	Mengenrabatt	100		☑	☐	☐	X	1				ERS	
102	0	ZMR1	Mengenrabatt %	100		☑	☐	☐	X	1				ERS	
110	0		Nettowert 1			☐	☐	☑							
111	0	ZVP1	Verpackung			☑	☐	☐	X	1				ERS	
120	0		Nettowert 2			☐	☐	☑							
800	0		Positionsnetto			☐	☐	☑	X						
805	0	ZAZ1	Auftragszuschlag			☑	☐	☐		1				ERS	
806	0	ZRB0	Absolutrabatt			☑	☐	☐		1				ERS	
807	0		Nettowert 1 Kopf			☐	☐	☑		2					
808	0	SKTV	Skonto vor Steuer	807		☐	☐	☑			9		5		
809	0	ZMWS	Ausgangssteuer Pos.			☐	☑	☑		1	10		5		
810	0	ZFR0	Fracht			☑	☐	☐		2				ERF	
815	0	ZPLG	Leihgutgebuhr			☑	☐	☐		2				ERF	
899	0		Nettowert 2 Kopf			☐	☐	☑				600			
910	0	MWST	Ausgangssteuer			☐	☑	☐			10		6	MWS	
915	0	DIFF	Rundung			☐	☑	☐			13	16	4	ERS	
920	0		Endbetrag			☐	☐	☑		A		4			
930	0	SKTO	Skonto			☐	☐	☑			9		5		
935	0	GRWR	Grenzubergangswert			☐	☑	☑		C	8		2		
940	0	VPRS	Verrechnungspreis			☐	☐	☑		B	4				
950	0		Deckungsbeitrag			☐	☐	☐				11			

C11 (1) (050) SAPR3S1 OVR 15:36

Screenshot 36: Kalkulationsschema des Vertriebs

Zuerst besteht in der Stufe 10 und 11 mit der Konditionsart PR00 und ZPR0 die Möglichkeit einen Nettopreis manuell einzugeben. Wird diese Möglichkeit vom Anwender bei der Eröffnung des Kundenauftrages nicht genutzt, d.h. er betätigt die Enter Taste ohne einen Preis einzugeben, dann greift das Kalkulationsschema auf die Konditionsart EK01 zu. Mit dieser Kalkulationsart wird eine Erzeugniskalkulation im Controlling Modul (CO-PC) angestoßen. Das Ergebnis der Plankalkulation wird anschließend in den Verkaufsbeleg kopiert und kann zur Preisfindung oder zur Ermittlung des Deckungsbeitrags herangezogen werden. Die Preisbasis des Kalkulationsschemas im Vertrieb ist somit das Ergebnis aus der Plankalkulation des Controllings. Auf diese Grundlage können dann die Zu- und Abschläge des Vertriebs verrechnet und ein Endpreis bestimmt werden.

3.4.1.3 Zuordnung des Kalkulationsschemas zum Kundenauftrag

Das Kalkulationsschema des Vertriebs wird durch den Vertriebsweg, das Belegschema und das Kundenschema selektiert. Das Belegschema gibt die Art des Beleges an (A= Standard, B = Bonus, C = kostenlos). Das Kundenschema gibt die Arte des Kunden an (+ = Provision, 1 = Standard, 2 = Standard incl. MwSt.)

<u>Vorgehen:</u> *Customizing → Vertrieb → Grundfunktionen → Preisfindung → Steuerung der Preisfindung → Kalkulationsschemata definieren und zuordnen → Kalkulationsschemaermittlung festlegen*

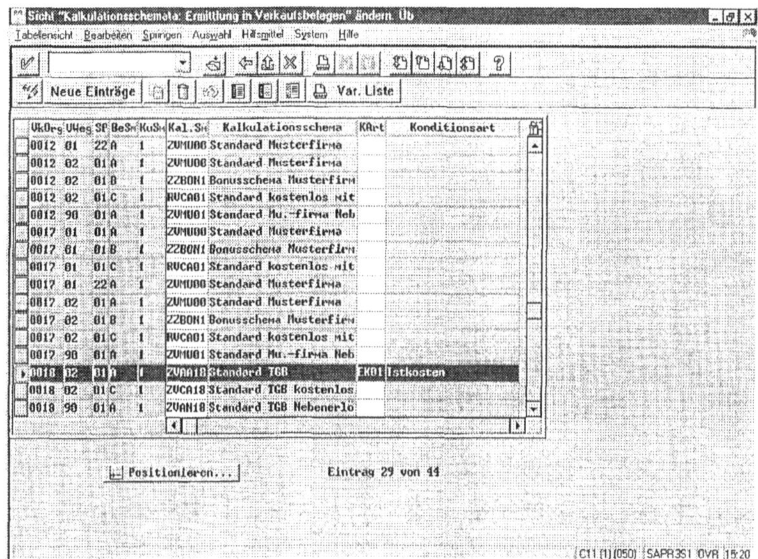

Screenshot 37: Zuordnung des Kalkulationsschemas

3.4.2 Ablauf der Preisfindung im Kundenauftrag

Im Kundenauftrag kann die Preisfindung nachvollzogen werden.

Vorgehen: *Position markieren → Position → Konditionen*

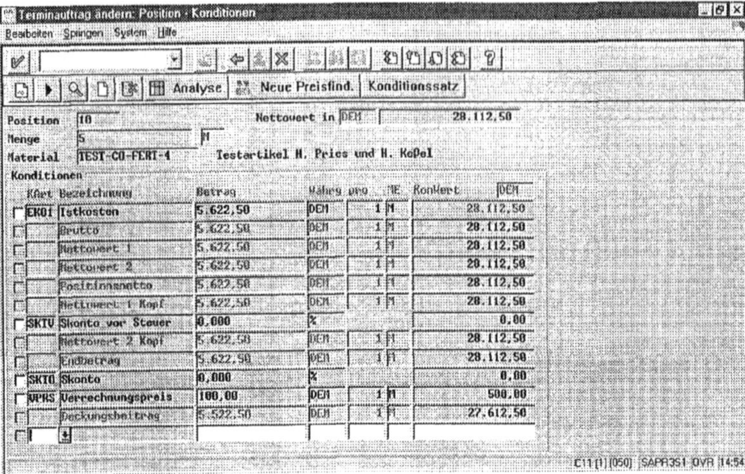

Screenshot 38: Ablauf der Preisfindung im Kundenauftrag

Das angezeigte Kalkulationsschema des Vertriebs gibt Auskunft, aus welcher Preisbasis und aus welchen Zu- und Abschlägen (Kalkulationsarten) sich der Endpreis des Kundenauftrages zusammensetzt. Außerdem ist der Deckungsbeitrag des Kundenauftrages ersichtlich, wenn die Konditionsart EK02 verwendet wurde.

3.4.3 Besonderheiten der Preisfindung bei der Variantenkonfiguration

Das konfigurierbare Material wird im Materialstammsatz mit der Materialart KMAT abgespeichert. Diese Materialart verweist automatisch auf die Materialpositionstypengruppe 0002. Die Materialpositionstypengruppe 0002 hat die Bedeutung Konfiguration. In Verbindung mit der Verkaufsbelegart TA ergibt sich der Positionstyp TAC im Kundenauftrag.

Im Materialstammsatz des konfigurierbaren Materials ist die Strategiegruppe 25 eingestellt. Diese Strategiegruppe steht für die Kundenauftragsfertigung des konfigurierbaren Materials. Über diese Strategiegruppe 25 wird die Bedarfsklasse 46 sowie das Abrechnungsprofil SD1 und der Abgrenzungsschlüssel KUND ausgewählt.

Sicht "Strategie" ändern: Detail

Tabellensicht Bearbeiten Springen Auswahl Hilfsmittel System Hilfe

Neue Einträge Var. Liste

Strategie 25 Kundeneinzel für offene Varianten

Bedarfsart der Vorplanung
Bedarfsart Vorplanung
Bedarfsklasse
Verrechnung
Planungskennz

Bedarfsart des Kundenbedarfs
Bedarfsart Kundenbedarf KEK KdEinzel Konfigurierbares Mat.
Bedarfsklasse 046 Einzelf. Varianten
Zuordnungskennz
Keine Disposition Bedarf wird disponiert
Kontierungstyp E
Abrechnungsprofil SD1
Abgrenzungsschlüssel KUND
Montageauftrag
Montageart 0 Dialog Montage
Auftragsart Kapazitätsprüfung

Konfiguration
Konfiguration + Konfiguration ist Pflicht

C11 (2) (050) SAPR3S1 OVR 11:11

Screenshot 39: Strategiegruppe 25 für KMAT

In der Bedarfsklasse 46 wird dann die Kalkulationsvariante TGB1 ausgewählt. Diese Kalkulationsvariante für die Kalkulation enthält die Kalkulationsart 18 (Kundenauftragskalkulation) und die Bewertungsvariante TGB (Planbewertung Material). Die Bedarfsklasse 46 verweist außerdem auf das Kalkulationsschema TGB001.

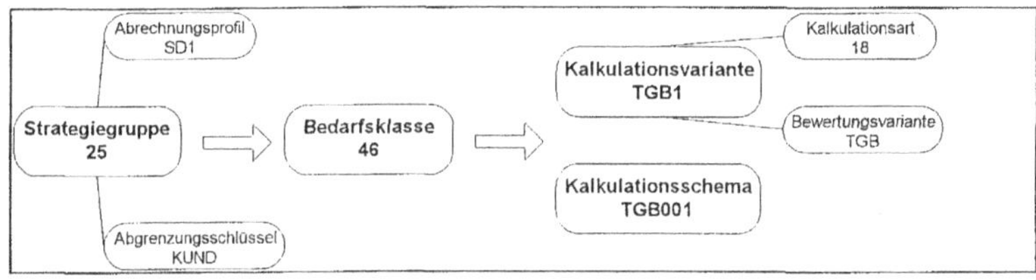

Abbildung 26: Steuerung des KMAT im Kundenauftrag

4 Die Prozeßkette vom Fertigungsauftrag bis zum Abschluß des Kundenauftrages

In der bisherigen Darstellung wurde die Prozeßkette bis zur Kundenauftragsbearbeitung einschließlich der Kalkulation und der Preisfindung gezeigt. In den nächsten Schritten muß die Produktion der im Kundenauftrag nachgefragten Materialien geplant, angestoßen und die Kosten erfaßt und abgerechnet werden. Das bedeutet, daß eine Nachkalkulation, die den tatsächlichen Ressourcenverzehr berücksichtigt, durchgeführt wird. Eine mitlaufende Kalkulation, die bei Aufträgen mit langen Durchlaufzeiten sinnvoll ist, wird im Rahmen dieser Prozeßkette nicht durchgeführt.

Ausgangspunkt dieser Prozeßkette ist der Kundenauftrag, der die Grundlage für die Bedarfsplanung darstellt. Die Bedarfsplanung sichert die Materialverfügbarkeit. In der Bedarfsplanung werden auf Basis der Primärbedarfe, die sich direkt aus den Kundenaufträgen herleiten, Sekundärbedarfe erzeugt.

Das Ergebnis der Bedarfsplanung sind die Planaufträge. Die Planaufträge werden im nächsten Schritt in Fertigungsaufträge oder in Bestellungen umgesetzt. Nachdem die Sekundärbedarfe bestellt bzw. gefertigt wurden, wird mit der eigentlichen Produktion des Primärbedarfes begonnen. Ist das vom Kunden nachgefragte Material, der Primärbedarf, vollständig gefertigt, muß es an den Kunden ausgeliefert werden. Dafür wird ein Lieferauftrag erstellt und die Ware wird fakturiert, d.h. es wird eine Rechnung geschrieben.

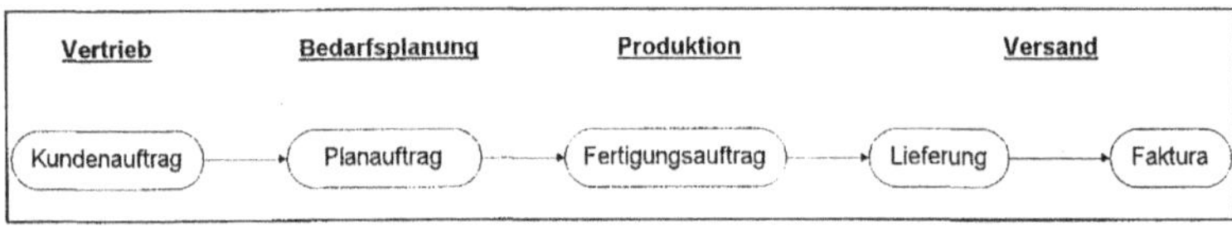

Abbildung 27: Übersicht der Prozeßkette

Wichtig bei dieser Prozeßkette ist für die Überwachung und Abrechnung der Kundenauftragsfertigung, wann und wo welche Istkosten und Ist-Erlöse anfallen. Ziel ist es, am Ende der Prozeßkette die Plankosten und -erlöse den Istkosten und -erlösen des Kundenauftrages gegenüberzustellen. Zum einen dient dies der Planung und Kontrolle der Kosten und Erlöse. So können z.B. bei Abweichungen der Ist- von den Plankosten gezielt die Ursachen erforscht werden. Andererseits ist mit der Erfassung der Istkosten und -erlöse die interne Abrechnung in das Ergebnis verbunden.

Vor der Darstellung der eigentlichen Prozeßelemente, werden zunächst die im weiteren Verlauf der Prozeßkette benötigten Organisationsstrukturen und Stammdaten des SAP R/3 Systems erläutert. Anschließend wird grundsätzlich auf die Istkosten und die Materialbewegungen in der Prozeßkette der Kundenauftragsfertigung eingegangen. Danach wird die Prozeßkette vom Planauftrag über den Fertigungs- und Lieferauftrag bis hin zur Faktura erläutert. Dies umfaßt sowohl die Abläufe als auch die Steuerung. An den jeweils relevanten Stellen wird dann konkret und detailliert auf die notwendigen Materialbewegungen und die primären und sekundären Kosten eingegangen.

4.1 Grundlagen für die Elemente der Prozeßkette im SAP R/3 System

In diesem Abschnitt werden, genau wie zu Beginn des dritten Kapitels, die für den weiteren Verlauf der Prozeßkette notwendigen Organisationsstrukturen und Stammdaten des SAP R/3 Systems erläutert. Auf einige der bereits in Kapitel 3 dargestellten Organisationsstrukturen und Stammdaten wird auch bei dem Teil der Prozeßkette, der in diesem Kapitel beschrieben wird, zurückgegriffen. Es werden daher in diesem Kapitel nur die Organisationsstrukturen und Stammdaten, die zusätzlich erforderlich sind, erläutert.

4.1.1 Relevante Organisationsstrukturen

Ein Bestandteil der Prozeßkette ist der Versand. Es wird daher kurz die Organisationsstruktur des Versands dargestellt.

Die Einplanung und Bearbeitung von Lieferungen an Kunden oder Nachschublieferungen an ein eigenes Lager werden von eigenständigen organisatorischen Einheiten abgewickelt. Diese Einheiten sind die sogenannten Versandstellen.

Eine Lieferung erfolgt stets von genau einer Versandstelle. Diese Versandstelle hängt von folgenden Kriterien ab:

- Vom liefernden Werk
- Von der Art des Versandes (z.B. Bahn, LKW)
- Von den notwendigen Ladehilfsmitteln.

Versandstellen lassen sich weiterhin in Ladestellen untergliedern.[86]

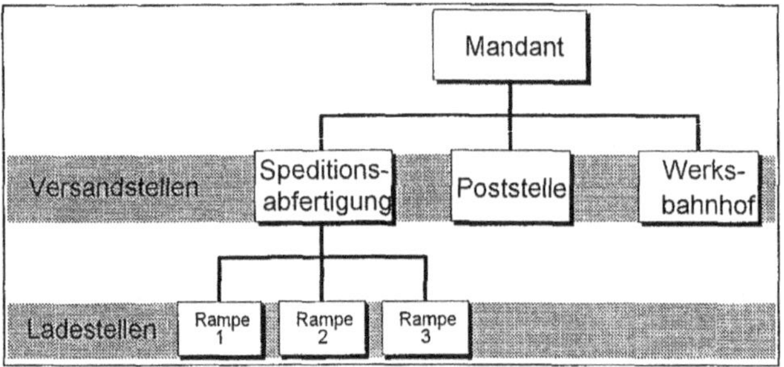

Abbildung 28: Organisationsstruktur im Versand[87]

Die Abbildung zeigt die hierarchische Beziehung zwischen den Organisationseinheiten Ladestelle, Versandstelle und Mandant. Zwischen dem Mandanten und der Versandstelle sowie zwischen der Versandstelle und der Ladestelle besteht jeweils eine 1:M-Beziehung.

[86] Vgl. SAP Online Dokumentation 3.0d, Vertrieb, Grundfunktionen und Stammdaten in der Vertriebsabwicklung, S. 11.
[87] Vgl. SAP Online Dokumentation 3.0d, Vertrieb, Grundfunktionen und Stammdaten in der Vertriebsabwicklung, S. 11.

4.1.2 Relevante Stammdaten im SAP R/3 System

Die für den weiteren Verlauf der Prozeßkette zusätzlich notwendigen Stammdaten werden in diesem Abschnitt erläutert. Für die Produktion ist dies der Arbeitsplatz, und für das Controlling die Kostenstelle und die Leistungsart.

4.1.2.1 Arbeitsplatz

Ein Arbeitsplatz ist ein räumlicher Bereich innerhalb eines betrieblichen Arbeitssystems. An ihm wird ein Vorgang ausgeführt. Bei einem Arbeitsplatz kann es sich sowohl um eine Maschine oder eine Gruppe von Maschinen als auch um eine Person oder eine Gruppe von Personen handeln.[88] Arbeitsplätze sind neben den Stücklisten und den Arbeitsplänen ein wesentlicher Bestandteil der Stammdaten des PP-Moduls.[89]

Die Arbeitsplätze beinhalten Daten, die im Vorgang zur Kalkulation, Terminierung und Kapazitätsplanung benötigt werden und außerdem zur Information für die Produktion dienen.[90]

[88] Vgl. SAP Online Dokumentation 3.0d, Produktionsplanung- und steuerung, Arbeitsplätze, S. 8.
[89] Vgl. SAP Online Dokumentation 3.0d, Produktionsplanung- und steuerung, Arbeitsplätze, S. 5.
[90] Vgl. SAP Online Dokumentation 3.0d, Produktionsplanung- und steuerung, Arbeitsplätze, S. 9.

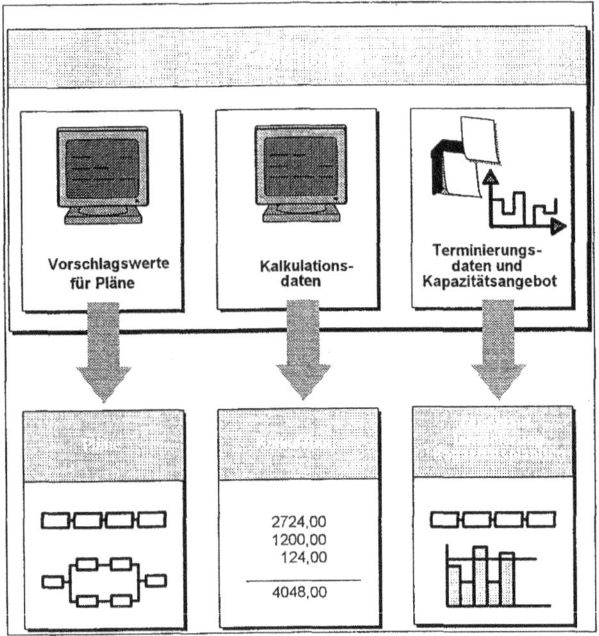

Abbildung 29: Daten von Arbeitsplätzen[91]

Mit Hilfe der im Arbeitsplatz gepflegten Daten kann u.a. in den Vorgängen festlegen werden, welche Maschinen oder Personen eingesetzt werden sollen, und es können Kosten, Kapazitäten und Termine zu den Vorgängen ermittelt werden.

Arbeitsplätze können mit anderen Objekten des SAP R/3 Systems verknüpft werden. Für die Prozeßkette wurde ein Arbeitsplatz beispielhaft eingerichtet und mit einer Kostenstelle verknüpft.

[91] Vgl. SAP Online Dokumentation 3.0d, Produktionsplanung- und steuerung, Arbeitsplätze, S. 9.

Die Daten aus dem Arbeitsplatz werden u.a. in folgenden betriebswirtschaftlichen Funktionen verwendet:

- Kalkulation
- Terminierung
- Kapazitätsplanung.

4.1.2.2 Kostenstellen

Eine Kostenstelle ist ein Teil eines Unternehmens, der nach Verantwortungsbereich oder nach räumlichen oder abrechnungstechnischen Gesichtspunkten abgegrenzt wird. Sie ist einem Kostenrechnungskreis zugeordnet. Kostenstellen dienen dazu, Gemeinkosten differenziert und möglichst verursachungsgerecht auf Kostenträger zu verrechnen. Eine Kostenstelle muß drei Grundsätze erfüllen:

- Selbstständiger Verantwortungsbereich
- Möglichst auch eine räumliche Einheit
- Genaue und gleichzeitige Verbuchbarkeit der Istkosten auf die Kostenstelle.[92]

Für die Prozeßkette sind die Fertigungskostenstellen, über welche die Fertigungskosten an die Kostenträger abgerechnet werden, relevant. Eine Fertigungskostenstelle dient dazu, Vor- Zwischen- oder Endprodukte zu bearbeiten, herzustellen oder zu montieren.[93] Die Fertigungskostenstelle ist einem Arbeitsplatz zugeordnet.

Einer Kostenstelle können mehrere Arbeitsplätze unterschiedlicher Werke zugeordnet werden. Das Werk ist dabei eindeutig einem Buchungskreis zugeordnet. Ein Arbeitsplatz kann jedoch zu einem Zeitpunkt nur einer Kostenstelle zugeordnet sein. Zwischen der Kostenstelle und dem Arbeitsplatz besteht somit eine 1:M-Beziehung.

---

[92] Vgl. Haberstock, Lothar: Kostenrechnung II (Grenz-) Plankostenrechnung, 2.Auflage, Hamburg 1986, S. 45-46.
[93] Vgl. Kilger, Wolfgang: Flexible Plankostenrechnung und Deckungsbeitragsrechnung, 10.Aufl., Wiesbaden 1993, S.493.

4.1.2.3 Leistungsarten

Über Leistungsarten werden die unterschiedlichen Arten von Leistungen, die innerhalb einer Kostenstelle erbracht werden können, festgelegt. Sie werden im Kostenrechnungskreis definiert.[94]

Die Leistungsarten werden pro Kostenstelle und Periode mit einem Verrechnungssatz bewertet, der sich aus einem fixen (arbeitsunabhängigen) Anteil und einem variablen (arbeitsabhängigen) Anteil zusammensetzt. Mit ihrer Hilfe wird festgelegt, mit welchem Tarif Eigenleistungen verrechnet werden sollen (Kalkulation).[95]

Über die Leistungsartenplanung ist die Kostenstelle mit einer Leistungsart verbunden. Die Leistungsart, die in der Prozeßkette für die Fertigungskostenstelle benutzt wurde, ist die Maschinenstunde. Das bedeutet, daß die Verrechnung von Kosten an Fertigungsaufträge davon abhängig ist, wieviel Fertigungszeit der Auftrag an dem Arbeitsplatz in Anspruch genommen hat.

Eine Kostenstelle kann mit mehreren Leistungsarten verknüpft werden. Auf diese Weise ist eine differenziertere Verrechnung der Kosten möglich. In der Prozeßkette wird jedoch für die Abrechnung nur die Leistungsart Maschinenstunden verwendet.

Arbeitsplatz:	*Co-Test*
Kostenstelle:	*Test-Co-1*
Leistungsart:	*MS1*

Es wurde die Kostenstelle Test-Co-1, die mit dem Arbeitsplatz Co-Test verbunden ist, angelegt. Über die Leistungsartenplanung wurde diese Kostenstelle mit der Leistungsart MS1 verbunden.

[94] Vgl. SAP Online-Hilfe, Leistungsarten und Leistungsartengruppen.
[95] Vgl. SAP Online Dokumentation 3.0d, Produktionsplanung- und steuerung, Arbeitsplätze, S. 22.

4.2 Grundlagen der Istkosten und Materialbewegungen in der Prozeßkette der Kundenauftragsfertigung

In dem folgendem Abschnitt wird auf die Kosten und die Materialbewegungen, die für die Prozeßkette von Bedeutung sind, eingegangen. Es wird gezeigt, welche Kostenarten für die dargestellte Prozeßkette relevant sind, wie sie entstehen und welche Buchungen bei der Entstehung und Verrechnung in der Finanzbuchhaltung und in der Kostenrechnung stattfinden. Zur Darstellung der Materialbewegungen wird zunächst auf die grundlegenden Elemente, nämlich die Materialbelege und Bewegungsarten, eingegangen, um dann im nächsten Schritt die einzelnen Materialbewegungen in der logistischen Kette zu skizzieren.

Dies ist zunächst eine allgemeingültige Darstellung der Zusammenhänge. Bei der Betrachtung der einzelnen Prozeßelemente wird schließlich vertiefend auf die jeweils relevanten Istkosten und Materialbewegungen eingegangen.

4.2.1 Istkosten

Istkosten werden in der Kostenrechnung generell auf Kostenträger abgerechnet. Bei der anonymen Lagerfertigung fungieren die Erzeugnisse selbst als Kostenträger. Die Kosten werden dann mittels eines Kalkulationsverfahrens auf eine Einheit eines Produktes heruntergerechnet. Bei der Kundenauftragsfertigung verhält es sich anders. Es dienen nicht die Produkteinheiten sondern der gesamte Kundenauftrag und die Fertigungsaufträge als Kostenträger.

Im System müssen zwei Voraussetzungen erfüllt sein, damit die Istkosten auf Kundenaufträgen abgerechnet werden können:

- Im Customizing muß das Kennzeichen *Kostenträger* für den Kostenrechnungskreis, dem die Kostenträger-Identnummer zugeordnet ist, gesetzt werden, damit Istkosten auf einer Kostenträger-Identnummer gebucht werden können. Mit der Kostenträger-Identnummer wird immer genau ein Kostenträger im SAP R/3 System definiert.
- Es muß das Kennzeichen Vertriebsaufträge für den Kostenrechnungskreis, dem die Kundenauftragsposition über das Werk des zu fertigenden Materials zugeordnet ist, gesetzt werden, da sonst im SAP R/3 System ein Kundenauftrag nicht als Kostenträger benutzt werden darf.

4.2.1.1 Arten von Istkosten

Für die Betrachtung der Prozeßkette ist es wichtig, welche Arten von Istkosten anfallen und für die spätere Auswertung auf den Kostenträgern gesammelt werden können. Für die in dieser Arbeit dargestellte Prozeßkette spielen vier Kostenarten eine Rolle:

- Materialeinzelkosten
- Materialgemeinkosten
- Fertigungseinzelkosten
- Fertigungsgemeinkosten.

Die Materialkosten umfassen generell die Kosten für Roh-, Hilfs-, und Betriebsstoffe. In der hier dargestellten Prozeßkette werden die Materialkosten durch die Rohstoffe und Halbfabrikate repräsentiert, die letztendlich auch in die Produktion mit eingehen. Die Materialkosten fallen genau dann an, wenn die Rohstoffe bzw. die Halbfabrikate, welche für die Fertigung des Kunden- bzw. Fertigungsauftrages benötigt werden, dem Kundenauftragsbestand zugewiesen oder aus einem anonymen Lager für den Fertigungsauftrag eines Kundenauftrages entnommen werden.

Die Materialgemeinkosten sind i.d.R. Kosten, die durch den Beschaffungsprozeß der Materialien verursacht werden. Sie werden als prozentualer Wert auf Basis der Materialeinzelkosten berechnet. Der Zeitpunkt, wann diese Materialgemeinkosten den Materialkosten zugeschlagen werden, kann unterschiedlich sein. Sie können bereits nach Beendigung des Fertigungsauftrages oder nach Abschluß des gesamten Kundenauftrages zugeschlagen werden. Bei der Darstellung der Abrechnung der Istkosten vom Fertigungsauftrag an den Kundenauftrag wird auf diese Problematik näher eingegangen.

Fertigungseinzelkosten fallen bei der Produktion an. Die Fertigungskosten setzen sich hauptsächlich aus Fertigungslöhnen zusammen. Nach Beendigung der Fertigung steht die Fertigungszeit fest, und die Fertigungungslöhne können mit Hilfe von Lohnsätzen an die Kostenträger, d.h. in diesem Falle den Fertigungsauftrag oder den Kundenauftrag, abgerechnet werden.

Fertigungsgemeinkosten sind Kosten, die durch die Nutzung von Maschinen entstehen. Nach Beendigung der Produktion steht die Produktionszeit und damit die Maschinennutzungszeit fest. In Maschinenstundensätzen werden alle anfallenden Gemeinkosten für Maschinen berücksichtigt. Die Fertigungsgemeinkosten können dann durch die Multiplikation von der Produktionszeit mit den Maschinenstundensätzen ermittelt und an den Fertigungsauftrag oder den Kundenauftrag abgerechnet werden.

4.2.1.2 Entstehung und Verrechnung von Istkosten

Im Zuge der Darstellung der Entstehung von Istkosten sind primäre und sekundäre Kosten getrennt zu betrachten. Primäre Kosten resultieren aus dem Verzehr der extern beschafften Güter und Dienstleistungen.[96] Ein Beispiel sind Materialkosten der Rohstoffe. Sekundäre Kosten resultieren aus der Weiterverrechnung von Kosten einer Kostenstelle an eine andere Kostenstelle oder an einen Kostenträger. Ein Beispiel für sekundäre Kosten sind die Löhne der Meister in der Fertigung.

Den primären Kosten entspricht in der Finanzbuchhaltung jeweils ein Sachkonto. Bei der Entstehung von primären Kosten findet daher sowohl ein Buchungsvorgang in der Kostenrechnung mit den entsprechenden primären Kostenarten als auch in der Finanzbuchhaltung mit den entsprechenden Sachkonten statt.

Sekundäre Kosten fallen bei der innerbetrieblichen Leistungsverrechnung an. Es findet nur ein Buchungsvorgang in der Kostenrechnung mit den entsprechenden sekundären Kostenarten statt. Sekundäre Kostenbuchungen finden entweder bei der Verrechnung von Kosten zwischen zwei Kostenstellen oder bei der Abrechnung der Kosten einer Kostenstelle an einen Kostenträger statt. Für diese sekundären Kostenarten sind keine entsprechenden Sachkonten in der Finanzbuchhaltung vorhanden. Deswegen werden bei der Verrechnung von sekundären Kosten keine Buchung auf einem Sachkonto in der Finanzbuchhaltung durchgeführt.

---

[96] Vgl. Freidank, Carl-Christian: Kostenrechnung, 5.Aufl., München 1994, S. 135.

Grundsätzlich gibt es drei Möglichkeiten, durch die Istkosten entstehen können:

- Manuelle Buchungen in der Finanzbuchhaltung
- Materialbewegungen in der Materialwirtschaft
- Innerbetriebliche Leistungsverrechnungen.

Bei der Erfassung von Istkosten über eine manuelle Buchung in der Finanzbuchhaltung handelt es sich um primäre Kosten. Dieser Vorgang findet in der Prozeßkette, so wie sie hier beschrieben wird, nicht statt und wird deswegen nicht näher erläutert.

In der Prozeßkette werden Primärkosten betrachtet, die durch Materialbewegungen in der Materialwirtschaft erzeugt werden. Die in der Prozeßkette relevanten Sekundärkosten sind die Fertigungsgemeinkosten und die Materialgemeinkosten. Fertigungsgemeinkosten werden durch Verrechnung von der Fertigungskostenstelle an den Kostenträger Fertigungsauftrag abgerechnet. Es wurde bereits erwähnt, daß Fertigungseinzelkosten z.T. auch über Maschinenstundensätze von der Fertigungskostenstelle an den Fertigungsauftrag abgerechnet werden. Ein Teil der Fertigungseinzelkosten zählt daher auch zu den sekundären Kosten. Materialgemeinkosten werden dem Kostenträger Fertigungsauftrag oder Kundenauftrag durch Bezuschlagung der Materialeinzelkosten mit einem prozentualen Zuschlagssatz berechnet.

4.2.2 Materialbewegungen

Eine Materialbewegung ist ein Vorgang, aus dem eine mengen- und/oder wertmäßige Veränderung des Lagerbestandes für ein bestimmtes Material resultiert.

Grundsätzlich existieren folgende Arten von Materialbewegungen:

- Wareneingang
- Warenausgang
- Umbuchung
- Umlagerung.

Ein Wareneingang resultiert z.B. aus einer Lieferung von fremdbeschafftem Material oder aus der Fertigstellung eines Materials in der Produktion. Ein Warenausgang ist die Folge einer Entnahme von Material aus dem Lager für die Produktion oder der Lieferung des Fertigproduktes an den Kunden. Eine Umbuchung findet immer bei einer Änderung der Bestandsidentifikation oder -qualifikation eines Materials statt. Die Umlagerung ist ein spezieller Fall der Umbuchung. Sie resultiert aus einem Wechsel des Lagerortes für ein Material.

Vorgehen: *Logistik →Materialwirtschaft →Bestandsführung*

Unter dem Menüpunkt *Warenbewegung* können alle Arten von Warenbewegungen erfaßt oder das Menü verlassen werden.

Unter dem Menüpunkt *Materialbeleg* können die vorhandenen Materialbelege bearbeitet, oder Warenbewegungen mit Bezug auf einen Materialbeleg erfaßt werden.

Mit der Erfassung einer Warenbewegung werden folgende Vorgänge im System ausgelöst:

- Erzeugung eines Materialbeleges, der als Nachweis für die Bewegung und als Informationsquelle für die beteiligten Anwendungen dient
- Erzeugung eines oder mehrerer Buchhaltungsbelege, wenn die Bewegung für die Finanzbuchhaltung relevant ist
- Fortschreibung der Bestandsmengen des Materials
- Fortschreibung der Bestandswerte im Materialstammsatz und der Bestands-/ Verbrauchskonten.[97]

4.2.2.1 Der Materialbeleg

Die einzelnen bei der Entnahme des Materials, der Fertigung und der Ablieferung des Auftrages anfallenden Materialbewegungen werden in Belegen festgehalten. Sie dienen dazu, die aus den Bewegungen resultierenden Bestandsveränderungen der Materialien zu dokumentieren. Der Materialbeleg besteht aus einem Kopf und mindestens einer Position. Der Kopf enthält die allgemeinen Daten des Bewegungsvorganges. Die Positionen beschreiben die einzelnen Bewegungen.

<u>*Vorgehen:*</u> *Logistik → Materialwirtschaft → Bestandsführung → Materialbeleg → Anzeigen*

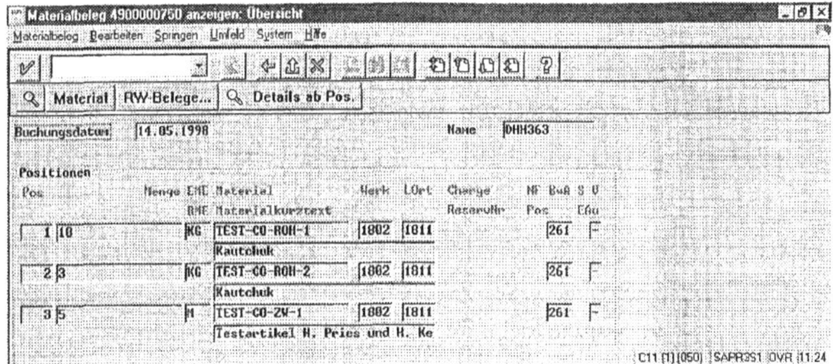

Screenshot 40: Materialbeleg

[97] Vgl. SAP Online Dokumentation 3.0d, Materialwirtschaft, Bestandsführung, S. 32.

In dem obigen Screenshot sind die Kopfdaten des Materialbeleges zu sehen. Über den Button „Details ab Pos." lassen sich die Positionsdaten anzeigen. Der Button „Material" verzweigt zum Materialstammsatz des jeweiligen Materials einer Position.

Ist ein Warenein- oder ein Warenausgang für die Finanzbuchhaltung relevant, d.h. wirkt sie sich in der Materialwirtschaft auf ein Sachkonto aus, wird parallel zu dem Materialbeleg auch ein Buchhaltungsbeleg und ein Kostenrechnungsbeleg erzeugt. Ist im System die Profit-Center Rechnung aktiviert, wird darüber hinaus ein Profitcenter-Beleg erzeugt. Über den Button „RW-Beleg" lassen sich, falls vorhanden, die Belege aus der Finanzbuchhaltung, der Kostenrechnung und der Profit-Center Rechnung anzeigen.

Wie ein Buchhaltungsbeleg kann ein Materialbeleg bei einer irrtümlich oder falsch gebuchten Bewegung nicht gelöscht, sondern nur durch einen Stornobeleg rückgängig gemacht werden.[98]

Die Materialbewegungen, die für ein bestimmtes Material vorgenommen wurden, können im System angezeigt werden.

Vorgehen: *Logistik → Materialwirtschaft → Bestandsführung → Materialbeleg → Anzeigen → Umfeld Mat.Beleg zum Material → Ausführen*

Der folgende Screenshot zeigt eine Auflistung aller Materialbelege zum Testmaterial Test-Co-Roh-1. In der Spalte Kontierung ist zusätzlich zu sehen auf welchen Kostenträger die Materialbewegung referenziert, d.h. welcher Kostenträger bei der Materialbewegung belastet wird. Der Materialbeleg der ersten Zeile zeigt z.B., daß 10 Kg des betreffenden Rohstoffs mit der Bewegungsart 261 (Warenausgang für Auftrag) aus dem Lager entnommen, und die Kosten auf den Fertigungsauftrag mit der Nummer 1147 gebucht wurden.

[98] Vgl. SAP Online Hilfe, Belegkonzept.

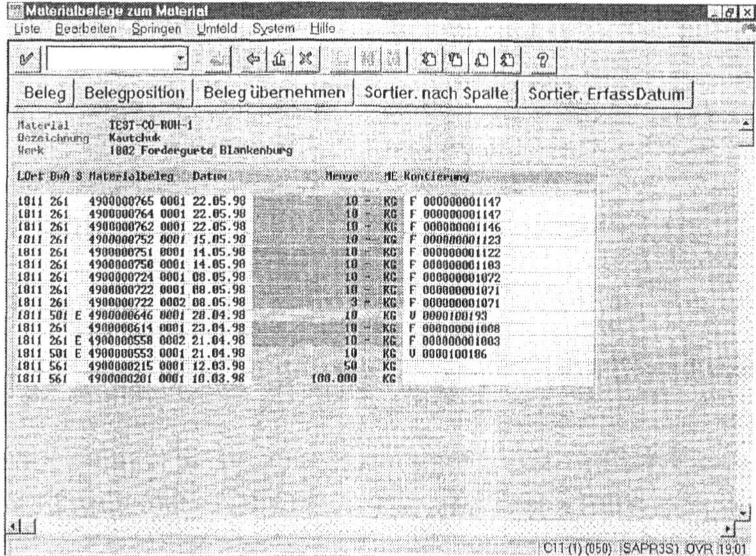

LOrt	BwA	S	Materialbeleg		Datum	Menge		ME	Kontierung
1811	261		4900000765	0001	22.05.98	10	-	KG	F 000000001147
1811	261		4900000764	0001	22.05.98	10	-	KG	F 000000001147
1811	261		4900000762	0001	22.05.98	10	-	KG	F 000000001146
1811	261		4900000752	0001	15.05.98	10	-	KG	F 000000001123
1811	261		4900000751	0001	14.05.98	10	-	KG	F 000000001122
1811	261		4900000750	0001	14.05.98	10	-	KG	F 000000001103
1811	261		4900000724	0001	08.05.98	10	-	KG	F 000000001072
1811	261		4900000722	0001	08.05.98	10	-	KG	F 000000001071
1811	261		4900000722	0002	08.05.98	3	-	KG	F 000000001071
1811	501	E	4900000646	0001	28.04.98	10		KG	V 0000100193
1811	261		4900000614	0001	23.04.98	10	-	KG	F 000000001008
1811	261	E	4900000558	0002	21.04.98	10	-	KG	F 000000001003
1811	501	E	4900000553	0001	21.04.98	10		KG	V 0000100186
1811	561		4900000215	0001	12.03.98	50		KG	
1811	561		4900000201	0001	10.03.98	100.000		KG	

Screenshot 41: Auflistung Materialbelege

4.2.2.2 Bewegungsarten der Kundenauftragsfertigung

Die Steuerung, welche Mengenfelder und ggf. welche Sach- und Verbrauchskonten bei einer Warenbewegung angesprochen werden, wird über die Bewegungsart, die bei jedem Bewegungsvorgang mit angegeben werden muß, gesteuert. Die Bewegungsart ist ein dreistelliger Schlüssel, der die Warenbewegung eindeutig identifiziert.

Bei der Kundenauftragsfertigung ergibt sich eine Besonderheit. Alle Mengen, die mit Bezug auf einen bestimmten Kundenauftrag produziert oder beschafft werden, sind dem sogenannten Kundenauftragsbestand zugeordnet. Auf diese Weise wird sichergestellt, daß die für einen bestimmten Kundenauftrag produzierten oder beschafften Mengen nicht für andere Zwecke zur Verfügung gestellt werden können.

Eine Materialbewegung, die sich auf einen Kundenauftragsbestand bezieht, erhält eine Bewegungsart, die als Zusatz das Sonderbestandskennzeichen E enthält. Wird z.B. fremdbeschafftes Material direkt mit Bezug auf einen bestimmten Kundenauftrag bestellt, wird der Wareneingang dieses Materials mit der Bewegungsart 101 E gebucht. Dadurch ist dieses Material eindeutig dem Kundenauftragsbestand zugeordnet.

Der Kundenauftragsbestand wird rein mengenmäßig und nicht wertmäßig auf Konten geführt. Aus diesem Grund ist eine Materialbewegung innerhalb des Kundenauftragsbestandes irrelevant für die Finanzbuchhaltung, da keine Sachkonten, sondern nur Bestandskonten in der Materialwirtschaft berührt werden. Bei einer Warenbewegung mit dem Sonderbestandskennzeichen E wird daher weder ein Buchhaltungs- noch ein Kostenrechnungsbeleg vom SAP R/3 System erzeugt.[99]

[99] Vgl. SAP Online Hilfe, Kundenauftragsbestand.

Für die Kundenauftragsfertigung sind folgende Bewegungsarten vorgesehen:

Bewegungsart	Nummer
Wareneingang zum Fertigungsauftrag, wenn der Fertigungsauftrag auf den Kundenauftrag kontiert ist	101, 102, 122 (Sonderbestandskennzeichen E wird automatisch gesetzt)
Wareneingang ohne Fertigungsauftrag	521-526 (mit Sonderbestandskennzeichen E)
Wareneingang zur Bestellung, wenn die Bestellung kontiert ist	101-104 (Sonderbestandskennzeichen E wird automatisch gesetzt)
Wareneingang ohne Bestellung	501-506 (mit Sonderbestandskennzeichen E)
Bestandsaufnahme	561-566 (mit Sonderbestandskennzeichen E)
Warenausgang des Sekundärbedarf aus dem anonymen Lagerbestand	261
Warenausgang des Sekundärbedarfs aus dem Kundenauftragsbestand	261 (mit Sonderbestandskennzeichen E)
Warenausgang Primärbedarf aus Kundenauftragsbestand	601 (mit Sonderbestandskennzeichen E)

Tabelle 7: Bewegungsarten der Kundenauftragsfertigung[100]

Als ein Beispiel sei die Bewegungsart 101 E (Wareneingang zum Auftrag/zur Bestellung) kurz erläutert. Sie wird z.B. verwendet, wenn ein Fertigungsauftrag abgeschlossen ist, und das fertiggestellte Material eingelagert wird.

[100] Vgl. SAP Online Hilfe, Kundenauftragsbestand.

4.2.2.3 Materialbewegungen in der Prozeßkette der Kundenauftragsfertigung

In der Kundenauftragsfertigung treten von der Beschaffung des Rohmaterials bis zur Lieferung des Fertigprodukts an den Kunden i.d.R. die in der folgenden Grafik gezeigten einzelnen Materialbewegungen mit den dazugehörigen Bewegungsarten auf. Es ist der vereinfachte Fall einer einstufigen Fertigung gezeigt, bei dem aus den Rohmaterialien direkt das Fertigerzeugnis produziert wird.

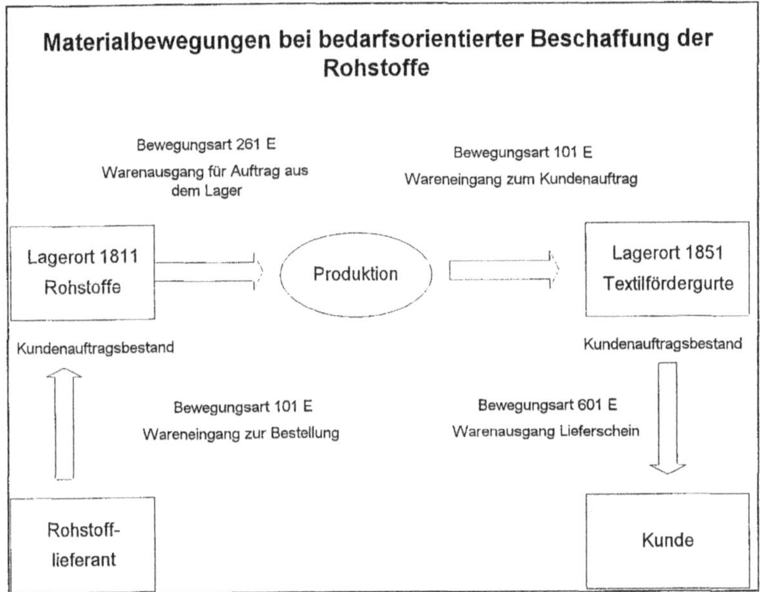

Abbildung 30: Materialbewegungen bei Beschaffung der Rohstoffe für den Kundenauftrag

4.2.2.3.1 Wareneingang der Rohmaterialien

Die erste Materialbewegung in der logistischen Kette der Kundenauftragsfertigung ist der Wareneingang der Rohmaterialien. Für die Bewertung dieser Materialien bestehen abhängig von der Art der Beschaffung zwei grundsätzliche Möglichkeiten.

Die fremdzubeschaffenden Materialien können speziell für jeden Kundenauftrag neu bestellt werden. Dies hat zur Konsequenz, daß nach dem Wareneingang und der Einlagerung diese Materialien genau dem verursachenden Kundenauftrag zugewiesen werden und nicht für andere Verwendungsmöglichkeiten zur Verfügung stehen. Die Materialien werden dann als Kundenauftragsbestand geführt und sind im Lager für einen Kundenauftrag reserviert. Die andere Möglichkeit besteht darin, daß die Beschaffung der Rohmaterialien und der sonstigen fremdzubeschaffenden Halbfabrikate anonym und somit unabhängig von einem Kundenauftrag vollzogen wird.

Die Möglichkeit, das Rohmaterial beim Wareneingang direkt als Kundenauftragsbestand zu buchen, ist in Abbildung 30 (Materialbewegungen bei Beschaffung der Rohstoffe für den Kundenauftrag) dargestellt. Im Falle der anonymen Lagerung der Rohstoffe ändert sich die Abbildung so, daß bei der Lieferung der Rohstoffe in das Lager und dem Warenausgang vom Rohstofflager in die Produktion nicht mehr das Sonderbestandskennzeichen E mitgeführt wird. Die Rohstoffe werden dann als frei verfügbarer Bestand im Lager geführt.

4.2.2.3.2 Warenausgang der Rohstoffe aus dem Lager in die Produktion

Der nächste Schritt in der logistischen Kette ist die Entnahme des Materials aus dem Lager, um es in der Produktion weiterzuverarbeiten. Diese Warenbewegung sollte mit der Bewegungsart 261 für Warenausgang erfolgen. Wird im ersten Schritt, der Einlagerung der Rohmaterialien das Material dem Kundenauftragsbestand zugewiesen, ist bei der Auslagerung das Sonderbestandskennzeichen E mitzuführen.

Wurde das zu entnehmende Rohmaterial anonym ohne Bezug auf den Kundenauftrag beschafft, wird es statt dessen dem frei verwendbaren Lagerbestand entnommen. Das Sonderbestandskennzeichen E wird dann bei der Bewegungsart 261 nicht gesetzt.

4.2.2.3.3 Wareneingang des Fertigproduktes in das Lager

Nach Beendigung der Produktion ist ein Wareneingang zu buchen. Das Fertigprodukt ist im Lager dann als Kundenauftragsbestand auszuweisen. Der Wareneingang wird an dieser Stelle mit Bezug auf den Fertigungsauftrag gebucht. Das System übernimmt die Kundenauftragsnummer und die Position, auf die sich der Fertigungsauftrag bezieht. Der Vorgang muß mit der Bewegungsart 101 als Wareneingang zum Kundenauftrag gebucht werden. Das System setzt dann automatisch das Sonderbestands-kennzeichen E.

Im Falle einer mehrstufigen Produktion sind zusätzlich noch Warenein- und Warenausgänge von Halbfabrikaten zu buchen. Auf die Darstellung dieser Vorgänge wird in dieser Arbeit nicht weiter eingegangen.

4.2.2.3.4 Warenausgang des Fertigerzeugnisses an den Kunden

Nachdem das Fertigmaterial in das Lager gebracht wurde und dort als Kundenauftragsbestand geführt wird, muß es im letzten Schritt wieder dem Lager entnommen werden, um es zum Kunden zu liefern.

Die letzte Warenbewegung im Zuge der Prozeßkette ist daher der Warenausgang des Fertigmaterials aus dem Kundenauftragsbestand. Diese Warenbewegung ist Bestandteil des Versands an den Kunden. Für diesen Vorgang wird die Bewegungsart 601 (Warenausgang Lieferschein) mit dem Sonderbestandskennzeichen E verwendet. Wie bei der Einlagerung des Fertigmaterials wird eine Bewegungsart mit dem Kennzeichen E verwendet, da das Fertigmaterial einem bestimmten Kundenauftrag zugeordnet ist.

Bei dem Warenein- und dem Warenausgang des Fertigmaterials in bzw. aus dem Lager wird weder einen Buchhaltungs- noch einen Kostenrechnungsbeleg erzeugt, da dieser Kundenauftragsbestand nicht wertmäßig, sondern nur mengenmäßig geführt wird. Der Vorgang spielt daher ausschließlich in der Materialwirtschaft eine Rolle. Die Buchung der Erlöse für die gelieferte Ware ist nicht vom Zeitpunkt der Warenbewegung sondern vom Zeitpunkt der Fakturierung abhängig (siehe Abschnitt 4.7 auf Seite 213).

4.3 Die Bedarfsplanung

Der erste Schritt in der Prozeßkette der Kundenauftragsfertigung, der nach der Eröffnung des Kundenauftrages, der Kalkulation und der Preisfindung für den Kundenauftrag durchzuführen ist, ist die Bedarfsplanung. Die Bedarfsplanung stellt sicher, daß die benötigten Rohstoffe und Halbfabrikate in der richtigen Menge und zum richtigen Zeitpunkt für die Fertigung verfügbar sind.

Bei der Bedarfsplanung wird zunächst für das Endprodukt, das den Primärbedarf darstellt, die Nettobedarfsrechnung, die Losgrößenberechnung und die Terminierung durchgeführt. Anschließend werden über die Stücklistenauflösung die Sekundärbedarfe ermittelt. Für diese Sekundärbedarfe werden danach die gleichen Schritte wie für den Primärbedarf durchgeführt.

Die Nettobedarfsrechnung bestimmt für den entsprechenden Termin aus dem zum jetzigen Zeitpunkt verfügbaren Lagerbestand des Materials und den bis zum betreffenden Zeitpunkt geplanten Zu- und Abgängen des Materials die Unterdeckungsmenge. Genau diese ermittelte Menge muß bis zum Stichtag produziert oder bestellt werden.[101]

[101] Vgl. SAP Online Hilfe, Nettobedarfsrechnung.

Nach Bestimmung des Nettobedarfs sind für die Beschaffung und die Produktion die Losgrößen zu bestimmen. Losgrößen werden allgemein mit dem Ziel der Kostenminimierung so berechnet, daß ein Ausgleich zwischen losfixen Kosten und mengen- und zeitabhängigen Lagerkosten gefunden wird.[102] Für die Berechnung existieren verschiedene mathematische Verfahren, die auch vom SAP R/3 System zur Verfügung gestellt werden.

In der Kundenauftragsfertigung wird i.d.R. das Verfahren der exakten Losgröße gewählt. Bei der Unterdeckung eines Materials, für welches das Kriterium der exakten Losgröße gilt, setzt das System genau die Unterdeckungsmenge (Bedarf minus verfügbarer Lagerbestand) als Losgröße in seine Berechnung ein. Daraus resultiert, daß zu dem entsprechenden Bedarfstermin der geplante Lagerbestand gleich 0 ist. Dabei erfolgt die Planung tagesgenau. Bedarfsmengen, die sich am gleichen Tag ergeben, werden so zu einem Bestellvorschlag zusammengefaßt.

Nach Bestimmung der Losgrößen müssen für die einzelnen Bedarfe die Termine für die Bestellung bzw. die Fertigung festgelegt werden. Dies erfolgt durch die Terminierung. Neben der Wareneingangsbearbeitungzeit, der Fertigungszeit, der Liegezeiten, der Übergangszeiten und der Rüstzeiten für die zu fertigenden Materialien gehen auch die zur Verfügung stehenden Kapazitäten in die Terminierung ein.

Im Rahmen dieser Planung werden für die zu produzierenden Materialien die Fertigung und für die fremdzubeschaffenden Materialien die Bestellvorgänge geplant. Das Ergebnis der Bedarfsplanung sind die Planaufträge, die im darauffolgenden Schritt für die zu fertigenden Materialien in Fertigungsaufträge und für die zu beschaffenden Materialien in Bestellanforderungen umgesetzt werden.

---

[102] Vgl. Reichwald, Ralf, Mrosek, Dieter, Produktionswirtschaft, in Heinen, Edmund (Hrsg.), Industriebetriebslehre, 8.Aufl., Wiesbaden 1985, S.365-498, hier S. 424.

4.3.1 Dispositionsverfahren

Bei den Dispositionsverfahren läßt sich zwischen der plangesteuerten und der verbrauchsgesteuerten Disposition unterscheiden. Nach welchem Verfahren ein Material disponiert wird, wird im Materialstammsatz des Materials hinterlegt. Der eigentliche Prozeß der Disposition ist zwar nicht Bestandteil der Darstellung dieser Prozeßkette, es soll dennoch kurz auf die Dispositionsverfahren und die Eignung für die Transportgummi GmbH Bad Blankenburg eingegangen werden, da für die in der Prozeßkette benutzten Testmaterialien das Dispositionsverfahren im Materialstammsatz eingestellt werden mußte. Die Einstellung des Dispositionsverfahrens spielt darüber hinaus unter bestimmten Umständen bei der Selektion der Bedarfsklasse für eine Kundenauftragsposition eine Rolle.

Bei der verbrauchsgesteuerten Disposition orientiert sich die Bedarfsrechnung an Verbräuchen der Vergangenheit, die mit Hilfe geeigneter Prognoseverfahren auf die Zukunft ausgerichtet werden. Die Gefahr von Fehlmengen wird durch das Halten von Sicherheitsbeständen reduziert.

Die verbrauchsgesteuerte Disposition eignet sich dann für ein Material, wenn der Bedarf dieses Materials über die Zeit keinen großen Schwankungen unterliegt.[103] Bei stark schwankenden Verbräuchen müßten sonst große Sicherheitsbestände, die eine hohe Kapitalbindung nach sich ziehen, gehalten werden.

Die plangesteuerte Disposition benutzt den geplanten Absatz und somit exakte Bedarfsmengen als Grundlage. Die Problematik von Fehlmengen tritt daher nur durch Fälle wie ungeplante Entnahmen oder Mehrverbräuche bestimmter Materialien auf. Die plangesteuerte Disposition eignet sich daher für Materialien, deren Bedarf im Zeitverlauf schwankend ist.[104]

---

[103] Vgl. SAP Online Hilfe, Verbrauchsgesteuerte Disposition.
[104] Vgl. SAP Online Hilfe, Plangesteuerte Disposition.

Bei der Kundenauftragsfertigung ist grundsätzlich von unregelmäßigen Bedarfen auszugehen. Als Dispositionsverfahren wird daher die plangesteuerte Disposition häufig verwendet. Für Rohstoffe oder Halbfabrikate, die in unterschiedlichen Kundenaufträgen verarbeitet werden, können jedoch die Voraussetzungen für eine verbrauchsgesteuerte Disposition erfüllt sein. Bei der Firma TGB eignen sich Mischungskomponenten wie z.B. Ruß für die verbrauchsorientierte Beschaffung, da diese Mischungskomponente, unabhängig von den spezifischen Ausprägungen der einzelnen Fördergurte, immer wieder in alle Fördergurte einfließt.

Für die gesamten in der Prozeßkette betrachteten Materialien wurde zunächst die plangesteuerte Disposition als Dispositionsverfahren eingestellt. Im Materialstammsatz des Endproduktes und der Rohmaterialien steht daher das Dispositionsmerkmal PD. In einer späteren Phase der Implementierung muß anhand der konkreten Materialien in Zusammenarbeit mit der Einkaufsorganisation geprüft werden, bei welchen Materialien es sinnvoll ist, eine verbrauchsgesteuerte Disposition durchzuführen.

4.3.2 Der Planauftrag

Der Planauftrag ist im SAP R/3 System das Ergebnis der Bedarfsplanung. Das System bietet die Möglichkeit, die Planung entweder für ein einzelnes Material über sämtliche Aufträge in die es eingeht oder für einen einzelnen Kundenauftrag durchzuführen. Soll die Planung für ein Material durchgeführt werden, wird die „Einzelplanung Materialien“ benutzt. Soll die Planung nur für einen bestimmten Kundenauftrag erfolgen, wird die „Einzelplanung Kundenauftrag“ benutzt.

Bei der mehrstufigen „Einzelplanung Kundenauftrag“ wird der ausgewählte Bedarf eines Kundenauftrages über alle Stücklistenstufen geplant. Die Planungsergebnisse für den Kundenauftrag können somit über alle Stufen hinweg verfolgt und ggf. korrigiert werden. Die für den Kundenauftrag benötigten Mengen werden als Kundeneinzelbestand verwaltet und abgerechnet.

Die mehrstufige „Einzelplanung Kundenauftrag“ wird im System wie folgt durchgeführt:

<u>Vorgehen:</u> *Logistik → Produktion → Bedarfsplanung → Bedarfsplanung → Einzelplanung Kundenauftrag*

4.3.2.1 Steuerungsparameter

Nachdem man die „Einzelplanung Kundenauftrag“ in der Bedarfsplanung aufgerufen hat, lassen sich die Steuerungsparameter für den Planauftrage einstellen.

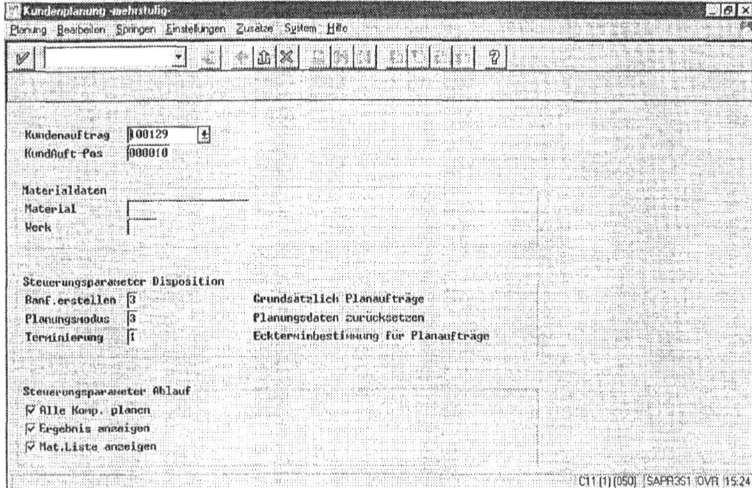

Screenshot 42: Steuerungsparameter des Planauftrages

In dem oben abgebildeten Screenshot sind die Einstellungen, die in Absprache mit der Projektgruppe, die an der Einführung des PP-Moduls bei der Firma TGB gearbeitet hat, zu sehen.

Mit dem Kennzeichen „Banf erstellen“ wird gesteuert, wie das SAP R/3 System bei fremdzubeschaffenden Materialien reagieren soll. Das System wurde so eingestellt, daß generell Planaufträge im Planungshorizont erstellt und später in manuelle Bestellanforderungen umgesetzt werden können.

Das Kennzeichen „Planungsmodus“ wurde im SAP R/3 System so eingestellt, daß Planaufträge, die bereits in einem vorherigen Planungslauf erstellt wurden, zurückgesetzt werden, und der Planauftrag komplett neu erstellt wird.

Das Kennzeichen „Terminierung“ ist so eingestellt, daß für neu erstellte Planaufträge nur Ecktermine ermittelt werden und keine Durchlaufterminierung durchgeführt wird.

Innerhalb der Ablaufsteuerung wird mit dem Kennzeichen „Alle Komponenten“ gesteuert, ob alle in der Stückliste enthaltenen Komponenten ohne Rücksicht auf planungsrelevante Veränderungen neu geplant werden. Das Kennzeichen wurde für die im Rahmen der Prozeßkette durchgeführten Planungsläufe aktiviert. Das Kennzeichen „Ergebnis anzeigen“ bewirkt, daß nach dem Planungslauf eine Dispositionsliste angezeigt wird. Das Kennzeichen „Mat.Liste anzeigen“ steuert, daß eine Liste der geplanten Materialien angezeigt wird.

4.3.2.2 Planungsergebnis

Nach Durchführung der Bedarfsplanung zeigt das System das Ergebnis des Planungslaufs an, wenn zuvor das Kennzeichen „Ergebnis anzeigen“ aktiviert wurde. In folgender Abbildung ist für ein Testmaterial, zu dem ein Kundenauftrag angelegt wurde, das Ergebnis eines Planungslaufes zu sehen. Mit Bezug auf den Kundenauftrag der Nummer 100129 ist ein Planauftrag für das Testmaterial Test-Co-Fert-1 angelegt worden.

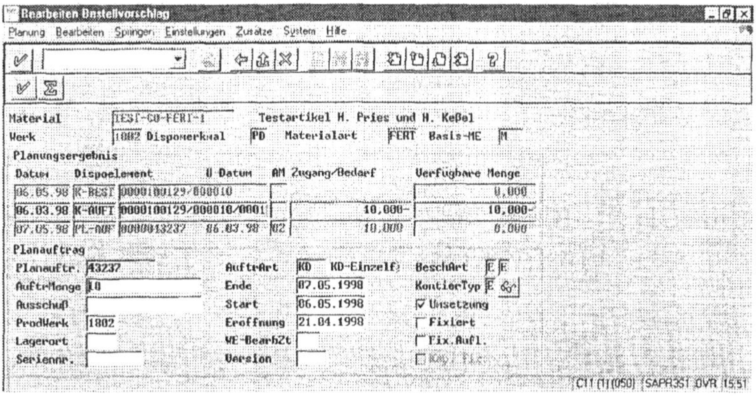

Bearbeiten Bestellvorschlag

Planung Bearbeiten Springen Einstellungen Zusätze System Hilfe

Material TEST-CO-FERT-1 Testartikel H. Pries und H. Keßel
Werk 1002 Dispomerkmal PD Materialart FERT Basis-ME M

Planungsergebnis

Datum	Dispoelement		U Datum	AM	Zugang/Bedarf	Verfügbare Menge
06.05.98	K-BEST	0000100129/000010				0,000
06.03.98	K-AUFT	0000100129/000010/0001			10,000-	10,000-
07.05.98	PL-AUF	0000013237	06.03.98	02	10,000	0,000

Planauftrag

Planauftr. 43237 AuftrArt KD KD-Einzelf. BeschArt E E
AuftrMenge 10 Ende 07.05.1998 KontierTyp E
Ausschuß Start 06.05.1998 Umsetzung
ProdWerk 1002 Eröffnung 21.04.1998 Fixiert
Lagerort WE-BearbZt Fix.Aufl.
Seriennr. Version

C11 (1) (050) SAPR3S1 OVR 15:51

Screenshot 43: Ergebnis des Planauftrages

Die Ansicht zeigt nur den Planauftrag für das Endprodukt, den Primärbedarf. Die bei der Bedarfsplanung erzeugten Sekundärbedarfe werden vom System angezeigt, indem der Planauftrag des Endproduktes Test-Co-Fert-1 über die Bedarfs- und Bestandsliste des Endproduktes aufgerufen und von dort in die Sekundärbedarfe verzweigt wird.

Vorgehen: *Logistik → Produktion → Bedarfsplanung → Auswertungen → Bedarfs/Best.liste → Doppelklick auf Planauftrag → Auftragsbericht*

4.4 Die Materialeingänge

Die Behandlung der Materialeingänge im Rahmen der Prozeßkette bezieht sich auf alle fremdzubeschaffenden Rohstoffe und Halbfabrikate, die für die Fertigung des Endproduktes benötigt werden. Bei der Darstellung der Materialbewegungen in Abschnitt 4.2.2.3 auf Seite 158 (Materialbewegungen in der Prozeßkette der Kundenauftragsfertigung) wurde bereits erwähnt, daß beim Wareneingang des Sekundärbedarfs danach zu differenzieren ist, ob die Materialien in den Kundenauftrags- oder den frei verfügbaren Lagerbestand gebucht werden.

Zunächst werden die zwei Möglichkeiten hinsichtlich des Vorgehens im System dargestellt. Im darauffolgenden Schritt wird gezeigt, wie sich die zwei unterschiedlichen Möglichkeiten bei der Verbuchung des Materials auf die Verrechnung der Istkosten auswirken.

4.4.1 Ablauf des Materialeingangs

Sollen die Materialien speziell für einen Kundenauftrag beschafft werden, müssen für die zu beschaffenden Materialien Bestellungen, die auf den Kundenauftrag kontiert sind, angelegt werden. Das Vorgehen im System wird anhand des in der Prozeßkette benutzten Testmaterials demonstriert.

Für den Kundenauftrag 100231 ist die Bedarfsplanung durchgeführt worden. Das Rohmaterial Test-Co-Roh-1 soll nun im nächsten Schritt mit Bezug auf diesen Kundenauftrag bestellt werden. Dazu wird die Bedarfs- und Bestandsliste für diesen Rohstoff aufgerufen und der Planauftrag, der mit Bezug auf den Kundenauftrag 100231 angelegt wurde, wird in eine Bestellanforderung umgewandelt.

<u>Vorgehen:</u> *Logistik → Produktion → Bedarfsplanung → Auswertung → Bedarfs/Bes.Liste → Rohstoff eingeben → Doppelklick auf Planauftrag → Button PlAuftr-Banf drücken → Sichern*

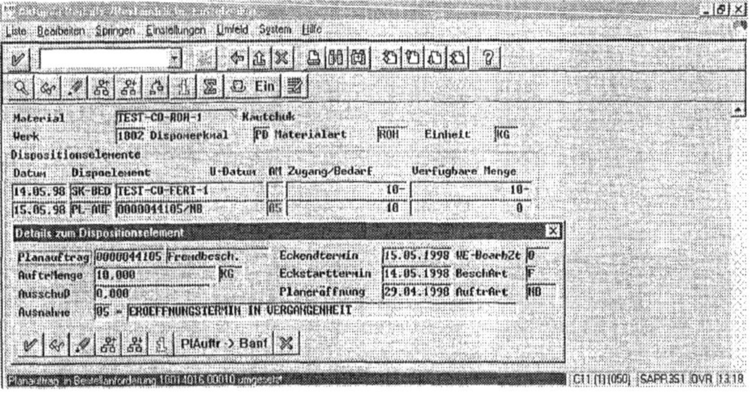

Screenshot 44: Umsetzung Planauftrag in Bestellanforderung

Der Planauftrag 44105 wurde in die Bestellanforderung 10014016 umgesetzt. Diese Bestellanforderung wird dann vom Einkauf in eine tatsächliche Bestellung umgesetzt.

Vorgehen: *Logistik → Produktion → Bedarfsplanung → Auswertung → Bedarfs Bes.Liste → Rohstoff eingeben → Doppelklick auf Bestellanforderung → Button Banf-Bestellung drücken → Sichern*

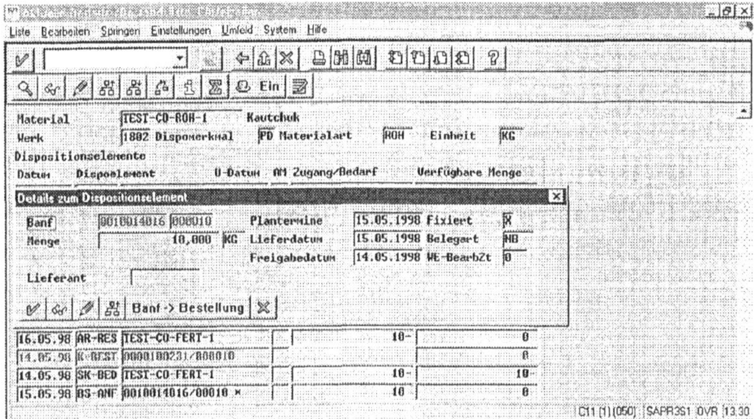

Screenshot 45: Umsetzung Planauftrag in Bestellanforderung

Der gesamte Ablauf wird durch folgende Darstellung visualisiert:

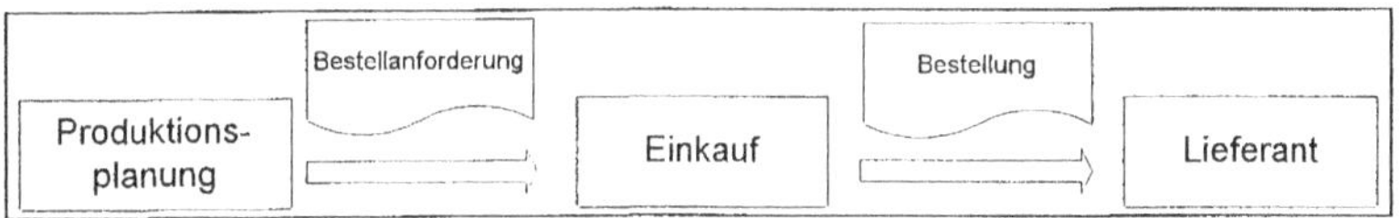

Abbildung 31: Belege bei der Beschaffung mit Bezug auf einen Kundenauftrag

Der Wareneingang wird dann mit der Bewegungsart 101 (Wareneingang zur Bestellung) mit dem Sonderbestandskennzeichen E gebucht. Das System übernimmt die Kundenauftragsnummer und die Position, auf die sich die Bestellung bezieht, aus dem Beleg der Bestellung.

Ist das Material angeliefert worden, muß der Wareneingang gebucht werden. Die Buchung des Wareneingangs mit Bezug auf eine Bestellung wird im System wie folgt durchgeführt:

Vorgehen: *Logistik → Materialwirtschaft → Bestandsführung → Warenbewegung → Wareneingang → zur Bestellung*

Die andere Möglichkeit besteht darin, die Beschaffung der Rohmaterialien und der sonstigen fremdzubeschaffenden Teile anonym und somit unabhängig von einem Kundenauftrag zu vollziehen. Der Wareneingang der Rohmaterialien wird im Falle einer anonymen Beschaffung wiederum mit der Bewegungsart 101, aber ohne das Sonderbestandskennzeichen E gebucht. Die Wareneingänge werden somit nicht auf einen Kundenauftrag kontiert. Der Ablauf der Bestellung der Rohmaterialien wird für diesen Fall nicht näher gezeigt, da die Prozeßkette der Kundenauftragsfertigung hinsichtlich der Materialeingänge erst dann beginnt, wenn die Materialien dem Kundenauftrag zugeordnet werden. Der Wareneingang der Rohstoffe erfolgt völlig unabhängig vom Kundenauftrag, wenn diese als anonymer Lagerbestand geführt werden.

4.4.2 Buchung der Istkosten bei Materialeingängen von Rohstoffen und fremdzubeschaffenden Halbfabrikaten

Die Entstehung von primären Kosten bei Materialeingängen von Rohstoffen und fremdzubeschaffenden Halbfabrikaten in das Lager ist abhängig davon, welche Alternative beim Wareneingang benutzt wurde, d.h. ob die Rohstoffe und Halbfabrikate in den frei verfügbaren oder in den Kundenauftragsbestand gebucht wurden.

4.4.2.1 Istkosten bei Materialeingängen in den Kundenauftragsbestand

Wird ein Material mit der Bewegungsart 101 und dem Sonderbestandskennzeichen E in das Lager gebucht, bezieht sich diese Materialbewegung auf den Kundenauftrag.

In der Finanzbuchhaltung wird vom Aufwandskonto Verbrauch Rohstoffe an das Sachkonto Verbindlichkeiten gebucht. Es wird an das Aufwandskonto und nicht an das Bestandskonto Rohstoffe gebucht, da sich zwar physisch der Bestand des Lagers erhöht. Die hinzugekommenen Materialeingänge sind jedoch für einen Kundenauftrag reserviert und werden deswegen nur mengenmäßig nicht aber wertmäßig auf dem Lager geführt. In der Kostenrechnung wird parallel zu der Buchung an das Aufwandskonto Verbrauch Rohstoffe über die korrespondierende Kostenart Verbrauch Rohstoffe an den Kostenträger Kundenauftrag gebucht.

Wenn die Rechnung für die Rohstoffe und Halbfabrikate bezahlt wird, findet eine weitere Buchung, durch die das Konto Verbindlichkeiten wieder entlastet wird, statt. Bei dieser Buchung handelt es sich jedoch um einen Aktiv-Passiv-Tausch der Bilanz, der keine Relevanz für die Kostenrechnung hat.

Die folgende Abbildung zeigt die beiden parallelen Buchungen in der Finanzbuchhaltung und in der Kostenrechnung.

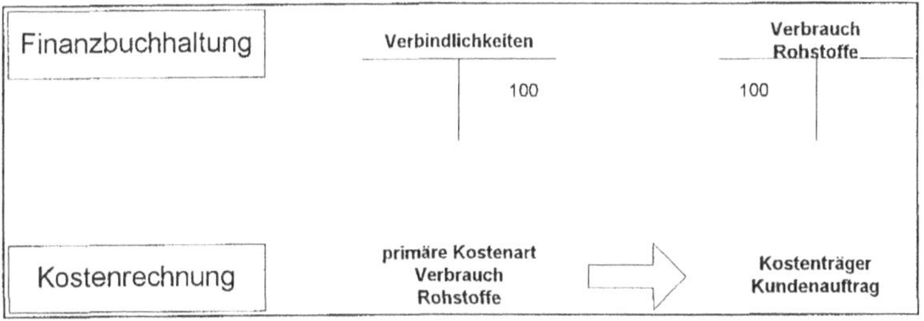

Abbildung 32: Buchungen beim Materialeingang in den Kundenauftragsbestand

Der Zeitpunkt der Buchung in der Finanzbuchhaltung und der Kostenrechnung ist grundsätzlich unabhängig von dem Zeitpunkt der Warenbewegung. Die Buchung erfolgt dann, wenn die Verbindlichkeit entsteht. Dies ist in der Regel beim Rechnungseingang der Fall. Eine Buchung vor dem Wareneingang ist auf jeden Fall nicht sinnvoll, da fremdbezogene Materialien in der Regel zunächst einer Qualitätsprüfung unterzogen werden müssen. Eine Belastung des Aufwandskontos Verbrauch Rohstoffe sollte erst nach positiver Qualitätsprüfung stattfinden.

Bei der Firma TGB wird die Buchung des Verbrauchs Rohstoffe in der Finanzbuchhaltung und der Kostenrechnung genau dann vorgenommen, wenn die Rechnung für diese Rohstoffe bezahlt wird. Der Zeitpunkt der Rechnungsbegleichung ist bei der Firma TGB unabhängig von dem Wareneingang.

4.4.2.2 Istkosten bei Materialeingängen für den anonymen Lagerbestand

Wird ein Material mit der Bewegungsart 101 ohne das Sonderbestandskennzeichen E in das Lager gebucht, bezieht sich diese Materialbewegung nicht auf den Kundenauftrag. Die Materialien sind nicht reserviert, sondern im anonymen Lagerbestand frei verfügbar.

In der Finanzbuchhaltung wird vom Bestandskonto Rohstoffe an das Sachkonto Verbindlichkeiten gebucht. Da die eingegangenen Materialien nicht für einen Kundenauftrag reserviert sind, erhöht sich der Lagerbestand nicht nur mengenmäßig, sondern auch wertmäßig. Dies ist in der Bilanz ein Aktiv-Passiv-Tausch. Es entstehen keine Kosten.

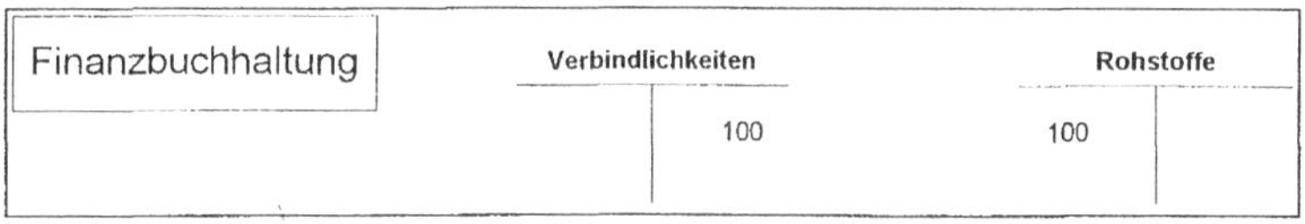

Finanzbuchhaltung	Verbindlichkeiten		Rohstoffe	
		100	100	

Abbildung 33: Buchungen beim Materialeingang in den anonymen Lagerbestand

In der Kostenrechnung findet keine Buchung statt, da der Vorgang der Beschaffung von Rohstoffen für das Lager noch keinen Ressourcenverzehr darstellt. Es kann auch keine Buchung auf den Kostenträger Kundenauftrag stattfinden, da zu diesem Zeitpunkt für die eingegangenen Materialien noch kein Bezug zum Kundenauftrag vorhanden ist.

4.5 Die Fertigung

Im nächsten Schritt nach der Bedarfsplanung fließen die Planungsergebnisse in die Fertigungssteuerung ein. Für die Primär- und Sekundärbedarfe, die eigengefertigt werden sollen, muß die Produktion durchgeführt werden.

In diesem Abschnitt wird auf die Abläufe beim Eröffnen, Freigeben und Rückmelden eines Fertigungsauftrages eingegangen. Es werden die Materialbewegungen der Rohstoffe und Halbfabrikate, die in die Fertigung einfließen, und die Bewegungen der Fertigprodukte, die nach Abschluß der Fertigung in das Lager gehen, dargestellt. Der Abschnitt zeigt außerdem, wie die Material- und Fertigungskosten bei den Warenbewegungen, dem Fertigungsprozeß und nach Abschluß des Fertigungsauftrages verrechnet werden.

4.5.1 Eröffnung des Fertigungsauftrages

Nachdem für einen Kundenauftrag oder ein Material ein Planungslauf durchgeführt wurde, müssen auf Basis der Planaufträge, die sich auf das Endprodukt oder eigengefertigte Halbfabrikate beziehen, Fertigungsaufträge erstellt werden.

4.5.1.1 Ablauf der Eröffnung

Der Fertigungsauftrag kann entweder über die Fertigungssteuerung oder aus der aktuellen Bedarfs- und Bestandsliste des Materials heraus erstellt werden.

<u>Vorgehen 1:</u> *Logistik → Produktion → Fertigungssteuerung → Auftrag → Anlegen → Mit Kundenauftrag → Sichern*

<u>Vorgehen 2:</u> *Bedarfs- und Bestandsliste → Cursor auf Planauftrag → Umfeld → Umsetzen → PlAuf in FertigAuftr. → Sichern*

Der folgende Screenshot zeigt die Bildschirmmaske bei Erstellung eines Fertigungsauftrages auf der Grundlage eines Planauftrages.

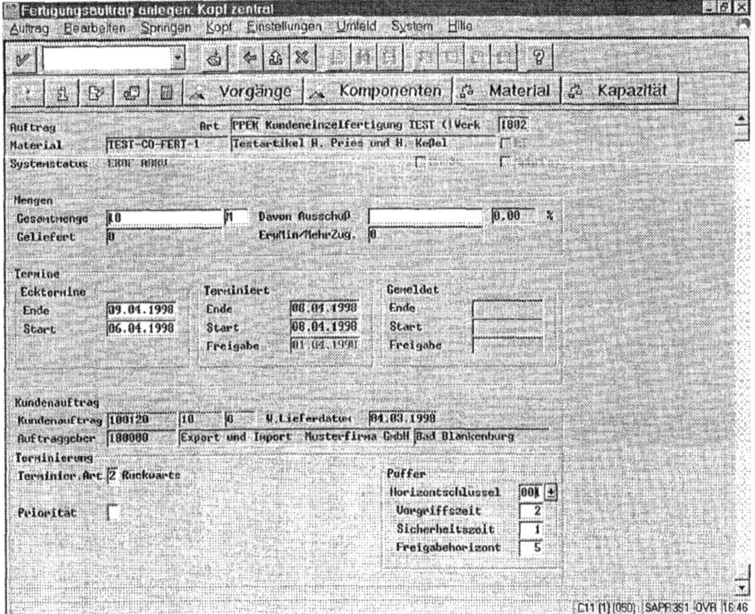

Screenshot 46: Eröffnung des Fertigungsauftges

In dem Screenshot wird der Bezug des Fertigungsauftrages zu der Position 10 des Kundenauftrages 100120 angezeigt.

Es kann im SAP R/3 System eingestellt werden, daß beim Anlegen des Fertigungsauftrages eine Materialverfügbarkeitsprüfung für die benötigten Rohstoffe und Halbfabrikate durchgeführt wird. Dabei ist zu beachten, daß der Starttermin des Fertigungsauftrages innerhalb des Planungshorizontes liegen muß. Der Planungshorizont ist der vom Benutzer im SAP R/3 System eingestellte Zeitraum, in dem dispositive Veränderungen berücksichtigt werden.[105] Ist der Starttermin des Fertigungsauftrages soweit in der Zukunft, daß er über den Planungshorizont hinausgeht, fällt die Materialverfügbarkeitsprüfung negativ aus. Mögliche Materialabgänge in der Zeit zwischen Horizontende und Starttermin des Fertigungsauftrages können bei der Prüfung nicht berücksichtigt werden, und somit ist auch keine definitive Aussage möglich, ob das Material zum Stichtag in der benötigten Menge vorhanden ist oder nicht. Dies gilt natürlich nur bei der Entnahme der Rohstoffe und Halbfabrikate aus dem anonymen Lagerbestand, da Materialien des Kundenauftragsbestandes nicht für eine anderweitige Verwendung aus dem Lager entnommen werden können.

Nach Erstellung und Sicherung des Auftrages wird der Fertigungsauftrag aus der Bildschirmansicht des eröffneten Fertigungsauftrages freigegeben. Dies ist der letzte Schritt, der die eigentliche Fertigung des im Kundenauftrag nachgefragten Materials anstößt. Die Freigabe eines Fertigungsauftrages bewirkt, daß der Auftrag in den Produktionsbereich eintritt und konkrete Aktivitäten zu seiner Durchführung angestoßen werden.[106]

Vorgehen: *Auftrag → Funktionen → Freigeben*

---

[105] Vgl. SAP Online Dokumentation 3.0d, Produktionsplanung- und Steuerung, Bedarfsplanung, S. 12.
[106] Vgl. Hansmann, Karl-Werner: Industrielles Management, München 1997, S. 293.

4.5.1.2 Materialausgänge von Rohstoffen und Halbfabrikaten

Nachdem der Fertigungsauftrag freigegeben wurde, kann der Warenausgang der Rohstoffe und Halbfabrikate gebucht werden, um diese in der Produktion weiterzuverarbeiten. Diese Warenbewegung erfolgt mit der Bewegungsart 261. Hierbei wird danach unterschieden, ob die Rohstoffe und fremdbeschafften Halbfabrikate als frei verfügbarer Lagerbestand oder Kundenauftragsbestand geführt werden.

Die Materialausgänge der Rohstoffe und Halbfabrikaten für die Produktion aus dem Kundenauftragsbestand erfolgt mit der Bewegungsart 261 und dem Sonderbestandskennzeichen E. Es werden somit die bereits für den Kundenauftrag bestimmten Materialien aus dem Lager entnommen.

Die Materialausgänge der Rohstoffe und Halbfabrikate für die Produktion aus dem anonymen Lager erfolgen mit der Bewegungsart 261 ohne das Sonderbestandskennzeichen E. Es wird somit eine bestimmte Menge aus dem frei verfügbaren Lagerbestand, der sich entsprechend vermindert, entnommen.

Vorgehen: *Logistik → Materialwirtschaft → Bestandsführung → Warenbewegung → Warenausgang → zum Auftrag*

4.5.1.3 Verrechnung der Materialkosten von Rohstoffe und Halbfabrikaten

Bei der Entnahme von Rohstoffen und Halbfabrikaten aus dem Lager für die Produktion findet ein Werteverzehr statt, da diese Materialien verarbeitet werden. Es stellt sich daher die Frage, wie die Kosten der verarbeiteten Materialien verrechnet werden. Hierbei wird wieder zwischen den zwei erwähnten Möglichkeiten unterschieden, die Materialien als Kundenauftragsbestand oder als frei verfügbaren Bestand im Lager zu führen. Die Art der Istkostenverrechnung ist bei beiden Möglichkeiten unterschiedlich.

Werden Rohstoffe und Halbfabrikate aus dem Kundenauftragsbestand des Lagers entnommen, dann sind diese Materialien bereits für den Kundenauftrag bestimmt gewesen. Es findet zwar eine Warenbewegung aber keine Buchung in der Finanzbuchhaltung oder der Kostenrechnung statt. In der Finanzbuchhaltung sind die Istkosten für die Materialien bereits als Aufwand verbucht worden. Dies ist bei dem Materialeingang in den Kundenauftragsbestand des Lagers mit der Bewegungsart 261 E und der anschließenden Bezahlung dieser Materialien geschehen, indem Verbrauch Rohstoffe an Verbindlichkeiten gebucht wurde.

Werden die Rohstoffe und Halbfabrikate aus dem anonymen Lagerbestand für die Produktion eines Kundenauftrages entnommen, finden durch diese Warenbewegungen Buchungen in der Finanzbuchhaltung und in der Kostenrechnung statt. In der Finanzbuchhaltung wird vom Aufwandskonto Verbrauch Rohstoffe an das Bestandskonto Rohstoffe gebucht. Diese Buchung findet statt, da sich der Bestand der frei verfügbaren Rohstoffe und Halbfabrikate im Lager vermindert. In der Kostenrechnung wird von der primären Kostenart Verbrauch Rohstoffe an den Kostenträger Fertigungsauftrag gebucht. Diese Buchung findet statt, weil erst zum jetzigen Zeitpunkt die Materialien des anonymen Lagerbestandes definitiv für den Fertigungsauftrag der Produktion verwendet werden.

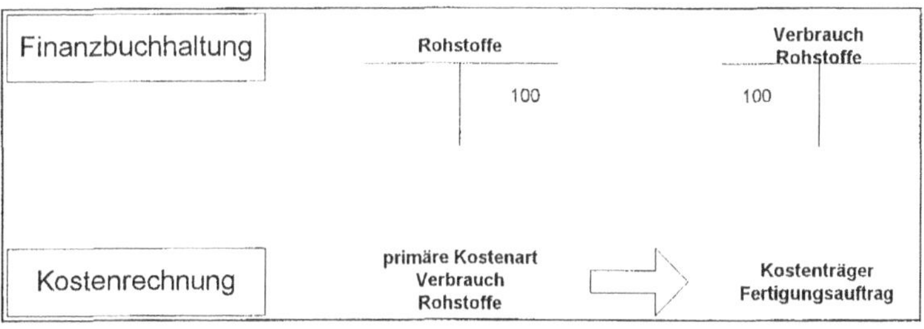

Abbildung 34: Buchungen beim Materialausgang des Sekundärbedarfs in die Produktion

Der Betrag der Buchung, d.h. der Wert des Warenausganges, wird durch Multiplikation der entnommenen Menge mit dem Preis, der im Stammsatz des Materials hinterlegt ist, ermittelt.

4.5.2 Rückmeldung des Fertigungsauftrages

Nach Abschluß der Produktion erfolgt die Rückmeldung des Fertigungsauftrages. Sie dient dazu, den Stand der Produktion zu dokumentieren und den tatsächlich angefallenen Ressourcenverzehr zu erfassen.

Da ein Fertigungsauftrag aus mehreren Vorgängen, die jeweils einzeln zurückgemeldet werden können, bestehen kann, sieht das System die Möglichkeit vor, die Rückmeldung entweder auf Auftrags- oder auf Vorgangsebene durchzuführen. Im ersten Fall wird der Fertigungsauftrag insgesamt zurückgemeldet. Im zweiten Fall werden einzelne Vorgänge des Fertigungsauftrages separat zurückgemeldet. In der folgenden Darstellung wird nur die Möglichkeit betrachtet, den gesamten Fertigungsauftrag zurückzumelden.

<u>*Vorgehen:*</u> *Logistik → Produktion → Fertigungssteuerung → Rückmeldung → Zum Vorgang → Lohnrückmeldeschein*

Bei der Rückmeldung werden folgende relevante Daten der einzelnen Vorgänge eingegeben:

- Ist-Fertigungszeiten (Maschinenzeiten/Rüstzeiten)
- Personalzeiten
- Rückgemeldete Mengen
- Ausschußmegen
- Termine
- Nacharbeit.

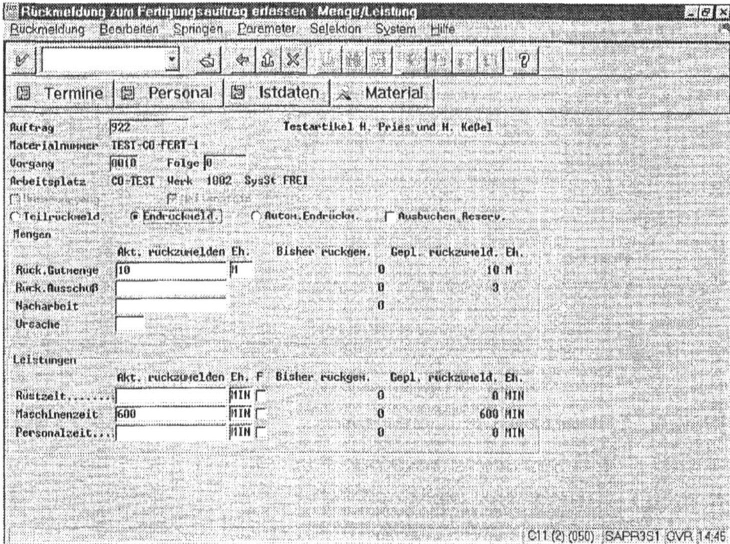

Screenshot 47: Rückmeldung Fertigungsauftrag

In dem obigen Screenshot ist der Fertigungsauftrag 922 zu sehen, der für 10 Stück des Materials Test-Co-Fert-1 insgesamt 600 Minuten an Maschinenzeit gebraucht hat.

Über den Button „Material " im Rückmeldungsbild des Fertigungsauftrages kann man sich die tatsächlichen Verbrauchsmengen an Rohstoffen und Halbfabrikaten anzeigen lassen.

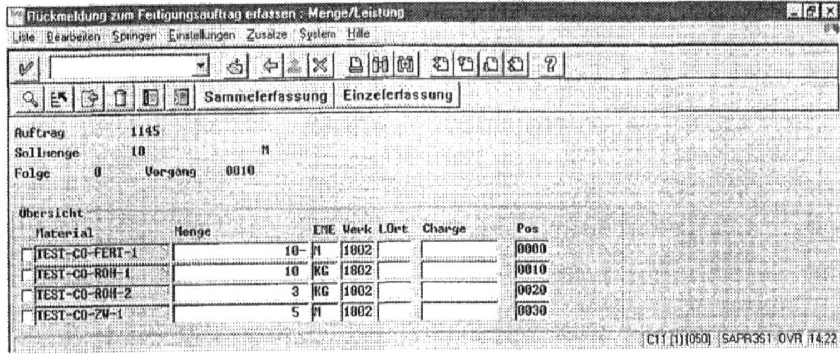

Screenshot 48: Materialverbrauch

4.5.2.1 Eingänge der Fertigmaterialien aus der Produktion in das Lager

Nach der eigentlichen Produktion, die durch die Rückmeldung des Fertigungsauftrages dokumentiert wird, müssen die gefertigten Güter in den Kundenauftragsbestand des Lagers geliefert werden. Hierbei wird ein Wareneingang in das Lager gebucht.

Der Vorgang wird mit der Bewegungsart 101 und dem Sonderbestandskennzeichen E als Wareneingang gebucht. Bei dem unten erläuterten Vorgehen wird das Sonderbestandskennzeichen E durch die Menüauswahl automatisch gesetzt. Der Wareneingang wird an dieser Stelle mit Bezug auf den Fertigungsauftrag gebucht, d.h. als Auftrag muß in der Eingabemaske der Fertigungsauftrag angegeben werden.

Vorgehen: *Logistik → Materialwirtschaft → Bestandsführung → Warenbewegung → Wareneingang → zum Auftrag*

In dem hier dargestellten Fall wurde der Wareneingang zum Fertigungsauftrag 922 gebucht. Dieser Fertigungsauftrag bezieht sich auf den Kundenauftrag 100120, in dem 10 Einheiten des Testmaterials Test-Co-Fert-1 verkauft wurden.

Es wurde die Bewegungsart 101 (Wareneingang zum Kundenauftragsbestand) gewählt. Bei der Erfassung des Wareneinganges ist auch der Lagerort einzugeben. Für das Testmaterial wird der Lagerort 1851 (Textil FG.Platz), der bei der Firma TGB für das Endprodukt Textilfördergurt vorgesehen ist, ausgewählt.

Nach Eingabe der beschriebenen Parameter muß in der folgenden Bildschirmmaske das Feld „Endlieferung“ aktiviert werden, damit die Materialbewegungen des Fertigungsauftrages komplett abgeschlossen sind, d.h. es wird keine Lieferung mehr für den Kundenauftrag aus der Produktion erwartet.

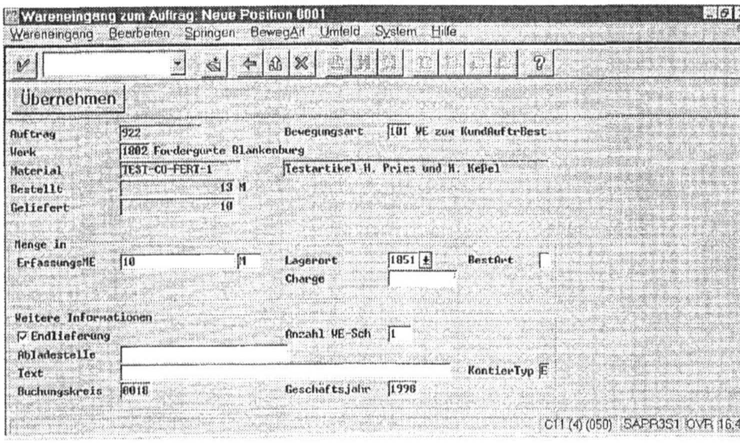

Screenshot 49: Wareneingang zum Kundenauftrag erfassen

Das SAP R/3 System übernimmt die Kundenauftragsnummer und die Position des Kundenauftrages aus dem Fertigungsauftrag. Das Fertigprodukt ist im Lager dann als Kundenauftragsbestand ausgewiesen und für den Kunden reserviert.

Im Falle einer mehrstufigen Produktion sind zusätzlich noch Warenein- und Warenausgänge von Halbfabrikaten zu buchen. Auf die Darstellung dieser Vorgänge wird im Zuge dieser Arbeit jedoch nicht weiter eingegangen.

In der Bestandsübersicht des gefertigten Materials Test-Co-Fert-1 findet sich die eingebuchte Menge dann als Kundenauftragsbestand wieder. Das gleiche Material ist zu Testzwecken auch als frei verfügbarer Lagerbestand eingebucht worden. Dieser Bestand würde Mengen dieses Materials, die nicht für einen bestimmten Kundenauftrag gefertigt wurden, umfassen.

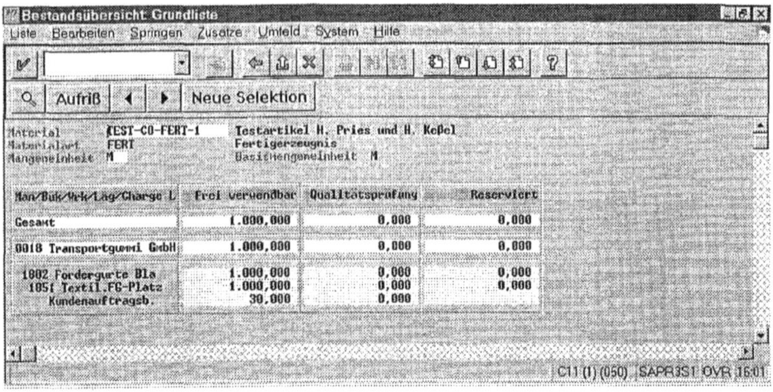

Bestandsübersicht Grundliste

Liste Bearbeiten Springen Zusätze Umfeld System Hilfe

Aufriß | Neue Selektion

Material TEST-CO-FERT-1 Testartikel H. Pries und H. Keßel
Materialart FERT Fertigerzeugnis
Mengeneinheit M Basismengeneinheit M

Man/Buk/Wrk/Lag/Charge L	Frei verwendbar	Qualitätsprüfung	Reserviert
Gesamt	1.000,000	0,000	0,000
0018 Transportgummi GmbH	1.000,000	0,000	0,000
1002 Fördergurte Bla	1.000,000	0,000	0,000
1051 Textil.FG-Platz	1.000,000	0,000	0,000
Kundenauftragsb.	30,000	0,000	

C11 (1) (050) SAPR3S1 OVR 16:01

Screenshot 50: Bestandsübersicht Testmaterial

Die Menge 30 Stück des Kundenauftragsbestandes für das Material Test-Co-Fert-1 entstammt nicht bloß der zuvor eingebuchten Menge von 10 Stück, die sich auf den Kundenauftrag der Nummer 100120 bezieht, sondern in diesen 30 Stück sind auch die Bestände anderer Kundenaufträge enthalten.

Wichtig bei dieser Warenbewegung ist, daß sie keinen Einfluß auf die Istkosten hat. Bei der Materialbewegung wird weder ein Buchhaltungs- noch ein Kostenrechnungsbeleg erzeugt, weil es sich bei der Warenbewegung um Mengen, die bereits für den Kundenauftragsbestand reserviert sind, handelt. Die entstandenen Kosten für dieses Material sind somit schon früher in der Prozeßkette in der Finanzbuchhaltung und der Kostenrechnung angefallen.

4.5.2.2 Erfassung und Verrechnung der Fertigungskosten

Die Rückmeldung des Fertigungsauftrages ist zunächst ein Vorgang in der Fertigungssteuerung, der dazu dient, die Beendigung eines Produktionsvorganges zu dokumentieren. Die Rückmeldung ist jedoch auch die Voraussetzung dafür, daß im nächsten Schritt die dem Fertigungsauftrag zuzurechnenden Istkosten erfaßt werden können.

An dieser Stelle soll zunächst erläutert werden wie die durch den Fertigungsauftrag entstandenen Fertigungseinzel- und Fertigungsgemeinkosten richtig erfaßt und berechnet werden. Danach wird auf die Verrechnung dieser Kosten in der Kostenrechnung eingegangen.

4.5.2.2.1 Erfassung der Fertigungskosten

Fertigungskosten sind Kosten, die durch die Nutzung von Maschinen entstehen. Sie repräsentieren die tatsächlich in Anspruch genommenen Leistungen, die mit Preisen bewertet und auf den Kostenträger Fertigungsauftrag verrechnet werden. Die Fertigungskosten setzen sich zum einen aus Lohn- und aus Maschinenkosten zusammen und bestehen darüber hinaus sowohl aus Einzel- als auch aus Gemeinkosten.

Die Fertigungslohnkosten haben eindeutig Einzelkostencharakter. Sie werden mit Hilfe von Lohnsätzen über die Personalzeit ermittelt. Die Lohnsätze können durch die genaue Erfassung des Arbeitsplatzes präzise ermittelt werden. Über den Button „Personaldaten“ im Rückmeldungsbild des Fertigungsauftrages erfolgt die Eingabe des Arbeitsplatzes, der von einem Fertigungsauftrag in Anspruch genommen wurde und durch den der Lohnsatz festgelegt wird. Bestimmungsgröße für die Erfassung der in Anspruch genommenen Fertigungslohnkosten ist die Personalzeit.

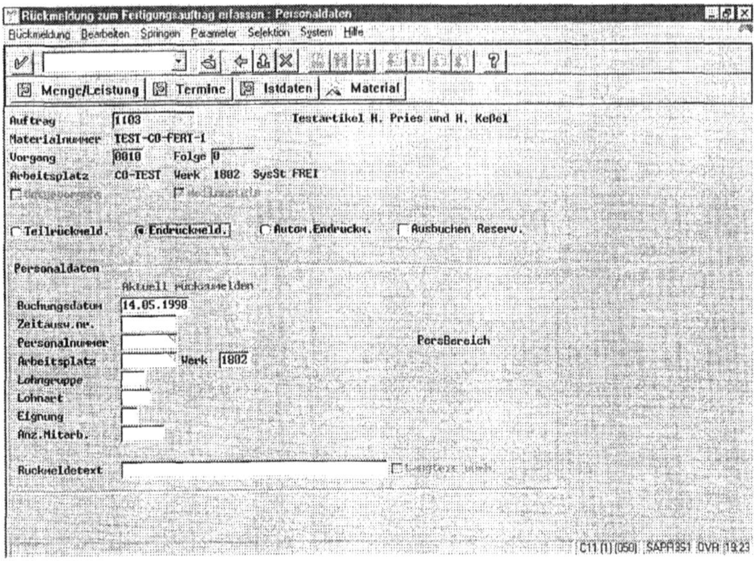

Rückmeldung zum Fertigungsauftrag erfassen : Personaldaten

Rückmeldung Bearbeiten Springen Parameter Selektion System Hilfe

Menge/Leistung | Termine | Istdaten | Material

Auftrag 1103 Testartikel H. Pries und H. Keßel

Materialnummer TEST-CO-FERT-1

Vorgang 0010 Folge 0

Arbeitsplatz CO-TEST Werk 1002 SysSt FREI

Teilrückmeld. Endrückmeld. Autom.Endrückm. Ausbuchen Reserv.

Personaldaten

Aktuell rückzumelden

Buchungsdatum 14.05.1998

Zeitausw.nr.

Personalnummer PersBereich

Arbeitsplatz Werk 1002

Lohngruppe

Lohnart

Eignung

Anz.Mitarb.

Rückmeldetext

C11 (1) (050) SAPR3S1 OVR 19:23

Screenshot 51: Rückmeldung Personaldaten

Da im SAP R/3 System die Personaldaten mit den zugehörigen Lohngruppen nicht gepflegt waren, wird im weiteren Verlauf der Prozeßkette nicht weiter auf diese Kostenart eingegangen.

Neben den Fertigungslohnkosten fallen bei der Produktion Maschinenkosten an. Als Bestimmungsgröße für die Erfassung dieser Kosten wird die Maschinenzeit gewählt. Die Zeitdauer, in welcher der Fertigungsauftrag die Fertigungskostenstelle in Anspruch genommen hat, entspricht dem Ressourcenverzehr, welcher dem Fertigungsauftrag zuzurechnen ist. Die Fertigungskosten werden dann durch die Multiplikation der Fertigungszeit mit den Maschinenstundensätzen ermittelt.

Bei den über die Maschinenstundensätze verrechneten Kosten handelt es sich grundsätzlich um Gemeinkosten. Einige dieser Kosten haben jedoch Einzelkostencharakter. Einzelkosten wären z.B. Energiekosten, bei denen sich der Energieverbrauch proportional zur beanspruchten Maschinenzeit verhält. Gemeinkosten sind Kosten, die einem Kostenträger nicht verursachungsgerecht zurechenbar sind und bei denen keine Proportionalität zwischen der Maschinenzeit und der Höhe der Kosten besteht. Um sie einem Objekt zuzuweisen, muß eine Verrechnungsgröße gefunden werden. Zwischen dieser Verrechnungsgröße und den Gemeinkosten wird so eine scheinbare Proportionalität unterstellt.

Als weitere Bestimmungsgröße für die Berechnung der Fertigungsgemeinkosten können neben der Maschinenzeit die Einzelkosten benutzt werden. Die einem Kostenträger zurechenbaren Fertigungsgemeinkosten können durch einen Zuschlag auf die Fertigungseinzelkosten ermittelt werden. Die einem Kostenträger zurechenbaren Materialgemeinkosten können durch Zuschlag eines bestimmten Prozentsatzes auf die Materialeinzelkosten berechnet werden.

Im weiteren Verlauf wird die Berechnung der Fertigungsgemeinkosten auf Basis der Fertigungseinzelkosten vernachlässigt, da diese Fertigungsgemeinkosten bei der hier dargestellten Prozeßkette bereits in den Maschinenstundensätzen enthalten sind.

Die Höhe der Maschinenstundensätze wird in der Planung der Fertigungskostenstelle festgelegt.

Vorgehen: *Controlling → Kostenstellenrechnung → Planung → Leistungen Tarife*

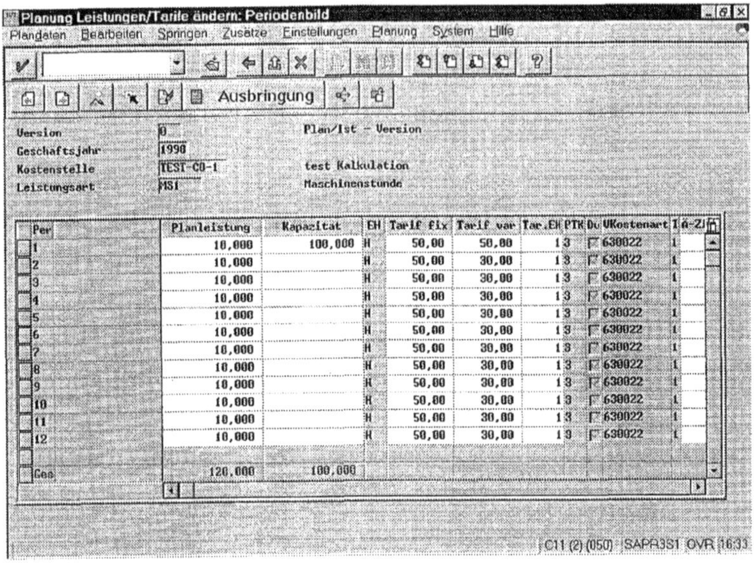

Planung Leistungen/Tarife ändern: Periodenbild

Plandaten Bearbeiten Springen Zusätze Einstellungen Planung System Hilfe

Ausbringung

Version 0 Plan/Ist - Version
Geschaftsjahr 1998
Kostenstelle TEST-CO-1 test Kalkulation
Leistungsart MS1 Maschinenstunde

Per	Planleistung	Kapazitat	EH	Tarif fix	Tarif var	Tar.EH	PTK	Du	VKostenart	I	Ä-ZI
1	10,000	100,000	H	50,00	50,00	1	3		630022	1	
2	10,000		H	50,00	30,00	1	3		630022	1	
3	10,000		H	50,00	30,00	1	3		630022	1	
4	10,000		H	50,00	30,00	1	3		630022	1	
5	10,000		H	50,00	30,00	1	3		630022	1	
6	10,000		H	50,00	30,00	1	3		630022	1	
7	10,000		H	50,00	30,00	1	3		630022	1	
8	10,000		H	50,00	30,00	1	3		630022	1	
9	10,000		H	50,00	30,00	1	3		630022	1	
10	10,000		H	50,00	30,00	1	3		630022	1	
11	10,000		H	50,00	30,00	1	3		630022	1	
12	10,000		H	50,00	30,00	1	3		630022	1	
Ges	120,000	100,000									

C11 (2) (050) SAPR3S1 OVR 16:33

Screenshot 52: Planung der Maschinenstundensätze

Der Screenshot zeigt die Planung der für die Prozeßkette angelegten Fertigungskostenstelle Test-Co-1 mit der Leistungsart MS1. In den Maschinenstundensätzen sind fixe Kosten, wie z.B. anteilige Raumkosten, und variable Kosten, wie z.B. Energiekosten, enthalten. Deswegen wird der Tarif für Maschinenstundensätzen in einen fixen und einen variablen Tarif pro Periode unterteilt.

Das SAP R/3 System sieht zwei Möglichkeiten vor. Der Tarif kann entweder manuell eingegeben werden, oder er wird retrograd auf Basis der geplanten Leistung und der geplanten Kosten für die jeweilige Periode vom SAP R/3 System automatisch ermittelt.

In der Abbildung ist zu sehen, daß für den ersten Monat ein fixer Tarif und ein variabler Tarif von jeweils 50 DM und für alle weiteren Monate ein variabler Tarif von 30 DM pro Fertigungsstunde geplant wurde. In der Spalte PTK wird das Tarifkennzeichen, über das die Steuerung der Tariffindung eingestellt wird, gesetzt. Hier wurde die Option 3 (manuelle Eingabe der Tarife) gesetzt. Wenn die Tarife automatisch auf Basis der Planleistung und der Plankosten der Kostenstelle ermittelt werden sollen, ist das Tarifkennzeichen 1 zu setzen.

In dem Screenshot 52: Planung der Maschinenstundensätze) ist als Maschinenzeit ein Wert von 600 min zu sehen. Dies ist der Wert, der sich aus der Planzeit im Arbeitsplan und der Stückzahl aus dem Kundenauftrag ergibt. Die Erfassung der Ist-Maschinenzeit erfolgt, indem die geplante Zeit von 600 min überschrieben wird.

Die Erfassung der Fertigungskosten erfolgt somit über die Rückmeldung der tatsächlich durch einen Fertigungsauftrag in Anspruch genommenen Maschinenzeiten in Verbindung mit den vorher festgelegten Maschinenstundensätzen.

4.5.2.2.2 Verrechnung der Fertigungskosten

Nach der Ermittlung der Ist-Maschinenzeit und Rückmeldung des Fertigungsauftrages werden die entstandenen Maschinenkosten an den Fertigungsauftrag abgerechnet. Dies erfolgt über die innerbetriebliche Leistungsverrechnung. Bei der innerbetrieblichen Leistungsverrechnung werden die Kosten, die auf einer Kostenstelle entstanden sind, an den Kostenträger weiterverrechnet, der die Leistungen dieser Kostenstelle in Anspruch genommen hat. Die entsprechende Kostenstelle wird bei diesem Vorgang entlastet und der Kostenträger belastet. Die Belastung der Kosten auf dem Kostenträger erfolgt unter einer Verrechnungskostenart. Als Verrechnungskostenart wurde die Kostenart 630022 Maschinenkosten Endbetrieb gewählt. Die Höhe der zu verrechnenden Kosten berechnet sich aus der abgegebenen Leistungszeit und den Maschinenstundensätzen der Kostenstelle.

Bei der betrachteten Prozeßkette ist die sendende Kostenstelle der innerbetrieblichen Leistungsverrechnung die Fertigungskostenstelle. Das empfangende Objekt ist der Fertigungsauftrag. Die benötigte Fertigungsleistung, die durch die Maschinenstunden und die Maschinenstundensätze berechnet wurde, wird von der Fertigungskostenstelle an den Fertigungsauftrag abgerechnet. Dies ist eine reine Buchung von sekundären Kosten in der Kostenrechnung.

Eine entsprechende Buchung in der Finanzbuchhaltung findet nicht statt, da dieser Vorgang keine Auswirkung auf die Bilanz hat, und dementsprechend keine Sachkonten in der Finanzbuchhaltung vorhanden sind.

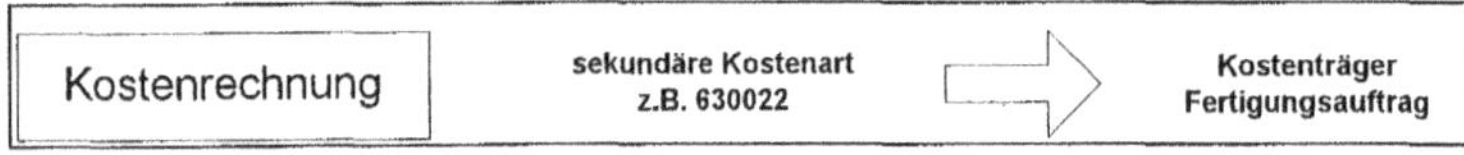

Abbildung 35: Verrechnung sekundärer Kosten

Bezüglich der Verrechnung der Fertigungskosten ist zu unterscheiden, ob an den Kostenträger Fertigungsauftrag volle Kosten, d.h. der fixe und der variable Teil des Maschinenstundensatzes, verrechnet werden, oder ob nur die variablen Kosten dem Fertigungsauftrag belastet werden sollen.

Bei der Verrechnung des fixen und des variablen Teils der Fertigungskosten handelt es sich somit um eine Vollkostenrechnung. Wird der fixe Anteil des Maschinenstundensatzes nicht auf den Kostenträger verrechnet, sondern nur der variable Anteil, handelt es sich um eine Verrechnung der Grenzkosten.

In der Phoenix AG werden grundsätzlich Bestände nur zu variablen Kosten bewertet. Die fixen Kosten sollen nicht an Kostenträger abgerechnet werden, sondern direkt als fixer Kostenblock in das Ergebnis. Deswegen wird in der Prozeßkette nur der variable Anteil des Maschinenstundensatzes an den Fertigungsauftrag verrechnet.

4.5.2.3 Erfassung und Verrechnung der Materialkosten

Eine Problematik, die bei der Erfassung und Verrechnung der Materialkosten auftritt, ist der Zeitpunkt der Berechnung.

Eine Möglichkeit ist, die Materialgemeinkosten für einen Fertigungsauftrag nach Beendigung des Fertigungsauftrages zu berechnen. Materialgemeinkosten für die fremdbeschafften Teile können jedoch nur auf dem Kostenträger Fertigungsauftrag berechnet werden, wenn auch die Materialeinzelkosten auf dem Fertigungsauftrag gesammelt werden. Dies ist nur dann der Fall, wenn die Rohstoffe und die Halbfabrikate aus dem frei verfügbaren Lagerbestand entnommen werden. Werden die Materialien direkt als Kundenauftragsbestand gebucht, dann werden die Materialeinzelkosten direkt auf den Kundenauftrag verrechnet. Die Berechnung der Materialgemeinkosten kann dann auch erst im Kundenauftrag erfolgen.

Die zweite Möglichkeiten der Berechnung der Gemeinkosten besteht darin, nach Abschluß des Fertigungsauftrages die aufgelaufenen Kosten an den Kundenauftrag abzurechnen und anschließend erst die Gemeinkosten zu berechnen. (siehe Abschnitt 4.8.1 auf Seite 218) Die Konsequenz ist, daß die Materialgemeinkosten erst zu einem sehr späten Zeitpunkt berechnet werden, d.h. genau dann, wenn alle Fertigungsaufträge an den Kundenauftrag abgerechnet sind. Die Buchung der Materialgemeinkosten liegt dann zeitlich weiter von der Entstehung der Kosten entfernt. Bei Kundenaufträgen mit sehr langen Durchlaufzeiten hat dies den Nachteil, daß zu einem Zeitpunkt, zu dem der Kundenauftrag noch nicht abgeschlossen ist, man sich kein genaues Bild machen kann, welche Kosten bis zu diesem Zeitpunkt bereits durch den Kundenauftrag entstanden sind.

Die Berechnung von Zuschlägen im SAP R/3 System läuft folgendermaßen ab.

<u>*Vorgehen:*</u> *Controlling → Produktkostenrechnung → Einzelfertigung → Periodenabschluß → Zuschläge → Aufträge*

Zur Berechnung ist neben der Nummer des Fertigungsauftrages die Periode, das Geschäftsjahr und der Kostenrechnungskreis anzugeben. Nach der Durchführung der Zuschlagsberechnung kann sich der Benutzer vom System eine Statistik anzeigen lassen.

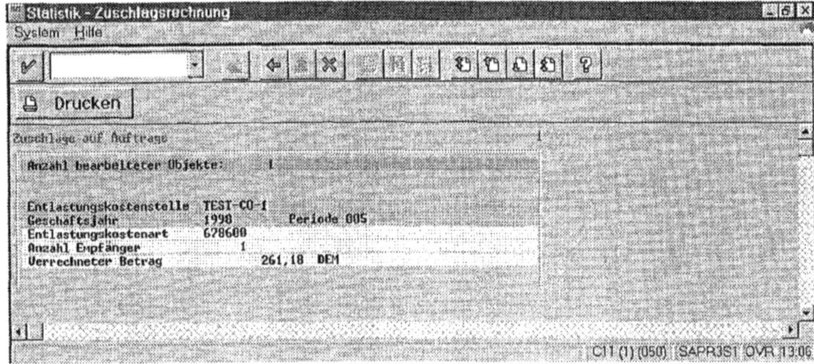

Screenshot 53: Zuschlagsberechnung auf den Fertigungsauftrag

Die Ansicht zeigt, daß die Fertigungskostenstelle Test-Co-1 über die Verrechnungskostenart 678600 (Zuschlag Sonstige) entlastet wurde.

Die Systematik der Berechnung von Gemeinkosten mit Hilfe eines Zuschlagskalkulationsschemata auf einen Kostenträger im SAP R/3 System wurde bereits in Abschnitt 3.3 auf Seite 81 (Die Kalkulation) bei der Beschreibung der Kalkulation gezeigt.

Es stellt sich die Frage, nach welcher Methode das Zuschlagskalkulationsschema selektiert wird. Es wird hier, wie bei der Kalkulation eines einzelnen Materials eine Kalkulationsvariante zugeordnet. Mit der Kalkulationsvariante ist eine Bewertungsvariante verbunden, die dann schließlich auf ein Zuschlagskalkulationsschema verweist. Die Zuordnung einer Kalkulationsvariante zu einem Fertigungsauftrag erfolgt in Abhängigkeit der Auftragsart und des Werkes. Die Einstellung der Zuordnung erfolgt im Customizing unter dem Punkt „Auftragsartabhängige Parameter definieren“.

<u>Vorgehen:</u> *Customizing → Produktion → Fertigungsaufträge → Stammdaten → Auftrag → Auftragsartabhängige Parameter definieren → Doppelklick auf Fertigungsauftragsart PPEK*

Nach obigem Vorgehen ist zu sehen, daß für das Werk 1802 (TGB Fördergurte Blankenburg) die im Rahmen der Prozeßkette benutzte Fertigungsauftragsart PPEK (Kundeneinzelfertigung Test Intern) eingestellt ist. Im folgenden Screenshot ist zu sehen, daß für die Fertigungsauftragsart PPEK die Kalkulationsvariante TGP2 (Fertigungsauftrag Ist TGB) eingestellt ist.

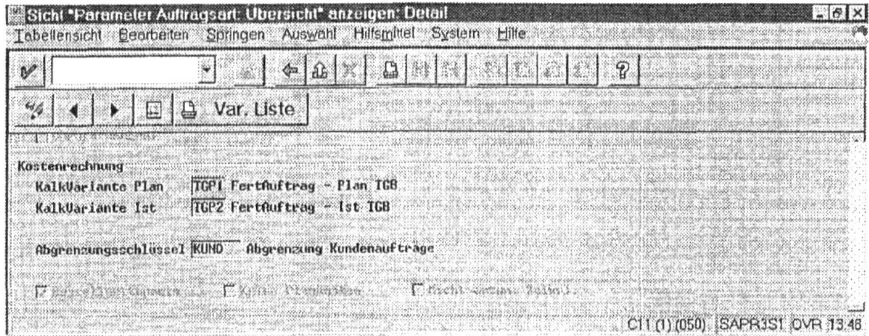

Screenshot 54: Zuordnung Kalkulationsvariante zum Fertigungsauftrag

Die Kalkulationsvariante TGP1 ist mit der Bewertungsvariante TGI verbunden, die schließlich auf das Kalkulationsschema PK1 verweist. Das Schema PK1 wurde speziell für die Prozeßkette angelegt.

4.5.3 Verrechnung der Istkosten des Fertigungsauftrages an den Kundenauftrag

Nach der Rückmeldung des Fertigungsauftrages sind die auf dem Fertigungsauftrag angefallenen Istkosten an den Kundenauftrag abzurechnen.

4.5.3.1 Verrechnete Kosten

Bei der Verrechnung der Istkosten des Fertigungsauftrages sollen sämtliche Kosten auf dem Kundenauftrag gesammelt werden, um sie von dort im letzten Schritt in das Ergebnis abzurechnen. Die Zusammensetzung der Istkosten, die auf dem Fertigungsauftrag bis zum jetzigen Zeitpunkt angefallen sind, ist davon abhängig, ob die Materialkosten über den Fertigungsauftrag oder direkt auf den Kundenauftrag abgerechnet werden. Davon ist auch abhängig, ob die Materialgemeinkosten überhaupt im Fertigungsauftrag oder erst im Kundenauftrag berechnet werden können. Erfolgt die Entnahme der Rohmaterialien aus dem frei verfügbaren Lagerbestand, dann werden die Materialkosten zunächst auf dem Fertigungsauftrag gesammelt. Sind die Rohmaterialien im frei verfügbaren Lagerbestand gebucht, dann werden die Materialkosten direkt auf den Kundenauftrag gebucht.

In der folgenden Darstellung werden die beiden Möglichkeiten, Materialkosten über den Fertigungsauftrag oder direkt an den Kundenauftrag abzurechnen, dargestellt.

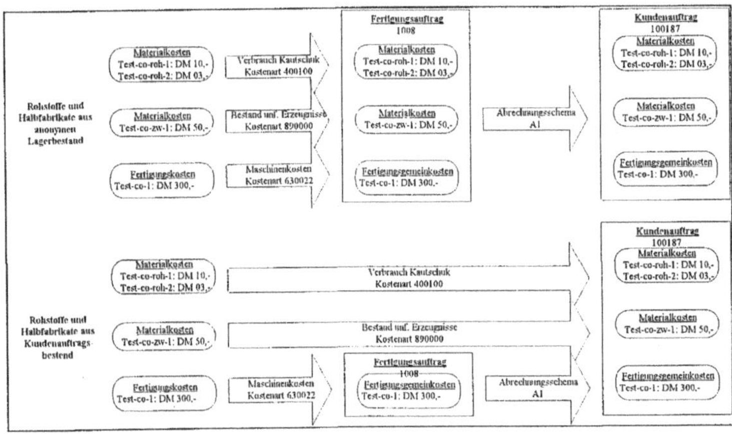

Abbildung 36: Abrechnung des Fertigungsauftrages an den Kundenauftrag

Für die Prozeßkette wurde die Möglichkeit gewählt, die Materialkosten über den Fertigungsauftrag als Kostensammler an den Kundenauftrag abzurechnen. Die Rohstoffe und zugekauften Halbfabrikate werden aus dem anonymen Lagerbestand entnommen. Die Materialgemeinkosten werden erst im Kundenauftrag berechnet (siehe Abschnitt 4.8.1 auf Seite 218).

4.5.3.2 Steuerung der Verrechnung

Die Abrechnung der Kosten vom Fertigungsauftrag an den Kundenauftrag erfolgt über die Abrechnungsvorschrift. Die Abrechnungsvorschrift dient dazu, die für die Kostenträger angefallenen Istkosten an ein oder mehrere Empfängerobjekte (z.B. Ergebnisobjekt, Kostenstelle) weiterzuleiten. Hierbei werden automatisch Gegenbuchungen zur Entlastung der Kostenträger erzeugt.[107]

Die Abrechnungsvorschrift legt generell fest, an welche Empfängerobjekte (z.B. Kostenträger, Kostenstellen oder Ergebnisobjekt) die Kosten abgerechnet, welche Kosten abgerechnet und wie die Kosten verteilt werden sollen.

Damit ein Fertigungsauftrag abgerechnet werden kann, müssen die gültigen Steuerungsparameter für den Fertigungsauftrag gepflegt werden. Die Abrechnungsvorschrift enthält folgende Steuerungsparameter für die Abrechnung:

- Abrechnungsprofil
- Abrechnungsschema
- Ergebnisschema
- Ursprungsschema.

Vorgehen: *Customizing → Controlling → Produktkosten-Controlling → Kostenträgerrechnung → Kostenträgerrechnung bei Kundenauftragsfertigung → Periodenabschluß → Abrechnung*

[107] Vgl. SAP Online Hilfe: Abrechnungsschema.

Im weiteren Verlauf wird auf das für die Abrechnung des Fertigungsauftrages relevante Abrechnungsprofil und Abrechnungsschema näher eingegangen. Das Ergebnis- und das Ursprungsschema spielen für die Abrechnung des Kundenauftrages keine Rolle. Die beiden Schemata werden später im Zuge der internen Abrechnung des Kundenauftrages an das Ergebnis erläutert.

4.5.3.2.1 Abrechnungsprofil

Das Abrechnungsprofil wird über die Auftragsart vorgeschlagen. In dem Abrechnungsprofil wird festgelegt, an welche Empfängerobjekte die Kostenträger abgerechnet werden, wieviel Aufteilungsregeln maximal vorhanden sind und wie der Abrechnungsanteil berechnet wird (z.B. prozentual oder mit Aquivalenzziffern)

Zusätzlich können im Abrechnungsprofil folgende Vorschlagswerte hinterlegt werden:

- Abrechnungsschema
- Ergebnisschema
- Ursprungsschema
- Kontierungsvorschlag.

In der Auftragsart des Fertigungsauftrages PPEK wurde das Abrechnungsprofil FA_ABP (Fertigungsauftrags Abr.Profil) eingestellt. In diesem Abrechnungsprofil wird definiert, daß alle Istkosten des Kundenauftrages abgerechnet werden müssen und an den Kundenauftrag abgerechnet werden können. Außerdem wird das Abrechnungsschema A1 und das Ergebnisschema E1 vorgeschlagen. Das Ergebnisschema spielt jedoch zu diesem Zeitpunkt in der Prozeßkette für den Fertigungsauftrag keine Rolle, da die Fertigungsaufträge nicht in das Ergebnis, sondern ausschließlich an einen Kundenauftrag abgerechnet werden. Die folgende Abbildung verdeutlicht den Zusammenhang.

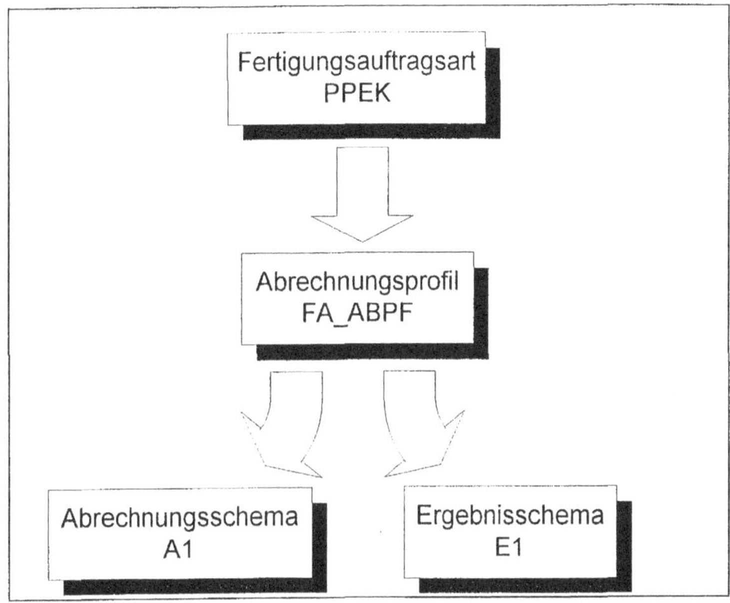

Abbildung 37: Zuordnung des Abrechnungs- und Ergebnisschemas

Vorgehen: *Customizing → Controlling → Produktkosten-Controlling → Kostenträgerrechnung → Kostenträgerrechnung bei Kundenauftragsfertigung → Periodenabschluß → Abrechnung → Abrechnungsprofil anlegen → Doppelklick auf Abrechnungsprofil*

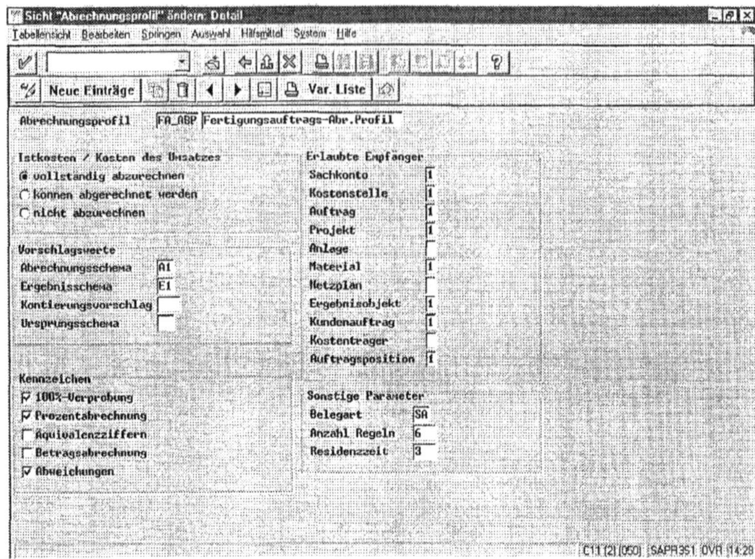

Screenshot 55: Abrechnungsprofil FA_ABPF

4.5.3.2.2 Abrechnungsschema

Das Abrechnungsschema legt fest, welche Kosten an den Abrechnungsempfänger abgerechnet werden. Die auf dem Fertigungsauftrag angefallenen unterschiedlichen Kostenarten können im Abrechnungsschema mit Hilfe von Abrechnungszuordnungen gruppiert werden. Die Abrechnungszuordnung zur Kostenart stellt eine 1:M-Beziehung dar. Jeder Abrechnungszuordnung mit den enthaltenen Kostenarten kann dann eine Abrechnungskostenart zugeordnet werden, an die dann die Kostenarten abgerechnet werden. Die abgerechneten Kosten werden somit auf dem Empfänger unter der jeweiligen Abrechnungskostenart fortgeschrieben. Die Abrechnungszuordnung zur Abrechnungskostenart stellt eine 1:1-Beziehung dar.

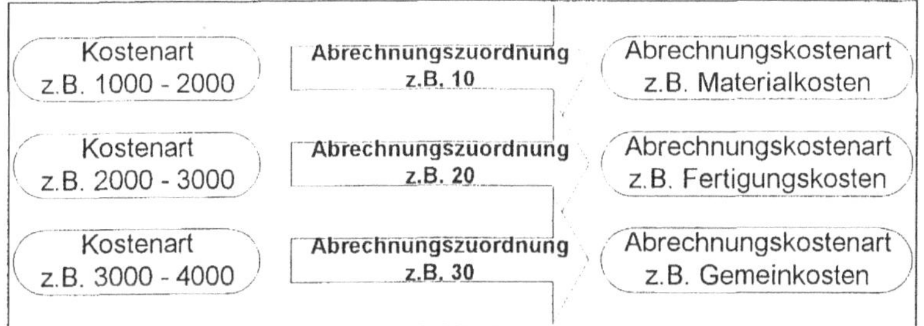

Abbildung 38: Beispiel einer Abrechnungszuordnung

Das Abrechnungsschema muß folgende Kriterien erfüllen:

- Vollständigkeit:

  Alle Kostenarten, unter denen Belastungen angefallen sind, müssen in einem Abrechnungsschema vorhanden sein.

- Eindeutigkeit:

  Eine Kostenart, darf nur einmal in einem Abrechnungsschema vorhanden sein, d.h. eine Kostenart darf nicht mehreren Abrechnungskostenarten zugeordnet werden.

In der Prozeßkette wird das Abrechnungsschema A1 mit der Abrechnungszuordnung 20 verwendet. Bei der Abrechnung des Fertigungsauftrag an den Kundenauftrag sind Kosten für Rohstoffe, Eigenleistungen und Gemeinkosten angefallen. Alle diese Kosten laufen in die Abrechnungszuordnung 20.

<u>Vorgehen:</u> *Customizing → Controlling → Produktkosten-Controlling → Kostenträgerrechnung → Kostenträgerrechnung bei Kundenauftragsfertigung → Periodenabschluß → Abrechnung → Abrechnungsschema anlegen → Button Abrechnungskostenart → Button Ursprung*

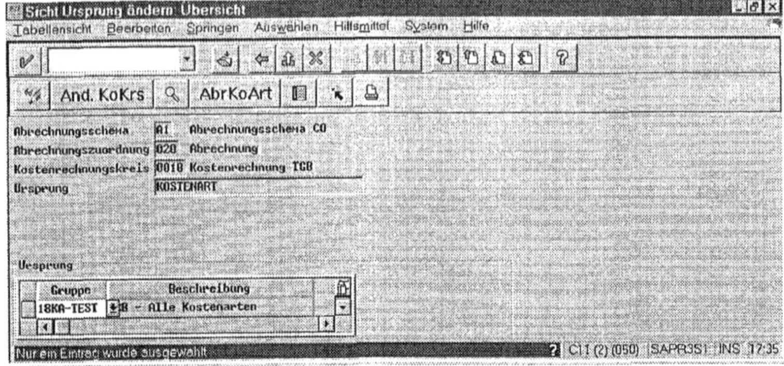

Screenshot 56: Abrechnungszuordnung 020

Bei der Abrechnung vom Fertigungsauftrag an den Kundenauftrag (VBP = Verkaufsbelegposition) wurde für die Abrechnungszuordnung 20 das Kennzeichen „Kostenartengerechte Abrechnung" aktiviert. Dadurch werden die angefallenen Kostenarten auf dem Fertigungsauftrag unter den gleichen Abrechnungskosten im Kundenauftrag verrechnet.[108] Wäre diese Kennzeichen nicht aktiviert, würden alle Kostenarten des Fertigungsauftrages unter einer Abrechnungskostenart verrechnet werden.

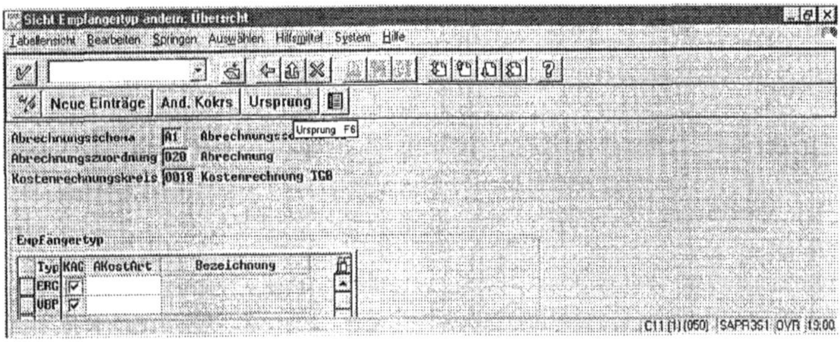

Screenshot 57: Kostenartengerechte Abrechnung in Abrechnungszuordnung 20

[108] Vgl. SAP Online Hilfe: Bestimmung des Abrechnungsschemata.

4.5.3.3 Ablauf der Verrechnung

Der Fertigungsauftrag wird nach Abschluß, d.h. nachdem er dem SAP R/3 System zurückgemeldet wurde, an den Kundenauftrag abgerechnet. Sämtliche Kosten, die auf dem Fertigungsauftrag gesammelt wurden, werden dann auf den Kostenträger Kundenauftrag abgerechnet. Dieses Vorgehen entspricht der Forderung nach einer verursachungsgerechten Kostenzuordnung, da der Fertigungsauftrag mit Bezug zu dem Kundenauftrag angelegt wird und somit sämtliche diesem Fertigungsauftrag zuzurechnenden Kosten vom Kundenauftrag verursacht wurden.

Auf dem Kundenauftrag sind genau dann alle Fertigungskosten erfaßt, wenn sämtliche Fertigungsaufträge, die mit Bezug zu dem Kundenauftrag angelegt wurden, abgerechnet sind. Die Abrechnung des Fertigungsauftrages erfolgt im SAP R/3 System wie folgt:

<u>Vorgehen:</u> *Logistik → Produktion → Fertigungssteuerung → Periodenabschluß → Abrechnung → Einzelbearbeitung*

Vom Einstiegsbild der Abrechnung des Fertigungsauftrages, bei dem neben der Fertigungsauftragsnummer auch die Periode und das jeweilige Geschäftsjahr eingegeben werden muß, kann in die Abrechnungsvorschrift für den Fertigungsauftrag verzweigt werden.

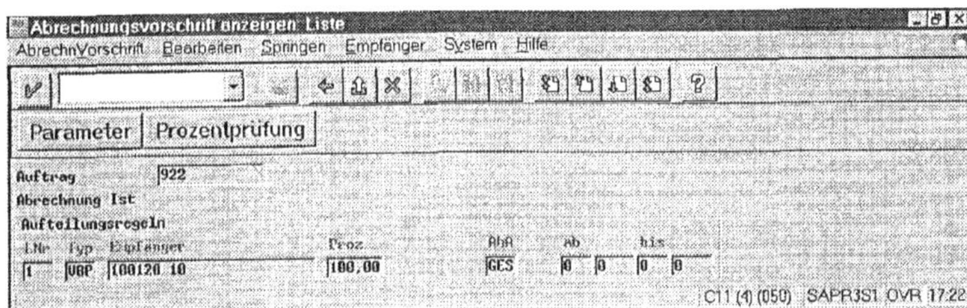

Screenshot 58: Abrechnungsvorschrift

Aus der Abrechnungsvorschrift läßt sich erkennen, daß die Istkosten des Fertigungsauftrages komplett an eine Position des Kundenauftrages abgerechnet werden (VBP = Verkaufsbelegposition).

Wird im Einstiegsbild der Abrechnung des Fertigungsauftrages unter Ablaufsteuerung der Testlauf aktiviert, findet nur eine simulierte Buchung, die keine Auswirkungen auf den Kostenträger Kundenauftrag hat, statt. Ist das Kennzeichen nicht aktiviert, wird in der Kostenrechnung vom Kostenträger Fertigungsauftrag über das Abrechnungsschema A1 auf den Kundenauftrag gebucht.

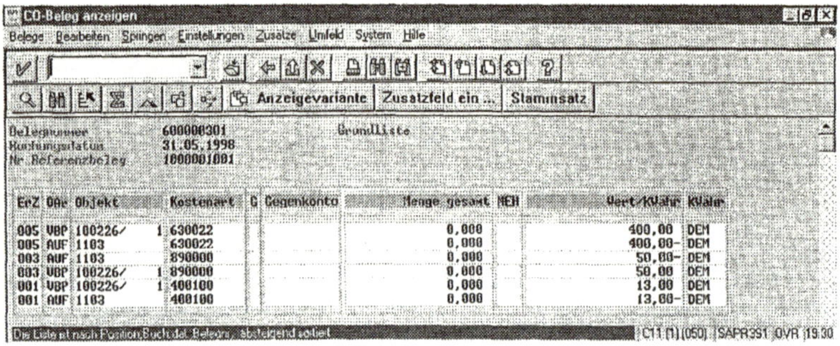

CO-Beleg anzeigen

Belege Bearbeiten Springen Einstellungen Zusätze Umfeld System Hilfe

Anzeigevariante | Zusatzfeld ein ... | Stammsatz

Belegnummer 600000301 Grundliste
Buchungsdatum 31.05.1998
Nr. Referenzbeleg 1000001001

ErZ	OAr	Objekt	Kostenart	G	Gegenkonto	Menge gesamt	MEH	Wert/KWähr	KWähr
005	VBP	100226/ 1	630022			0,000		400,00	DEM
005	AUF	1103	630022			0,000		400,00-	DEM
003	AUF	1103	890000			0,000		50,00-	DEM
003	VBP	100226/ 1	890000			0,000		50,00	DEM
001	VBP	100226/ 1	400100			0,000		13,00	DEM
001	AUF	1103	400100			0,000		13,00-	DEM

Die Liste ist nach Position,Buch.dat.,Belegnr., absteigend sortiert C11 (1) (050) SAPR391 OVR 19:30

Screenshot 59: Buchung vom Fertigungsauftrag an eine Position des Kundenauftrages

4.6 Der Versand

Sobald das für den Kundenauftrag gefertigte Material fertiggestellt ist und als reservierter Kundenauftragsbestand im Lager vorliegt, kann mit dem Versand des Materials an den Kunden begonnen werden. Am Ende des Prozeßelementes Versand steht die Warenausgangsbuchung, auf den dann im nächsten Schritt die Fakturierung folgt.

Im Zuge dieser Darstellung wird auf die Belege des Versands und kurz auf die einzelnen für die Prozeßkette relevanten Vorgänge des Versands eingegangen. Anschließend wird der Ablauf der Lieferungsbearbeitung im Zuge der beispielhaften Prozeßkette gezeigt. Die Darstellung des Ablaufs, also des Teils der Prozeßkette im Versand, beschränkt sich auf wenige wesentliche Vorgänge des Versands, die erforderlich sind, um zu den Folgevorgängen, der Warenausgangsbuchung und der Fakturierung zu gelangen.

4.6.1 Der Versandbeleg

Lieferungen werden im SAP R/3 System über Versandbelege dokumentiert. Die Steuerung erfolgt über die Lieferungsart und die Positions- und Einteilungstypen des Versandbeleges. Diese Steuerungselemente werden daher in den beiden folgenden Abschnitten näher erläutert.

4.6.1.1 Die Lieferungsart

Um die Lieferungen den jeweiligen Erfordernissen der Geschäftsart anzupassen, werden im SAP R/3 System verschiedene Lieferungsarten vorgesehen. Über die Lieferungsart wird z.B. gesteuert, ob sich die Lieferung auf einen Auftrag beziehen muß.

Folgende Standard-Lieferungsarten sieht das System vor:

Lieferungsarten	Bezeichnung
EL	Lieferavis
LD	Lieferung dezentral
LF	Lieferung
LO	Lieferung ohne Referenz
LR	Retourenlieferung
NL	Nachschublieferung

Tabelle 8: Lieferungsarten

Bei einer Lieferung mit Bezug zu einem Kundenauftrag wird aufgrund des Kundenauftrages die Lieferungsart automatisch vorgeschlagen. Die Lieferungsart steuert die Lieferung (siehe Lieferungsart LF im Anhang). In unserem Fall wird der Verkaufsbelegart TA des Kundenauftrages automatisch die Lieferungsart LF zugeordnet. Die Zuordnung erfolgt im Customizing.

<u>Vorgehen:</u> *Customizing → Vertrieb → Versand → Kopiersteuerung für Lieferungen festlegen*

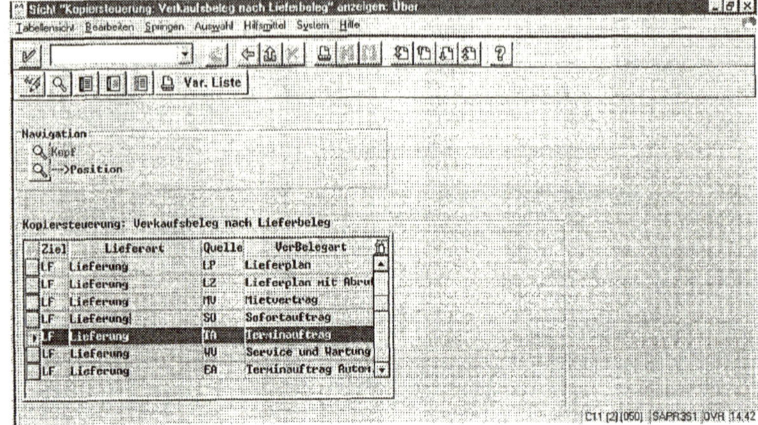

Screenshot 60: Verknüpfung Verkaufsbelegart mit der Versandbelegart

Die Steuerungsfunktionen der einzelnen Lieferungsarten werden über die Steuerungselemente eingestellt. Jede Lieferungsart erhält auf diese Weise einen spezifischen Funktionsumfang. Über die Steuerungselemente einer Lieferungsart werden folgende Punkte geregelt:

- Wahl des Nummernkreises für die Belegnummer bei interner und externer Nummernvergabe
- Zulässige und zu erfassende Partnerrollen
- Erfordernis eines Auftrages, auf den sich die Lieferung bezieht (ja/nein)
- Bedingungen für auftragsunabhängige Positionen, die in die Lieferung aufgenommen werden sollen
- Durchführung einer erneuten Routenermittlung sowie Prüfung dieser ermittelten Route auf Zulässigkeit (ja/nein)
- Einstellung der Regel der Lagerortermittlung für eine Position, falls keine Angabe gemacht wurde
- Einstellung der erlaubten Nachrichtenarten für den Vorgang und Schema, nachdem sie vorgeschlagen werden.

Es wird z.B. bei der Lieferungsart LO-Lieferung ohne Referenz eingestellt, daß die Lieferung sich nicht auf einen bestehenden Auftrag beziehen muß.

4.6.1.2 Positions- und Einteilungstypen

Neben der Steuerung über die Lieferungsart findet darüber hinaus auch eine Steuerung über die Positions- und Einteilungstypen statt. Die Einstellungen bezüglich der Steuerungselemente in den Lieferungsarten gelten für alle Positionen in der Lieferung. Über die Steuerung durch die Positionstypen können dagegen die einzelnen Positionen spezifisch gesteuert werden. Der Positionstyp wird aus der Position im Kundenauftrag, auf den sich die Lieferung bezieht, übernommen.

4.6.1.2.1 Steuerungselemente der Positionstypen

Jede Position in einer Lieferung erhält einen Positionstypen, der verschiedene Merkmale regelt.

Die Steuerungselemente der Positionstypen des SAP R/3 Systems regeln im einzelnen folgende Punkte:

- Materialnummer für eine Position obligatorisch (ja/nein) (für Textpositionen z.B. muß keine Materialnummer angegeben werden)
- Liefermenge 0 erlaubt (ja/nein)
- Prüfung, ob die Liefermenge die materialabhängige Mindestmenge überschreitet (ja/nein)
- Prüfung, ob eine Überlieferung der Position erfolgt und ob diese Überlieferung erlaubt ist (ja/nein)
- Relevanz der Position für die Kommissionierung (ja/nein)
- Angabe eines Lagerorts für die Position erforderlich (ja/nein)
- automatische Ermittlung des Lagerortes (ja/nein)
- Verpackungskennzeichen:

Leerzeichen	packbar
A	packpflichtig
B	nicht verpackbar

Diese Standard-Positionstypen werden im Customizing angepaßt. Es können jedoch auch völlig neue Positionstypen definiert werden. Dies ist in der Regel allerdings nicht nötig, da im SAP R/3 System ausreichend Positionstypen vorhanden sind.

4.6.1.2.2 Steuerungselemente der Einteilungstypen

In den Verkaufsbelegen kann bestimmt werden, ob eine Position eine oder mehrere Einteilungen haben kann. Die Position im Verkaufsbeleg kann dann nach Termin und Menge unterteilt werden. Diese Einteilungen bestehen aber nur im Verkaufsbeleg, denn im weiteren Ablauf des Geschäftsgeschehens werden sie als einzelne Positionen behandelt. Im Versandbeleg wird folglich die zu den Einteilungen entsprechende Position aus dem Verkaufsbeleg übernommen. In einer Lieferung würden aber von einer mehrmals unterteilten Position nur die Einteilungen einfließen, für die das Materialbereitstellungsdatum oder das Transportdispositionsdatum erreicht worden ist und somit fällig sind.

Ferner kann über die Einteilungstypen die Verarbeitung der Einteilungen gesteuert werden. Es kann bestimmt werden, ob eine Verfügbarkeitsprüfung erfolgen soll, und ob die Einteilung für die Lieferung Relevanz besitzt. Der Einteilungstyp ist vom Positionstyp der zugehörigen Position und von Dispositionsmerkmal des Materials abhängig. Die Art der Disposition des Merkmals wird im Materialstammsatz gepflegt.

4.6.2 Die Lieferungsbearbeitung

In folgendem Abschnitt werden zunächst die Voraussetzungen für die Lieferungsbearbeitung genannt, anschließend wird auf die einzelnen Vorgänge des Versands eingegangen und schließlich wird anhand der Prozeßkette beispielhaft der Versand des in der Kundenauftragsfertigung produzierten Produktes gezeigt.

4.6.2.1 Voraussetzungen der Lieferung

Eine Lieferung kann nur unter bestimmten Voraussetzungen erzeugt werden. Diese Voraussetzungen betreffen den gesamten Kundenauftrag, die Kundenauftragspositionen und die Einteilungen zu einer Position. Einteilungen treten im SAP R/3 System auf, wenn eine Kundenauftragsposition nur über Teillieferungen abgedeckt werden kann. Die Prüfung ist daher unterteilt in die Prüfung auf der Kopf- und der Positions- bzw. Einteilungsebene.

4.6.2.1.1 Prüfdaten auf der Kopfebene

Da die in der Kopfebene des Lieferbelegs hinterlegten Daten für die gesamte Lieferung gelten, betrifft die Prüfung auf Kopfebene vor allem eventuell verhängte Liefersperren. Gründe für eine Liefersperre könnten z.B. Überschreiten des Kreditlimits eines einzelnen Debitors oder auch ein gesamtes Land betreffende politische Sperren sein.

Ferner wird schon auf Kopfebene geprüft, ob der Auftrag wenigstens eine lieferbare Position enthält.

4.6.2.1.2 Prüfung auf der Positions- und Einteilungsebene

Nach der Prüfung auf Kopfebene wird jede einzelne Position und die dazugehörige Einteilung auf mehrere Voraussetzungen hin geprüft.

Für die Einteilung einer Position muß gelten, daß sie zum angegebenen Selektionsdatum fällig ist, und daß keine Liefersperre für die Einteilung gesetzt ist. Eine Liefersperre ist z.B. für eine kostenlose Lieferung sinnvoll. Mit ihr kann über die Einteilung eine Überprüfung angestoßen werden.

Ferner müssen die einzelnen Positionen die Voraussetzungen erfüllen, daß die zu liefernde Menge größer null ist, und daß alle lieferrelevanten Positionsangaben im Auftrag vollständig sind.

Nachdem neben den eben genannten Prüfungen die Verfügbarkeit der Ware aller Positionen geprüft worden ist, ist es notwendig, daß die Prüfung ergeben hat, daß mindestens eine lieferbare Position im Verkaufsbeleg vorhanden ist.[109]

4.6.2.2 Relevante Vorgänge der Lieferungsbearbeitung

Die Lieferungsbearbeitung fällt in den Aufgabenbereich der Versandabteilung. Die Versandabteilung ist für die Erstellung und Bearbeitung sowie die Verpackung von Lieferungen zuständig. Außerdem muß sie die Versandpapiere drucken und übermitteln und die gesamte Abwicklung des Warenausgangs übernehmen.[110]

Die folgende Abbildung zeigt schematisch den Ablauf der Lieferungsbearbeitung:

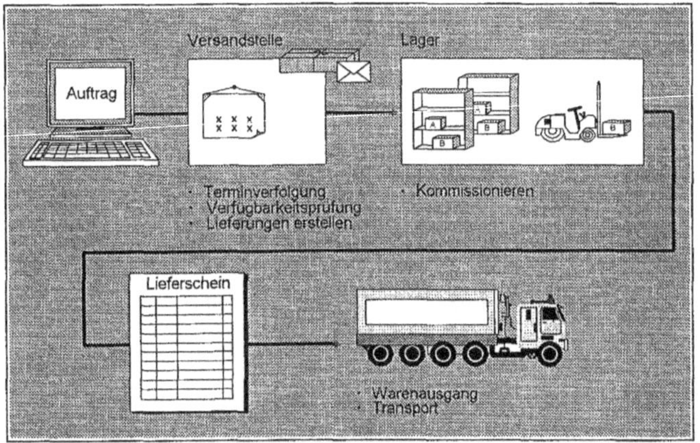

Abbildung 39: Ablauf des Versands[111]

[109] Vgl. SAP Online Dokumentation 3.0d. Vertrieb, Versand, S. 17.
[110] Vgl. SAP Online Dokumentation 3.0d, Vertrieb, Versand, S. 7.
[111] Vgl. SAP Online Dokumentation 3.0d, Vertrieb, Versand, S. 7.

Zur Lieferungsbearbeitung gehören folgende Vorgänge:

- Versandstellenermittlung
- Verfügbarkeitsprüfung
- Versand- und Transportterminierung
- Auftragszusammenführung/Splitting
- Routenfindung
- Kommissionierung
- Verpacken.

Die Lieferung ist die Grundlage für die Folgefunktionen

- Warenausgang
- Druck der Versandpapiere
- Fakturierung.

Im folgenden werden die Vorgänge Verpacken und Warenausgang dargestellt. Die weiteren Vorgänge des Versands werden im Rahmen dieser Arbeit nicht weiter beschrieben, da es nur darauf ankommt, die beispielhafte Prozeßkette der Kundenauftragsfertigung so durchgängig zu machen, daß man zu einem Warenausgang und der Fakturierung gelangt.

Verpacken ist Teil der Lieferungs- und Transportbearbeitung. Während der Bearbeitung einer Lieferung kann eine Lieferposition Versandelementen zugeordnet werden. Ein Versandelement ist eine Zusammenfassung von Materialien oder anderen Versandelementen, die gemeinsam zu einem bestimmten Zeitpunkt verpackt bzw. transportiert werden. Versandelemente sind Versandeinheiten mit eigenständigen Belegen und mit eigener interner Nummernvergabe. Sie können frei nach den Bedürfnissen des Anwenders angelegt werden. Ein Versandelement kann auch in ein anderes Versandelement verpackt werden.

Versandhilfsmittel sind Materialien, die zur Verpackung oder zum Transport von Waren benutzt werden können. Beim Verpacken einer Position muß stets ein Versandhilfsmittel angegeben werden (z.B. Karton, Palette, Container).[112]

Für jedes Versandhilfsmittel müssen die Materialstammdaten gepflegt werden. Beim Anlegen von Materialstammsätzen für Versandhilfsmittel wird die Materialart VERP (Verpackung) verwendet. Diese Materialart enthält zusätzliche, verpackungsrelevante Felder. Um bei der Lieferungsbearbeitung eine Verpackung durchführen zu können, müssen im Customizing folgende Parameter gepflegt sein:

- Nummernkreise für Versandelemente
- Packsteuerung Positionstyp
- Bedingung Lieferung
- Versandhilfsmittelarten
- Erlaubte Versandhilfsmittel
- Materialgruppe Versandhilfsmittel
- Versandelementzusätze.[113]

Ein weiterer wichtiger Vorgang ist die Warenausgangsbuchung. Mit dem Buchen des Warenausgangs für eine Lieferung, wird der Kundenauftrag aus der Sicht des Versands abgeschlossen und kann anschließend fakturiert werden. Der Warenausgangsbeleg zu einer Lieferung ist kein Vertriebsbeleg, sondern ein Beleg der Materialwirtschaft (Modul MM) und der Finanzbuchhaltung (Modul FI) zur mengen- und wertmäßigen Fortschreibung der Bestände.[114] Für die Warenausgangsbuchung werden die nötigen Daten aus der Lieferung in den Warenausgangsbeleg übernommen.

---

[112] Vgl. SAP Online Dokumentation 3.0d, Vertrieb, Versand, S. 65.
[113] Vgl. SAP Online Dokumentation 3.0d, Vertrieb, Versand. S. 66.
[114] Vgl. SAP Online Dokumentation 3.0d, Vertrieb, Versand, S. 76.

Der Warenausgang einer Lieferung kann nur dann gebucht werden, wenn folgende Voraussetzungen erfüllt sind:

- Die Daten in der Lieferung müssen vollständig sein. Es müssen z.B. alle Angaben zum Lagerort oder der Bewertungsart in der Lieferung vorliegen.
- Der Kommissionierstatus aller Lieferpositionen muß vollständig erfüllt sein. Es kann also nur für die kommissionierte Menge der Warenausgang gebucht werden.

Bei der Warenausgangsbuchung werden verschiedene Funktionen erfüllt:

- Mengenmäßige Fortschreibung der Bestände:
  Der Lagerbestand des Materials wird um die Liefermenge reduziert.
- Abbau der Bedarfe:
  Die Vertriebsbedarfe, die aufgrund des Auftrags oder der Lieferung übergeben wurden, erledigen sich mit dem Buchen des Warenausgangs. Die Bedarfe werden um die Liefermenge reduziert. Aus der Sicht der Disposition bleibt bei einem geplanten Warenausgang der verfügbare Bestand unverändert, denn die entnommene Menge war reserviert und damit nicht mehr verfügbar.[115]
- Fortschreibung der Vorgängerbelege:
  Das Buchen des Warenausgangs wird automatisch in allen Vertriebsbelegen des Geschäftsvorfalls bekannt gemacht.
- Arbeitsvorrat für die Fakturierung:
  Sobald der Warenausgang erfolgt kann fakturiert werden. Die Lieferung geht also in den Arbeitsvorrat der Fakturierung ein.

---

[115] Vgl. SAP Online Dokumentation 3.0d, Materialwirtschaft, Bestandsführung, S. 127.

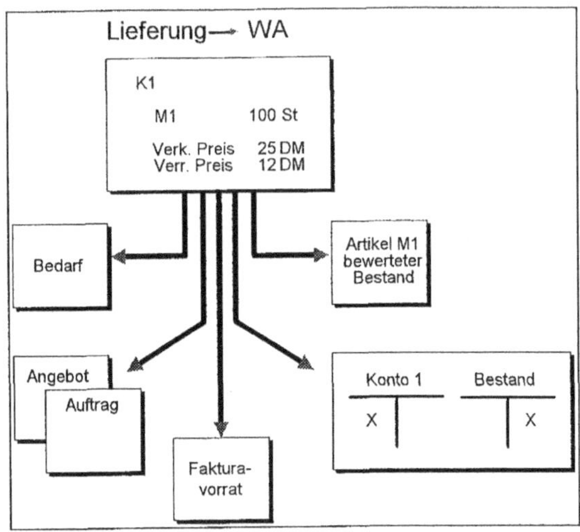

Abbildung 40: Funktionen der Warenausgangsbuchung

4.6.3 Der Ablauf des Versands

Es wird nun der Ablauf der Lieferung mit den Vorgängen Anlegen der Lieferung, Verpacken und Buchung des Warenausganges gezeigt. Die Funktion Auftragsplitting für die Lieferung ist zwar für die Firma TGB bei der Implementierung des SAP R/3 Systems noch umzusetzen, da die Fördergurte in mehreren Teillieferungen an den Kunden versandt werden (siehe Abschnitt 2.2.2.6 auf Seite 28). Für die beispielhafte Prozeßkette wurde diese Funktion jedoch noch nicht umgesetzt, da es, wie bereits erwähnt, für das Prozeßelement Versand nur darauf ankommt, die Prozeßkette durchgängig zu machen, um zum Warenausgang und zur Fakturierung zu gelangen.

Beim Anlegen einer einzelnen Lieferung wird zu einem Kundenauftrag mit Kundenauftragsnummer genau eine Lieferung erzeugt.

Vorgehen: *Logistik → Vertrieb → Versand → Lieferung anlegen*

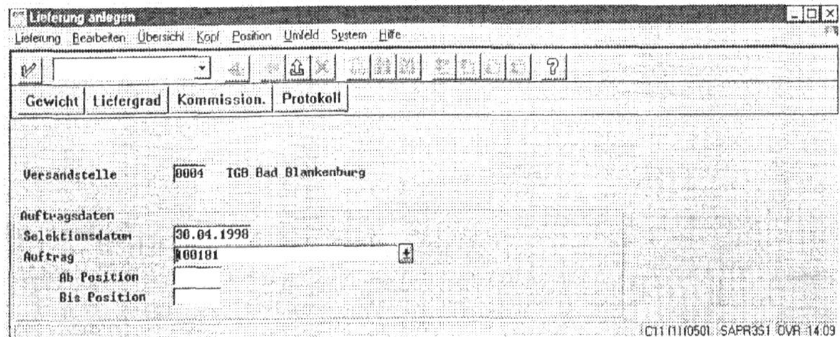

Screenshot 61: Einstiegsbild Lieferung anlegen

Es muß eine Versandstelle eingegeben werden, eine Selektionsdatum und der Kundenauftrag, auf den sich die Lieferung bezieht.

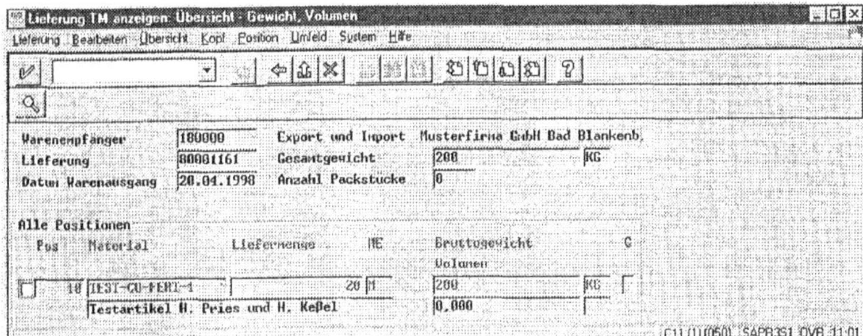

Screenshot 62: Einstiegsbild Versand

Im nächsten Schritt wird die Position verpackt.

<u>Vorgehen:</u> *Logistik → Vertrieb → Versand→ Lieferung → Ändern → Liefernummer eingeben → Verpacken → Verpackungsposition markieren → Erlaubte VHM → Verpackungshilfsmittel auswählen → Verpacken → Sichern*

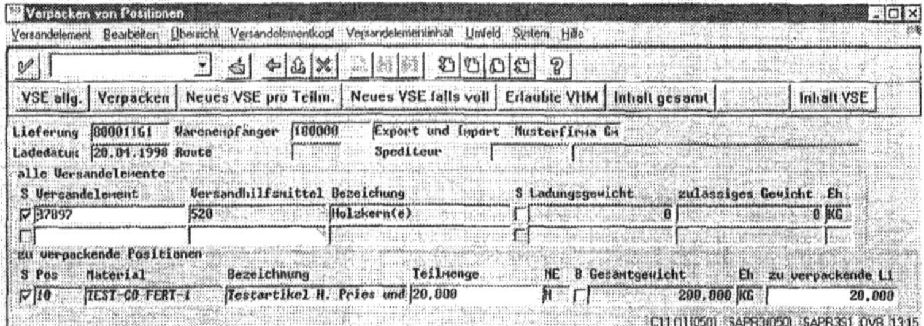

Screenshot 63: Verpacken von Positionen

Nach dem Verpacken der Position wird der Warenausgang gebucht.

Vorgehen: *Logistik → Vertrieb → Versand → Lieferung → Ändern → Liefernummer eingeben → Warenausgang buchen*

Für diesen Vorgang wird die Bewegungsart 601 (Warenausgang Lieferschein) mit dem Sonderbestandskennzeichen E verwendet.

Änderungen für die Warenausgangsbuchung sind nicht möglich. Korrekturen müssen in der Lieferung selbst vorgenommen werden. Damit wird sichergestellt, daß genau das fakturiert wird, was geliefert wurde, und der Warenausgangsbeleg die wirkliche Lieferung repräsentiert.[116] Ist der Warenausgang gebucht, läßt sich die Lieferung kaum ändern. Abweichungen zwischen der Lieferung und dem Warenausgangsbeleg werden so verhindert.

Aus der Vertriebsabwicklung heraus kann man sich aber einen Überblick über die mengen- und wertmäßige Fortschreibung der Bestände und den Warenausgangsstatus einer Lieferung verschaffen.

Vorgehen: *Logistik → Vertrieb → Versand → Lieferung → Anzeigen → Liefernummer eingeben → Umfeld → Belegfluß*

[116] Vgl. SAP Online Dokumentation 3.0d, Vertrieb, Versand, S. 76.

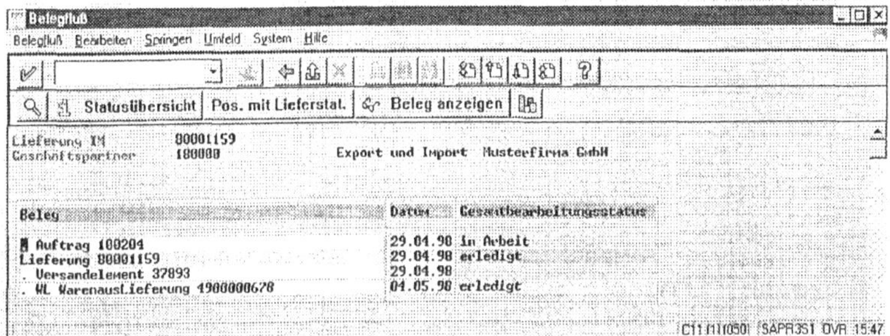

Screenshot 64: Belegfluß der Warenausgangsbuchung

Der Warenausgangsbeleg kann folgendermaßen angesehen werden:

Vorgehen: *Cursor auf Warenauslieferung → Beleg anzeigen*

Ein Rechnungswesenbeleg wird beim Warenausgang der Kundenauftragsfertigung nicht erzeugt, da die Materialien unbewertet aus dem Kundenauftragsbestand des Lagers gebucht werden.

4.7 Die Fakturierung

Bei der Fakturierung wird eine Rechnungen aufgrund von Lieferungen und Leistungen erstellt. Die Fakturierung ist die letzte Aktivität im Vertrieb.

Im SD-Modul wird auf Basis eines Referenzbelegs eine Rechnung (Fakturabeleg) erstellt. In der Kundenauftragsfertigung ist der Referenzbeleg der Kundenauftrag selbst. Aus dem Kundenauftrag werden die Daten wie z.B. Mengen und/oder Preise in den Fakturabeleg übernommen.

Die Vorgänge der Fakturierung können jeweils einem Vertriebsbereich zugeordnet sein. Durch den Anschluß an die Finanzbuchhaltung sind die Organisationsstrukturen der Buchhaltung (Buchungskreise) und die Zuordnung der Verkaufsorganisationen zu den Buchungskreisen relevant.

4.7.1 Steuerung der Fakturierung

Ein Terminauftrag mit der Auftragsart TA wird mit einer Rechnung der Fakturaart F2 fakturiert. Diese Zuordnung findet im Customizing statt.[117]

<u>*Vorgehen:*</u> *Customizing → Vertrieb → Fakturierung → Fakturen → Kopiersteuerung für Fakturen pflegen → Verkaufsbeleg nach Faktura*

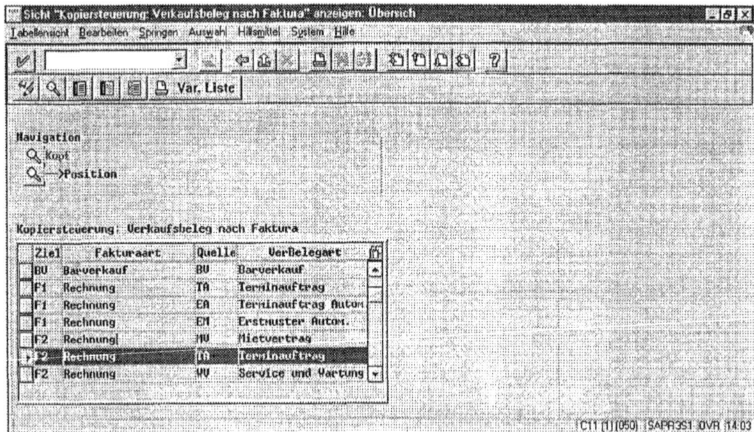

Screenshot 65: Zusammenhang Fakturaart - Terminauftrag

Die Fakturaart bestimmt u.a., nach welchem Kalkulationsschema die Kontenfindung für die Finanzbuchhaltung durchgeführt wird, und ob die Faktura sofort an die Finanzbuchhaltung übergeleitet wird.[118]

---

[117] Vgl. SAP Online Dokumentation 3.0d, Vertrieb, Fakturierung, S. 16.
[118] Vgl. SAP Online Dokumentation 3.0d, Controlling, Kostenträgerrechnung, S. 314.

Die Kontenfindung wird über folgende Parametern gesteuert:

- Den Kontenplan
- Die Verkaufsorganisation
- Die Kontierungsgruppe des Debitoren (Feld *KontGruppe* im Bild *Faktura* des Debitorenstammsatzes)
- Die Kontierungsgruppe des Materials (Feld *Kontierungsgruppe* im Bild *Vertrieb 2* des Materialstammsatzes)
- Den Kontoschlüssel im Kalkulationsschema.

4.7.2 Ablauf der Fakturierung

Eine Faktura kann erst erstellt werden, wenn die Buchung des Warenausganges vollständig abgeschlossen ist.

Vorgehen: *Logistik → Vertrieb → Verkauf → Auftrag → Folgefunktionen → Faktura → Eingabe der Auftragsnummer*

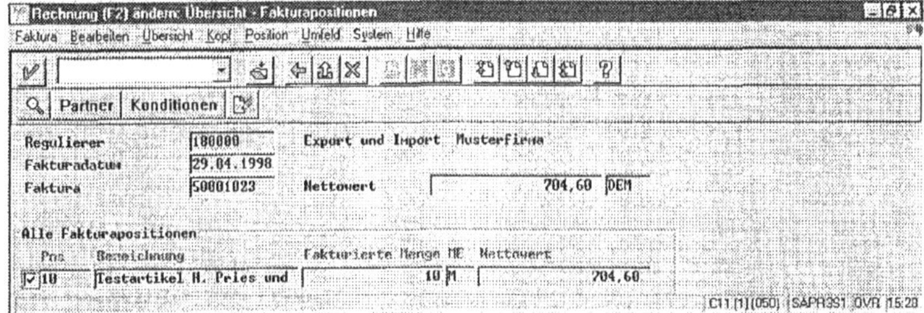

Screenshot 66: Faktura anlegen

Die Fakturadaten können Markieren der Position und den Button „Detail" angesehen werden (siehe Anhang).

4.7.3 Auswirkungen der Fakturierung

Durch eine Faktura wird ein Buchhaltungsbeleg, der die Fakturadaten an die Finanzbuchhaltung weiterleitet, erzeugt und den richtigen Konten zugeordnet. Dieser Vorgang geschieht automatisch und läßt sich leicht nachvollziehen.

<u>Vorgehen:</u> *Logistik → Vertrieb → Fakturierung → Umfeld → Belegfluß*

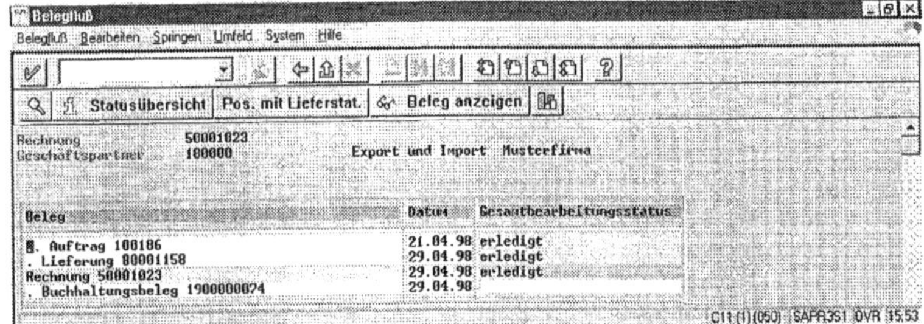

Screenshot 67: Belegfluß Faktura

Über die Buchhaltungsbelegnummer lassen sich die Buchungen in der Finanzbuchhaltung und in der Kostenrechnung anzeigen.

<u>Vorgehen:</u> *Logistik → Vertrieb → Fakturierung → Faktura → Anzeigen → Fakturanummer eingeben → Button Rechnungswesen*

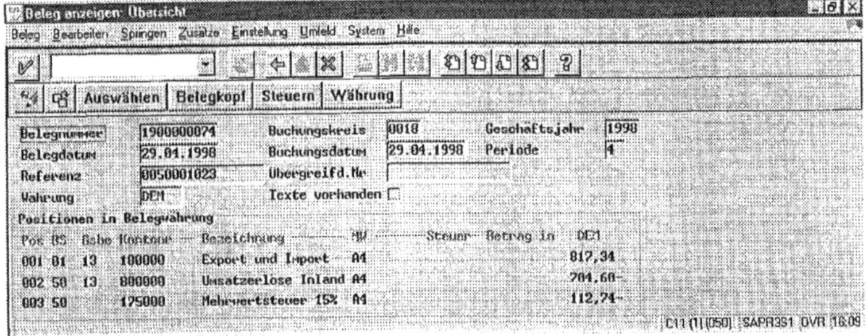

Screenshot 68: Buchhaltungsbeleg Faktura

Aus dem Rechnungswesenbeleg geht hervor, daß der Auftraggeber die Rechnung für seinen Kundenauftrag über sein Kundenkonto 180000 beglichen hat, und die Gegenbuchung über die Konten Umsatzerlöse 800000 und Mehrwertsteuer 175000 erfolgte.

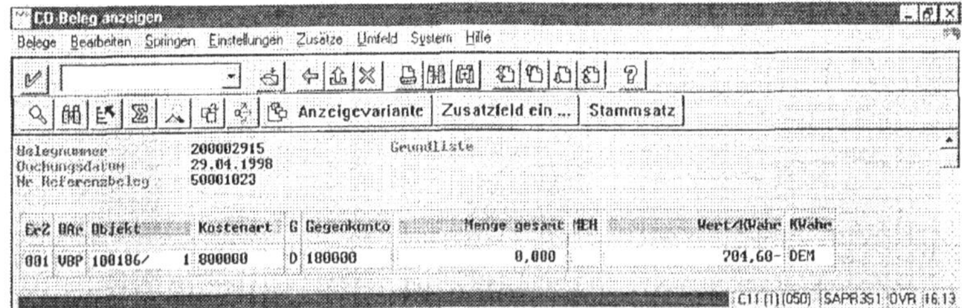

Screenshot 69: Kostenrechnungsbeleg Faktura

Aus dem Kostenrechnungsbeleg wird ersichtlich, daß die Ist-Erlöse der Rechnung auf den Kundenauftrag kontiert werden. Die Ist-Erlöse stehen somit den Plan-Erlösen im Controlling gegenüber.

Vorgehen: *Rechnungswesen → Controlling → ProduktkostRechnung → Einzelfertigung → Infosysteme → Rechnungswesen → Produktkosten Kostenträger → Einzelrechnung → Berichtsauswahl → Kostenarten → Kundenauftrag → Plan/Ist-Vergleich → Kundenauftragsnummer*

Hierbei ist es wichtig, daß nach der Auswahl des Berichtes die Kostenarten, für die der Bericht erstellt werden soll, ausgewählt werden müssen.

Vorgehen: *Zusätze → Auswahl Kostenarten → Einzelwerte*

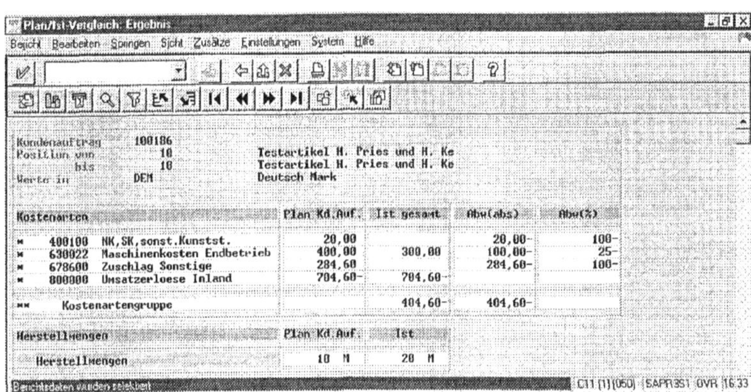

Screenshot 70: Plan-Ist Vergleich

Diese Ist-Erlöse auf dem Kundenauftrag werden zum Periodenabschluß an das Ergebnis abgerechnet.

4.8 Die interne Abrechnung

Nachdem alle Kosten und Erlöse auf den Kundenauftrag gebucht wurden müssen die noch nicht berücksichtigten Gemeinkosten im Kundenauftrag berechnet werden. Danach wird der Kundenauftrag am Periodenende intern abgerechnet.

Die Werte, die auf dem Kundenauftrag gesammelt wurden, werden mit der Abrechnung des Kundenauftrages an die Finanzbuchhaltung, die Profit-Center-Rechnung und die Ergebnisrechnung weitergeleitet.

4.8.1 Verrechnung der Materialgemeinkosten

Die Materialgemeinkosten können, wie bereits beschrieben, auf den Kostenträger Fertigungsauftrag oder erst später auf den Kundenauftrag verrechnet werden. Für die beispielhafte Prozeßkette wurden sie im Kundenauftrag berechnet. (siehe Abschnitt 4.8.1 auf Seite 218) Die Materialgemeinkosten werden als prozentuale Zuschläge zu den Materialeinzelkosten im Kundenauftrag berechnet.

<u>Vorgehen:</u> *Rechnungswesen → Controlling → Produktkost.Rechnung → Einzelfertigung → Periodenabschluß → Zuschläge → Kundenauftrag*

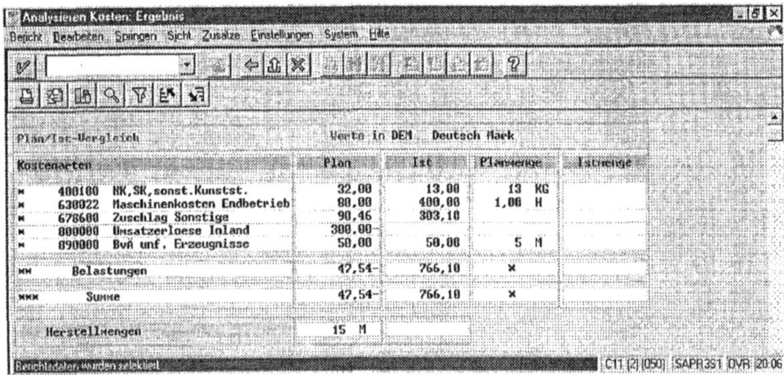

Screenshot 71: Ist-Gemeinkosten im Kundenauftrag

Im dem Screenshot ist zu sehen, daß beispielhaft Gemeinkostenzuschläge im Wert von DM 303,10 im Kundenauftrag berechnet wurden.

4.8.2 Steuerung der internen Abrechnung

Die Steuerung der Abrechnung erfolgt über die Abrechnungsvorschrift. Die Abrechnungsvorschrift legt fest, welche Daten mit der Abrechnung an die Ergebnisrechnung weitergeleitet werden. Ist die Ergebnisrechnung aktiv, so erzeugt das System automatisch eine Abrechnungsvorschrift für die Kundenauftragsposition. Ist die Ergebnisrechnung für den relevanten Kostenrechnungskreis nicht aktiv, muß die Abrechnungsvorschrift manuell angelegt werden.[119] Für den Kostenrechnungskreis 0018 ist die Ergebnisrechnung aktiv.

Die Abrechnungsvorschrift besteht aus einer Aufteilungsregel für die Kundenauftragsposition. Die Aufteilungsregel setzt sich aus einem Abrechnungsempfänger, einem Abrechnungsanteil und einer Abrechnungsart zusammen.[120]

Über den Abrechnungsempfänger wird festgelegt, an welches Objekt die Istkosten und Isterlöse der Kundenauftragsposition abgerechnet werden sollen. In der Regel ist der Abrechnungsempfänger ein Ergebnisobjekt oder ein Sachkonto. Wenn eine Kundenauftragsposition für die Kundenauftragsfertigung angelegt wurde, dann generiert das SAP R/3 System automatisch das Ergebnisobjekt für die Abrechnung an die Ergebnisrechnung.[121]

---

[119] Vgl. SAP Online Dokumentation 3.0d, Controlling, Kostenträgerrechnung, S. 362.
[120] Vgl. SAP Online Dokumentation 3.0d, Controlling, Kostenträgerrechnung, S. 363.
[121] Vgl. SAP Online Dokumentation 3.0d, Controlling, Kostenträgerrechnung, S. 363.

Über den Abrechnungsanteil wird festgelegt, mit welchem Prozentsatz bzw. welcher Äquivalenzziffer die Kosten auf einzelne Abrechnungsempfänger verteilt werden.[122] In der Prozeßkette ist der Abrechnungsanteil für eine Kundenauftragsposition 100%. Das bedeutet, daß alle Kosten, die auf dem Kundenauftrag aufgelaufen sind, an das Ergebnis abgerechnet werden.

Über die Abrechnungsart wird festgelegt, ob für den Auftrag die Gesamtabrechnung oder die periodische Abrechnung durchgeführt werden soll. Im Falle der Gesamtabrechnung wird der Kundenauftrag erst komplett nach Beendigung abgerechnet. Bei der periodischen Abrechnung erfolgt nach jeder Periode einer Abrechnung der bislang angefallenen Kosten. In der Prozeßkette ist die Abrechnungsart für eine Kundenauftragsposition die Gesamtabrechnung.

Im Kundenauftrag läßt sich die Abrechnungsvorschrift der Kundenauftragsposition anzeigen.

<u>Vorgehen:</u> *Logistik → Vertrieb → Verkauf → Auftrag → Anzeigen → Position → Kontierung → Bearbeiten → Abrechnungsvorschrift*

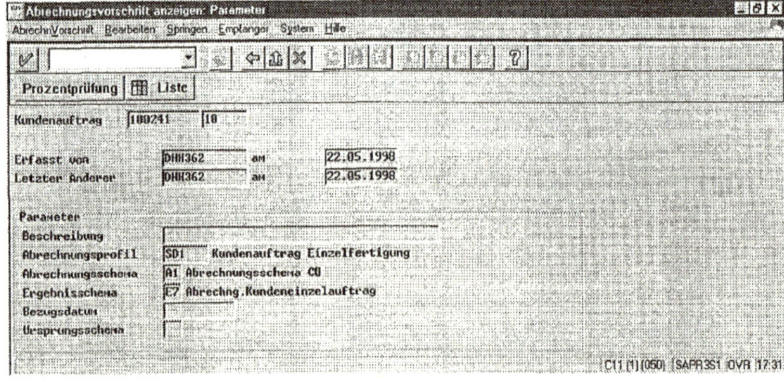

Screenshot 72: Abrechnungsvorschrift

[122] Vgl. SAP Online Dokumentation 3.0d, Controlling, Kostenträgerrechnung, S. 363.

Die Abrechnungsvorschrift verweist auf ein Abrechnungsprofil, ein Abrechnungsschema und ein Ergebnisschema. Das Abrechnungsprofil und das Abrechnungsschema werden auch bei der Abrechnung des Fertigungsauftrages an den Kundenauftrag benutzt und wurden daher bereits erläutert (siehe Abschnitt 4.5.3.2 auf Seite 193). An dieser Stelle wird auf das Ergebnisschema und das Ursprungsschema näher eingegangen

4.8.2.1 Ergebnisschema

Das Ergebnisschema legt fest, welche Kosten an die Ergebnisrechnung abgerechnet werden. Es definiert, welche Mengen und Werte eines Senders im Rahmen der Abrechnung welchen Wertfeldern der Ergebnisrechnung zugeordnet werden sollen.

Die Kostenarten eines Kostenträgers, z.B. der Kundenauftrag werden mit Hilfe von Ergebniszuordnungen gruppiert. Die Ergebniszuordnung zu den Kostenarten stellt eine 1:M-Beziehung dar. Das bedeutet, daß eine Ergebniszuordnung mehrere Kostenarten enthalten kann. Der jeweiligen Ergebniszuordnung wird ein Wertfeld in der Ergebnisrechnung zugeordnet. Dabei ist zwischen fixen Kosten, variablen Kosten oder Gesamtkosten zu unterscheiden. Die Ergebniszuordnung zu einem Wertfeld in der Ergebnisrechnung stellt eine 1:1-Beziehung dar.

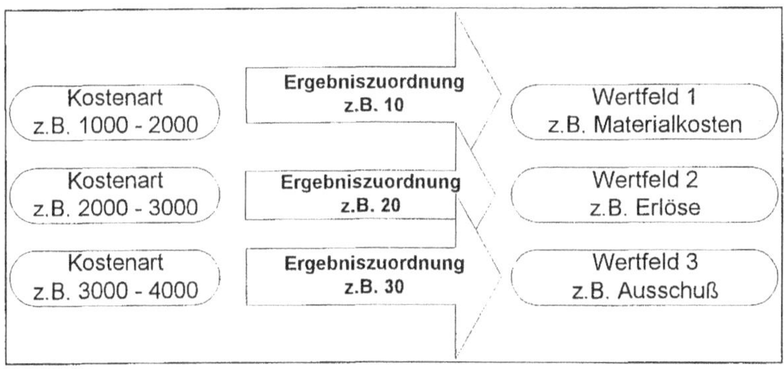

Abbildung 41: Beispiel einer Ergebniszuordnung

4.8.2.2 Ursprungsschema

Das Ursprungsschema umfaßt mehrere Ursprungszuordnungen. In einer Ursprungszuordnung werden diejenigen Belastungskostenarten zusammengefaßt, die bei der Abrechnung nach den gleichen Aufteilungsregeln abgerechnet werden.

Auf diese Weise können z.B. Einzelkosten und Gemeinkosten unterschiedlich abgerechnet werden. Alle Einzelkosten werden zu einer Ursprungszuordnung zusammengefaßt und in der Abrechnungsvorschrift einem oder mehreren Empfänger zugeordnet. Alle Gemeinkosten werden zu einer anderen Ursprungszuordnung zusammengefaßt und in der Abrechnungsvorschrift einem anderen Empfänger zugeordnet.

In der vorliegenden Prozeßkette wurde kein Ursprungsschema eingestellt, da alle Istkosten des Kundenauftrages an das Ergebnis abgerechnet werden sollen.

4.8.3 Ablauf der internen Abrechnung

Nachdem die Gemeinkosten auf dem Kundenauftrag ermittelt wurden, kann am Periodenende die Abrechnung des Kostenträgers Kundenauftrag an das Ergebnis der Kostenrechnung erfolgen. Beispielhaft wird die Abrechnung des Kundenauftrages mit folgenden Daten durchgeführt.

Kundenauftragsnummer:	*100241*
Kundenauftragsposition:	*10*
Fertigungsauftragsnummer:	*1147*
Lieferungsbeleg:	*80001175*
Fakturabeleg:	*50001036*
Geschäftsjahr:	*1998*
Periode:	*05*

<u>*Vorgehen:*</u> *Rechnungswesen → Controlling → Prod.Kostenrechnung → Einzelfertigung → Periodenabschluß → Ergebnisermittlung → Abrechnung → Kundenauftrag*

Ist-Abrechnung: Kundenaufträge
Abrechnung Bearbeiten Springen Zusätze Umfeld System Hilfe

Verkaufsorganisation 0018

Verkaufsbeleg 100241 bis
Position 10

Parameter
Periode 005
Geschäftsjahr 1998
Verarbeitungsart 1 Automatisch

Ablaufsteuerung
Hintergrundverarbeitung
Testlauf
Detailliste

C11 (1) (050) SAPR3S1 OVR 13:02

Screenshot 73: Einstiegsbild der Abrechnung des Kundenauftrages

Die Verarbeitungsart „automatisch" sorgt dafür, daß alle Kosten des Kundenauftrages selektiert und abgerechnet werden.

In der Ablaufsteuerung kann die Art der Verarbeitung spezifiziert werden. Die Hintergrundsteuerung sorgt bei Zeiten hoher Systembelastung dafür, daß die Verarbeitung im Hintergrund ausgeführt wird. Dadurch wird das System entlastet. Ist das Kennzeichen „Testlauf" aktiv gesetzt, werden alle Prüfungen und Buchungen für Testzwecke durchgeführt. Sie wirken sich jedoch nicht im System aus. Das Kennzeichen „Detailliste" steuert, daß eine Detailliste erzeugt wird.

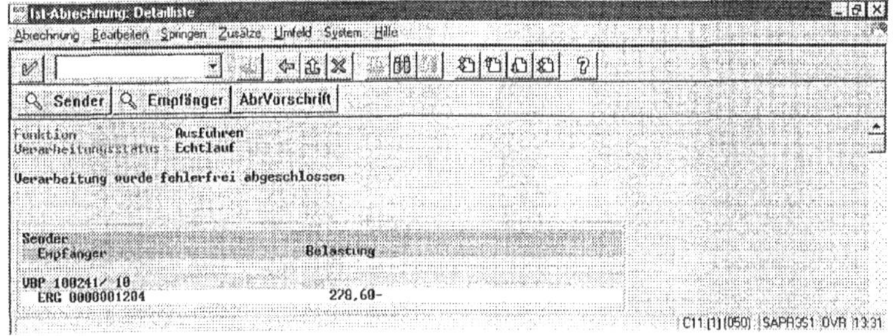

Screenshot 74: Abrechnung der Verkaufsbelegposition an das Ergebnis

Nach Bestätigung der Kundenauftragsabrechnung erfolgt die in dem obigen Screenshot zu sehende Abrechnung der Verkaufsbelegposition des Kundenauftrages an das Ergebnisobjekt 1204 i.H.v. DM 278,60.

Das Ergebnisobjekt besteht aus einer Menge von Merkmalen, die für den entsprechenden Ergebnisbereich festgelegt werden. Das SAP R/3 System selektiert automatisch aus den Merkmalen des Kundenauftrages das zugehörige Ergebnisobjekt. Ein Ergebnisobjekt für einen Kundenauftrag könnte beispielsweise aus folgenden Merkmalen bestehen: Kunde, Artikel, Fakturaart, Werk, Verkaufsorganisation, Vertriebsweg, Sparte. Diese Merkmale können im Customizing der Ergebnisrechnung definiert werden.

Durch die Merkmale der Ergebnisobjekte kann der Controller eines Unternehmens das Ergebnis nach seinen individuelle Bedürfnissen wieder aufschlüsseln und neue Erkenntnisse gewinnen. Er kann sich z.B. den Umsatz von Kunden einer bestimmten Verkaufsorganisation, oder den Gewinn eines bestimmten Vertriebsbereiches anzeigen lassen.

Nach der Abrechnung lassen sich aus dem Einstiegsbild die selektierten Kostenarten des sendenden Kostenträgers Kundenauftrag anzeigen.

Vorgehen: *Button „Sender“*

Ist-Abrechnung: Belastungen Sender

Abrechnung Bearbeiten Springen System Hilfe

Sender VBP 100241/ 10

Kostenart	Belastung	Herkunft
800000	704,60-	
400100	26,00	
630022	300,00	
890000	100,00	
***	278,60-	

C11 (1) (050) SAPR3S1 OVR 13:41

Screenshot 75: Selektierte Kostenarten des Kundenauftrages

Außerdem läßt sich darstellen, wie diese Kostenarten auf den Empfänger, in diesem Fall das Ergebnisobjekt, abgerechnet werden.

Vorgehen: *Button „Empfänger"*

Ist-Abrechnung: Belastung Empfänger

Abrechnung Bearbeiten Springen Zusätze Umfeld System Hilfe

Rechnungswesenbelege

Sender VBP 100241/ 10
Referenz 1000001205
Fakt. Menge gesamt 10,000 M

Empfänger	Belastung	Kostenart	AArt
ERG 0000001204	704,60-	800000	GES
ERG 0000001204	26,00	400100	GES
ERG 0000001204	300,00	630022	GES
ERG 0000001204	100,00	890000	GES
***	278,60-	***	***

C11 (1) (050) SAPR3S1 OVR 13:50

Screenshot 76: Abgerechnete Kostenarten an das Ergebnis

Der automatisch erzeugte Buchungsbeleg kann über das Informationssystem des Controllings angezeigt werden.

Vorgehen: *Rechnungswesen → Controlling → Ergebnisrechnung → Informationssystem → Einzelp. anzeigen → Ist*

Nach Doppelklick auf den Buchungsbeleg lassen sich die einzelnen Wertfelder des Ergebnisses, in welche die Kostenarten des Kundenauftrages abgerechnet wurden, anzeigen.

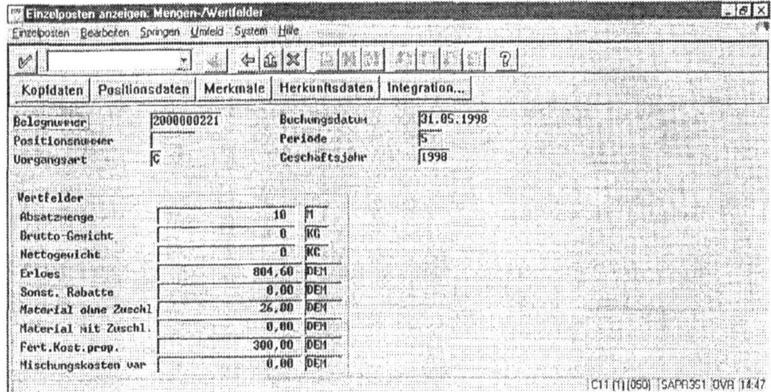

Einzelposten anzeigen: Mengen-/Wertfelder

Einzelposten Bearbeiten Springen Umfeld System Hilfe

Kopfdaten | Positionsdaten | Merkmale | Herkunftsdaten | Integration...

Belegnummer	2000000221	Buchungsdatum	31.05.1998
Positionsnummer		Periode	5
Vorgangsart	C	Geschäftsjahr	1998

Wertfelder

Absatzmenge	10	M
Brutto-Gewicht	0	KG
Nettogewicht	0	KG
Erloes	804,60	DEM
Sonst. Rabatte	0,00	DEM
Material ohne Zuschl	26,00	DEM
Material mit Zuschl.	0,00	DEM
Fert.Kost.prop.	300,00	DEM
Mischungskosten var	0,00	DEM

C11 (1) (050) SAPR3S1 OVR 14:47

Screenshot 77: Wertfelder des Ergebnisses

In den Wertfeldern des Ergebnisses ist der Erlös um DM 100,- zu hoch ausgewiesen. Außerdem gibt es kein Wertfeld für die Kosten des Halbfabrikates mit der Kostenart 890000 i.H.v. DM 100,-. Die Ursache dieser beiden Fehler liegt in der Definition des Ergebnisbereiches. In dem z. Zt. definierten Ergebnisbereich für den Kostenrechnungskreis 0018 der Firma TGB werden die Kostenarten 80000 bis 899999 als Erlöskostenarten geführt. Aus diesem Grund werden die Kosten des Halbfabrikates mit der Kostenart 890000 nicht als Kosten sondern als Erlöse abgerechnet. Die Erlöse erhöhen sich somit fälschlicherweise. Eine Berechtigung für die Änderung des Ergebnisbereiches war nicht vorhanden und auch nicht erwünscht, da diese weitreichende Änderung dem verantwortlichen Controller obliegt.

Vor einem Produktivstart ist ein klares und nicht redundantes Zuordnungskonzept der Kostenarten zu den Wertfeldern des Ergebnisbereiches dringend erforderlich.

5 Zusammenfassung

In der Arbeit wurde anhand der beispielhaften Prozeßkette gezeigt, welche Besonderheiten sich für das Controlling bei der Umsetzung der Kundenauftragsfertigung im SAP R/3 System ergeben. Es wurde dargestellt, welche Gestaltungsmöglichkeiten das SAP R/3 System bietet, und wie die Steuerung der Vorgänge im SAP R/3 System erfolgt. Es wurde erläutert, welche Parameter bei der Implementierung einzustellen sind, und wie die Kundenauftragsfertigung im SAP R/3 System aus der Sicht des Anwenders abläuft.

Eine Besonderheit der Kundenauftragsfertigung ist die Tatsache, daß das Mengengerüst und der Arbeitsplan des zu fertigenden Materials bei jedem Kundenauftrag neu bestimmt werden müssen. Grundsätzlich bietet das SAP R/3 System die Möglichkeiten, die Stückliste und den Arbeitsplan eines Materials bei dem Anlegen des Kundenauftrages komplett neu einzugeben, oder das Mengengerüst und den Arbeitsplan über einen Variantenkonfigurator zu bestimmen.

Nach der Bestimmung des Mengengerüstes erfolgt die Kalkulation des Kundenauftrages. Die Gestaltungsmöglichkeiten und die Steuerung der Kalkulation im SAP R/3 System wurden in dieser Arbeit umfassend erläutert.

Auf die Kalkulation folgt die Preisfindung. Die Preisfindung kann im SAP R/3 System so gestaltet werden, daß das SAP R/3 System den Preis direkt aus den kalkulierten Kosten mit einem vorgegebenen Gewinnzuschlag berechnet, oder daß der Vertriebsmitarbeiter den Preis manuell eingibt und die kalkulierten Kosten als Anhaltswert benutzt.

Der wesentliche Bestandteil dieser Arbeit ist die Darstellung, wie die anfallenden Kosten verrechnet werden. Als Kostenträger dienen bei der Kundenauftragsfertigung nicht die gefertigten Materialien, sondern der Kundenauftrag und der dazugehörige Fertigungsauftrag. Fertigungskosten werden zunächst an den Kostenträger Fertigungsauftrag und anschließend an den Kundenauftrag abgerechnet.

Die Materialkosten können auf zwei Wegen abgerechnet werden. Sie werden entweder über den Fertigungsauftrag an den Kundenauftrag oder direkt an den Kundenauftrag abgerechnet. Welche der beiden Möglichkeiten im SAP R/3 System angewandt wird, hängt davon ab, wie die fremdbeschafften Materialien gebucht werden. Wird das Material beim Eingang in das Lager als bewerteter Lagerbestand gebucht, dann besteht keine Verbindung zum Kundenauftrag, für den es benötigt wird. Die Materialkosten werden erst bei der Entnahme aus dem Lager auf den Fertigungsauftrag gebucht. Wird das Material beim Eingang in das Lager direkt dem Kundenauftrag zugerechnet, dann erfolgt keine wertmäßige sondern nur eine mengenmäßige Buchung der Materialien in den Lagerbestand. Die Kosten für das Material werden hierbei direkt nach dem Eingang in das Lager auf den Kundenauftrag gebucht.

Ein weiterer Punkt der Arbeit ist die interne Abrechnung des Kundenauftrages in die Ergebnisrechnung. Die Abrechnung erfolgt nach der Buchung aller Kosten und Erlöse auf den Kundenauftrag. Mit der internen Abrechnung wird der Gewinnbeitrag des Kundenauftrages bei der Bestimmung des Periodenergebnisses des Unternehmens berücksichtigt.

Mit der internen Abrechnung ist die Prozeßkette der Kundenauftragsfertigung abgeschlossen. An dieser Stelle zeigt sich eine Stärke des SAP R/3 Systems. Die Kosten- und Erlösinformationen aller Kundenaufträge, mit denen im Rahmen der Ergebnisrechnung weitergehende Analysen durchgeführt werden können, liegen im SAP R/3 System vor. Detaillierte Kostenanalysen sind eine Voraussetzung für einen Vergleich der internationalen Produktionsstandorte des Unternehmens und der Kontrolle, wie plangenau einzelne Standorte hinsichtlich der Kosten arbeiten.

Die Darstellung der Prozeßkette ist als ein Konzept zu sehen. Bei der beispielhaften Prozeßkette wurden bereits konkrete Einstellungen, die in Hinblick auf die Erfordernisse der Firma TGB sinnvoll waren, vorgenommen. Bei der Umsetzung in das Produktivsystem der Firma TGB sind hinsichtlich der dargestellten Gestaltungsmöglichkeiten der Prozeßkette im SAP R/3 System Entscheidungen zu treffen.

6 Anhang

Anhang 1: Verkaufsbelegart TA

Sicht "Pflege der Auftragsarten" ändern: Detail

Tabellensicht Bearbeiten Springen Auswahl Hilfsmittel System Hilfe

Neue Einträge Var. Liste

Verkaufsbelegart TA Terminauftrag
Vertriebsbelegtyp C
Sperre Verkaufsbeleg

Nummernsysteme

Nummernkr.int.Verg. 01
Nummernkr. ext.Verg. 02
Inkrement Pos.Nummer 10

Allgemeine Steuerung

Bezug obligat.
Sparte prüfen
Wahrscheinlichkeit 100
Kreditlimit prüfen A
Kreditgruppe
Nachrichtenappl. V1
☐ Kundenmr 0 erlaubt
☑ Sparte Position
☑ Infosatz lesen
☐ Dialog Ausfuhrgen.
Ausfuhrgenehmigung
Prüfen Bestellnummer

Transaktionsablauf

Gr. Bildfolge AU Auftrag
Gr.Feldauswahl Kopf NA Auftrag
Unvollständigkeitssc 11 Auftrag
Gr.Transakt.Vorgang 0 Auftrag
Belegschema A
Statusschema
Listumfang UALL
FCODE Übersichtsbild UER2
Hinweis auf Angebote
Hinw.auf Rahmenvertr
Dialog Produktattr.
☐ Dialog Unvollst.

Lieferplan

Korr.Lieferungsart
Verwendung
Dispobeh.Abrufarten
Liefersp.Mengenand.

Versand

Lieferart ZLF Lieferung TM
Liefersperre
Versandbedingung
☐ Sofortlieferung

Faktura

Lieferbez. Fakt.Art F2 Rechnung
Auftr.bez. Fakt.Art F2 Rechnung
FaktArtInterneVerr IV Interne Verrechnung
Fakturasperre
KondArtEinzelposten EK01
Fakturierungsplanart 01

Wunschlieferdatum/Preisdatum

Vorlaufzeit in Tagen
Datumstyp
Vorschlag Preisdatum
V. gueltig-von-Datum
☐ LiefDat vorschlagen

Vertrag

Schema Kond. Kopf ZVCA18
Schema Kond. Pos. ZVCA18
Vertragsprofil
Fakturaanforderung
Vertragsdat. erlaubt
Folgekontaktart
Folgeauftragsart

C11 (1) (050) SAPR3S1 OVR 16:27

Anhang 2: Zuordnung Kostenelemente - Kostenartenintervalle

Kostenart von	Kostenart bis	Bezeichnung	Element
400000	400199	NK, SK, Sonstige Kunstst.	1
400200	400299	Konzernfr. Mischungen	2
400300	400399	Chemikal. / Lösungsm.	5
400400	400499	Gewebe / Garne	6
400500	400599	Drähte /Seile	7
400600	400699	Metalle	8
400700	400799	Teppiche	3
401000	401099	Sonstige Zukaufteile	9
401200	401299	Sonstige Zukaufteile	9
404000	404000	Betriebliche Verpackung	13
405000	405099	Rückgewinnung	14
412000	412699	betriebliche Verpackung	13
420000	420099	Sonstige Zukaufteile	9
441000	441099	Fremde Lohnarbeit	12
630000	630000	Lohnkosten Endbetrieb	19
630011	630011	Lohnkosten Mischerei	17
630012	630012	Maschinenkosten Mischerei	18

630020	630021	Lohnkosten Endbetrieb	19
630022	630022	Maschinenkosten Endbetrieb	20
678100	678100	Materialgemeinkosten	15
678200	678200	V + V Gemeinkosten	26
678300	678300	Sonst. betr. Soko.	25
678400	678400	Wertminderung	23
678500	678500	Nacharbeitskosten	22
678600	678700	Sonst. betr. Soko.	25
678800	678800	Ausschuß (Abf. + Fehl)	24

Anhang 3: Positionstyp TAN

Sicht "Pflege Positionstypen" ändern: Detail

Tabellensicht Bearbeiten Springen Auswahl Hilfsmittel System Hilfe

Neue Einträge | Var. Liste

Positionstyp TAN Normalposition

Kaufmännische Daten

Positionsart		☑ Kaufmänn. Position
Erledregel		☑ Einteilung erlaubt
Sonderbestand		☐ Pos lieferrelevant
Fakturarelevanz	A	☐ Retoure
Fakturierungsplanart		☑ Gew/Vol relevant
Fakturasperre		☑ Kredit aktiv
Wert statistisch		☑ Preisfindung
		☑ Erm.Verrechnungswert

Allgemeine Steuerung

Ausfuhrgenehmigung		☐ aut. Chargenfindung
		☐ Auftragsmenge Eins

Transaktionsablauf

Unvollst.Schema	20	Normalposition	Gr.Bildfolge	N
Partnerschema	N	Normalposition	Feldauswahl.Pos	
Textschema	01	Verkaufsposition	Statusschema	
StatGruppe PosTyp	1	Auftrag, Lastschrift	☐ ALE relevant	

Stückliste/Konfiguration

Konfigur.strategie		
Aktion Mat.variante		☐ Variantenfindung
Strukturumfang		☐ Liefergruppe erzeugen
Anwendung		☐ Alternative manuell

C11 (1) (050) SAPR3S1 OVR 11:28

Anhang 4: Fertigungsauftragsart PPEK

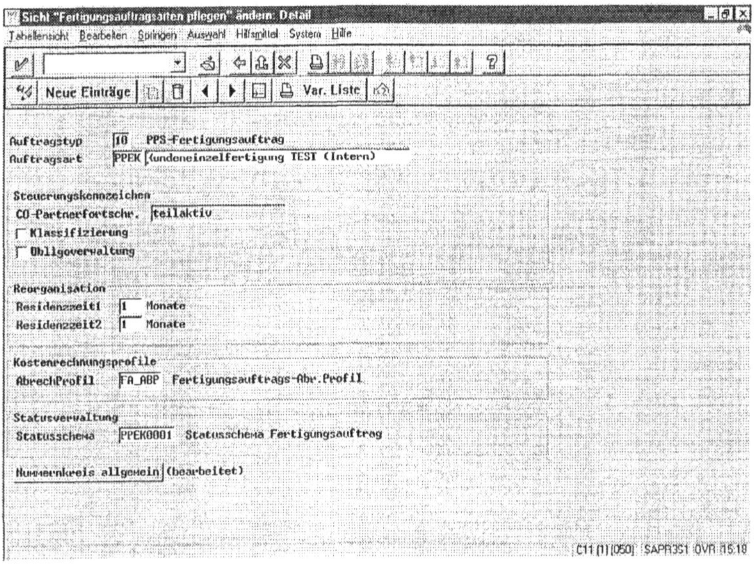

Sicht "Fertigungsauftragsarten pflegen" ändern: Detail

Tabellensicht Bearbeiten Springen Auswahl Hilfsmittel System Hilfe

Neue Einträge | Var. Liste

Auftragstyp 10 PPS-Fertigungsauftrag
Auftragsart PPEK Kundeneinzelfertigung TEST (Intern)

Steuerungskennzeichen
CO-Partnerfortschr. teilaktiv
Klassifizierung
Obligoverwaltung

Reorganisation
Residenzzeit1 1 Monate
Residenzzeit2 1 Monate

Kostenrechnungsprofile
AbrechProfil FA_ABP Fertigungsauftrags-Abr.Profil

Statusverwaltung
Statusschema PPEK0001 Statusschema Fertigungsauftrag

Nummernkreis allgemein (bearbeitet)

C11 (1) (050) SAPR3S1 OVR 15:18

Anhang 5: Kontierungstyp E

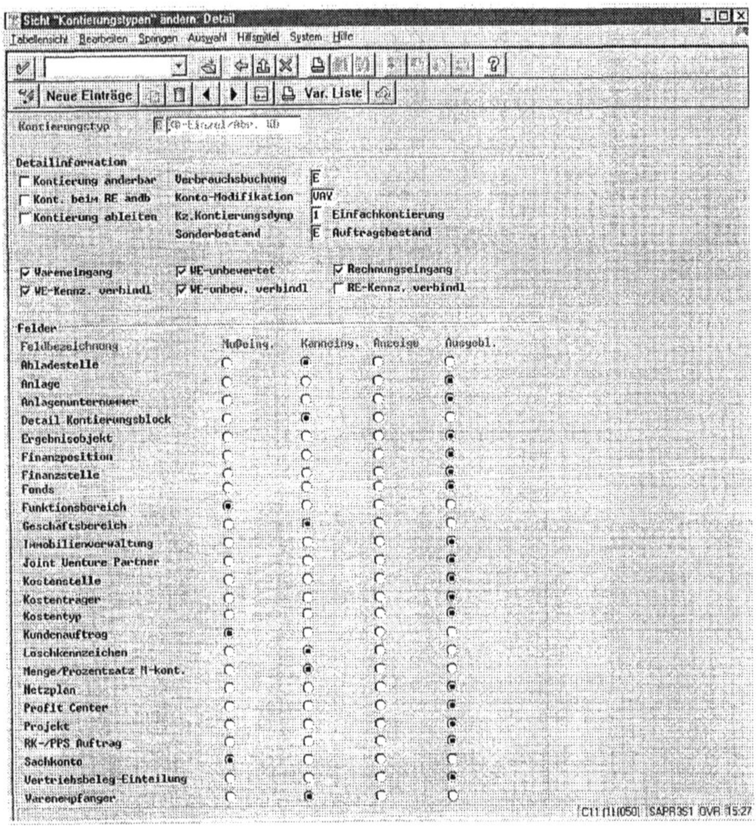

Sicht "Kontierungstypen" ändern: Detail

Tabellensicht Bearbeiten Springen Auswahl Hilfsmittel System Hilfe

Neue Einträge Var. Liste

Kontierungstyp E

Detailinformation

☐ Kontierung änderbar	Verbrauchsbuchung	E	
☐ Kont. beim RE ändb	Konto-Modifikation	VAY	
☐ Kontierung ableiten	Kz.Kontierungsdynp	1	Einfachkontierung
	Sonderbestand	E	Auftragsbestand

☑ Wareneingang	☑ WE-unbewertet	☑ Rechnungseingang
☑ WE-Kennz. verbindl	☑ WE-unbew. verbindl	☐ RE-Kennz. verbindl

Felder

Feldbezeichnung	Mußeing.	Kanneing.	Anzeige	Ausgebl.
Abladestelle	○	●	○	○
Anlage	○	○	○	●
Anlagenunternummer	○	○	○	●
Detail Kontierungsblock	○	●	○	○
Ergebnisobjekt	○	○	○	●
Finanzposition	○	○	○	●
Finanzstelle	○	○	○	●
Fonds	○	○	○	●
Funktionsbereich	●	○	○	○
Geschäftsbereich	○	●	○	○
Immobilienverwaltung	○	○	○	●
Joint Venture Partner	○	○	○	●
Kostenstelle	○	○	○	●
Kostenträger	○	○	○	●
Kostentyp	○	○	○	●
Kundenauftrag	●	○	○	○
Löschkennzeichen	○	●	○	○
Menge/Prozentsatz M-kont.	○	●	○	○
Netzplan	○	○	○	●
Profit Center	○	○	○	●
Projekt	○	○	○	●
RK-/PPS Auftrag	○	○	○	●
Sachkonto	●	○	○	○
Vertriebsbeleg-Einteilung	○	○	○	●
Warenempfänger	○	●	○	○

C11 (1) (050) SAPR3S1 OVR 15:27

Anhang 6: Versandbelegart LF

Sicht "Lieferungsarten" ändern: Detail

Tabellensicht Bearbeiten Springen Auswahl Hilfsmittel System Hilfe

Neue Einträge Var. Liste

Lieferart LF Lieferung
VertrBelegtyp J Lieferung

Nummernsysteme
Nummernkr.int.V 17 Inkrement PosNr 10
Nummernkr. ext. 18

Auftragsbezug
Vorganger erf. X Auftrag erforderlich Default Auart DL Auftragsart Liefer.
Bed. Position 202 Auftr.unabh.Pos.

Beleginhalt
Regel Lagerort MALA Routenfindung B Neue Routenfindung m
NachrSchema V10000 Applikation V2
Nachrichtenart LD00 Partnerschema LF01
Textschema 02 Neutermin.
Statistikgr. Ausfuhrgenehm.

Transaktionsablauf
Gr.Bildfolge LF Listumfang UALL
Standardtext FCODE UbersBild UEKO

C11 (2) (050) SAPR3S1 OVR 15:02

Anhang 7: Fakturaart F2

Sicht "Faktura: Belegarten" ändern: Detail

Tabellensicht Bearbeiten Springen Auswahl Hilfsmittel System Hilfe

Neue Einträge | Var. Liste

Fakturaart F2 Rechnung
Angelegt von

Nummernsysteme
Nummernkr.int.Verg. 11
Inkrement Pos.Nummer

Allgemeine Steuerung
Vertriebsbelegtyp M Rechnung
Gr.Transakt.Vorgang 7 Faktura
Rechnungslistenart
AbgrenzungFakturaart
☑ Bonusrelevant
☐ Buchungssperre
☑ Statistiken
Standardtext
Bonusabrechnung

Storno
Storno-Fakturaart S1 Storno Rechnung
Kopierbedingung
Referenznummer F
Zuordnungsnummer

Kontenfindung/Preisfindung
SchemaKontenfindung KOFI00
KontoschlKasseVerr
Belegschema

Nachrichten/Partner/Texte
Nachrichtenschema V10000
Applikation V3
Nachr.Schema Pos.
Nachrichtenart
Kopfpartner FK01 Faktura
Positionspartner FP Fakturaposition
Textschema 03 Fakturakopf
Textschema Position 03 Fakturaposition
☑ TextLieferung

C11 (1) (050) SAPR3S1 OVR 14:17

Anhang 8: Fakturadaten

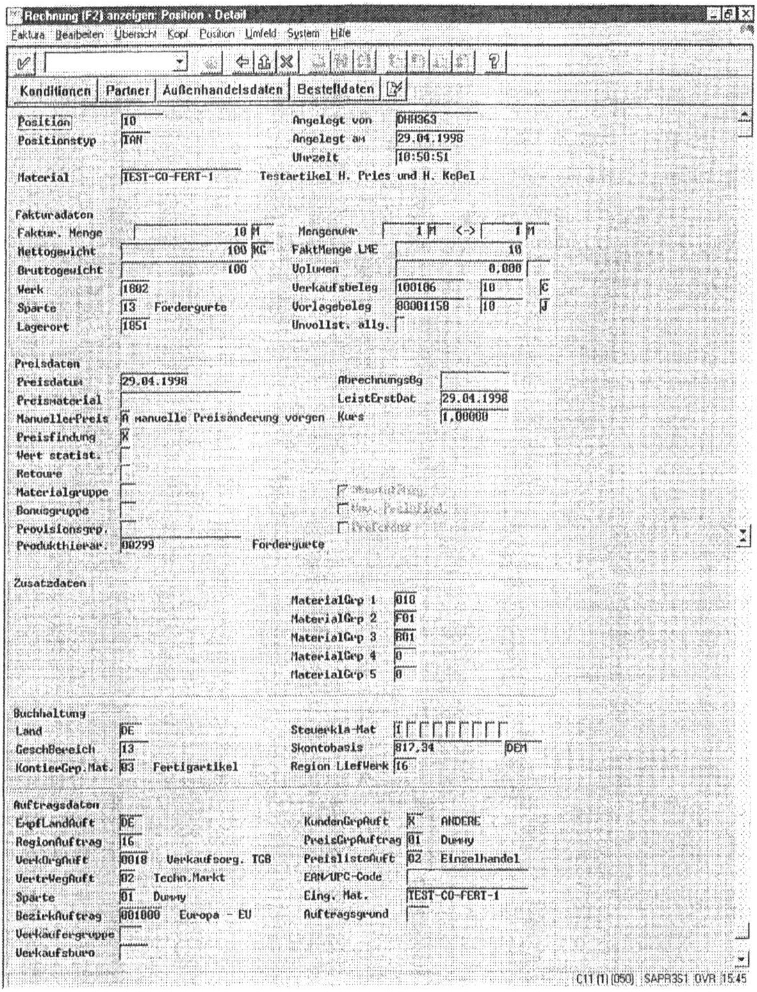

Rechnung (F2) anzeigen: Position - Detail

Faktura Bearbeiten Übersicht Kopf Position Umfeld System Hilfe

Konditionen | Partner | Außenhandelsdaten | Bestelldaten

Position 10 — Angelegt von DHH363
Positionstyp TAN — Angelegt am 29.04.1998
Uhrzeit 10:50:51
Material TEST-CO-FERT-1 Testartikel H. Pries und H. Keßel

Fakturadaten
Faktur. Menge 10 M — Mengenumr. 1 M <-> 1 M
Nettogewicht 100 KG — FaktMenge LME 10
Bruttogewicht 100 — Volumen 0,000
Werk 1002 — Verkaufsbeleg 100106 10 C
Sparte 13 Fördergurte — Vorlagebeleg 80001158 10 J
Lagerort 1051 — Unvollst. allg.

Preisdaten
Preisdatum 29.04.1998 — AbrechnungsBg
Preismaterial — LeistErstDat 29.04.1998
ManuellerPreis A manuelle Preisänderung vorgen — Kurs 1,00000
Preisfindung X
Wert statist.
Retoure
Materialgruppe
Bonusgruppe
Provisionsgrp.
Produkthierar. 00299 Fördergurte

Zusatzdaten
MaterialGrp 1 010
MaterialGrp 2 F01
MaterialGrp 3 B01
MaterialGrp 4 0
MaterialGrp 5 0

Buchhaltung
Land DE — Steuerkla-Mat 1
GeschBereich 13 — Skontobasis 817,34 DEM
KontierGrp.Mat. 03 Fertigartikel — Region LiefWerk 16

Auftragsdaten
EmpfLandAuft DE — KundenGrpAuft X ANDERE
RegionAuftrag 16 — PreisGrpAuftrag 01 Dummy
VerkOrgAuft 0018 Verkaufsorg. TGB — PreislisteAuft 02 Einzelhandel
VertrWegAuft 02 Techn.Markt — EAN/UPC-Code
Sparte 01 Dummy — Eing. Mat. TEST-CO-FERT-1
BezirkAuftrag 001000 Europa - EU — Auftragsgrund
Verkäufergruppe
Verkaufsbüro

C11 (1) (050) SAPR3S1 OVR 15:45

7 Literaturverzeichnis

Bohman, Jan	Netztechnik, Lokale Datennetze, Systeme - Komponenten - Protokolle, München 1991
DIN 199	Teil 2, Nr. 51.
Freidank, Carl-Christian	Kostenrechnung, 5. Auflage, München 1994
Grafers, Hans Wilfried	Investitionsgütermarketing, Stuttgart, 1979
Haberstock, Lothar	Kostenrechnung II (Grenz-) Plankostenrechnung, 2.Auflage, Hamburg 1986
Hansmann, Karl-Werner	Industrielles Management, 4. Auflage, München 1994
Heinen, Edmund (Hrsg.)	Industriebetriebslehre, 8.Aufl., Wiesbaden 1985
Kahle, Egbert	Produktion, 3.Aufl., München, 1991
Keller, Gerhard, Teufel, Thomas	R/3 prozeßorientiert anwenden, Bonn 1997
Kilger, Wolfgang: Flexible	Plankostenrechnung und Deckungsbeitragsrechnung, 10.Aufl., Wiesbaden 1993
Kortzfleisch, Gert von	Systematik der Produktionsmethoden, in Jacob, Herbert (Hrsg.): Industriebetriebslehre, 4.Aufl., Wiesbaden 1990, S.107 -175
Kotler, Philip	Marketing-Management, 7.Aufl., Stuttgart 1992
Pfrang, Emil	Ein Informationssystem zur Angebotsabwicklung werkstattorientierter Einzelfertiger und seine Geschäftsprozeßkette, München 1997
Reichwald, Ralf, Mrosek, Dieter	Produktionswirtschaft, in Heinen, Edmund (Hrsg.), Industriebetriebslehre, 8.Aufl., Wiesbaden 1985, S.365-498
Ringle, G.	Absatz; in: Krabbe, Elisa (Hrsg.) Leitfaden zum Grundstudium der Betriebswirtschaftslehre, 5.Aufl., Gernsbach 1992, S. 423 - 544
SAP AG	Funktionen im Detail, Das Rechnungswesen im SAP System, Walldorf 1997
SAP- Dokumentation	CO-Einzelkalkulation, September 1995
SAP Einführungsleitfaden	Steuerung der Bedarfsartenfindung überprüfen
SAP Online Dokumentation	Version 3.0d Allgemeine Systemverwaltung Gemeinkosten-Controlling
SAP Online Dokumentation	Version 3.0d, CO-Controlling, Produktkalkulation
SAP Online Dokumentation	Version 3.0d, Controlling, Kostenträgerrechnung

SAP Online Dokumentation	Version 3.0d, Grundfunktionen und Stammdaten der Vertriebsabwicklung
SAP Online Dokumentation	Version 3.0d, Konfiguration und Organisation
SAP Online Dokumentation	Version 3.0d, LO-Logistik Allgemein
SAP Online Dokumentation	Version 3.0d, Materialwirtschaft
SAP Online Dokumentation	Version 3.0d, PP-Produktionsplanung und -steuerung
SAP Online Dokumentation	Version 3.0d, PP-Produktionsplanung und -steuerung
SAP Online Dokumentation	Version 3.0d, Produktionsplanung- und Steuerung
SAP Online Dokumentation	Version 3.0d, Vertrieb
SAP Online Dokumentation	Version 3.0d, Vertrieb, Grundfunktionen und Stammdaten in der Vertriebsabwicklung
SAP Online Dokumentation	Version 3.0d, Vertrieb
SAP Online Dokumentation	Version 3.1g, Übersicht.
SAP Online Hilfe	Belegkonzept
SAP Online Hilfe	Kundenauftragsbestand
SAP Online Hilfe	Nettobedarfsrechnung
SAP Online Hilfe	Abrechnungsschema
SAP Online Hilfe	Bestimmung des Abrechnungsschemas
SAP Online Hilfe	Plangesteuerte Disposition
SAP Online Hilfe	Verbrauchsgesteuerte Disposition
SAP Online-Dokumentation	Arbeiten mit Anfragen und Angeboten
SAP Online-Dokumentation	Controlling
SAP Online-Dokumentation	Vertrieb
SAP Online-Hilfe	Konditionsart F1 im Kundenauftrag
SAP Online-Hilfe	Leistungsarten und Leistungsartengruppen
SAP Print Doku	Version 3.0d, CO-Produktkalkulation, S. 18
SAP-Online-Dokumentation	Version 3.1.G, Ergebnis- und Marktsegmentrechnung
SAP-Online-Dokumentation	Version 3.1.G, Gemeinkosten-Controlling
SAP-Online-Dokumentation	Version 3.1.G, Produktkosten-Controlling
Scheer, August-Wilhelm	Wirtschaftsinformatik, 5.Aufl., Berlin, 1994
Schmidt, Stephan	Preisgestaltung bei Auftragsfertigung dargestellt am Beispiel von Spezialmaschinen und Anlagen

für die gummi- und kunststoffverarbeitende Industrie, Göttingen, Univ.Diss., 1996

Wöhe, Günter — Einführung in die Allgemeine Betriebswirtschaftslehre, 16. Aufl., München 1986

www.ingramcontent.com/pod-product-compliance
Lightning Source LLC
Chambersburg PA
CBHW031218050326
40689CB00009B/1381

* 9 7 8 3 8 3 8 6 1 0 4 3 6 *

Dedicated to all my readers

Acknowledgement

I want to say a very big thank you to Miriam Stone, my daughter. She gave me moral support throughout the process of writing this book.

Table of Contents

Jürgen Reimold

Konzeption eines Hypertext-Lernsystems und Validierung

Basierend auf dem Themenbereich Netzplantechnik

Diplomarbeit
an der Fachhochschule Fulda
Mai 1996 Abgabe

Diplomarbeiten Agentur
Dipl. Kfm. Dipl. Hdl. Björn Bedey
Dipl. Wi.-Ing. Martin Haschke
und Guido Meyer GbR

Hermannstal 119 k
22119 Hamburg

agentur@diplom.de
www.diplom.de

ID 744

ID 744
Reimold, Jürgen: Konzeption eines Hypertext-Lernsystems und Validierung: Basierend auf dem Themenbereich Netzplantechnik / Jürgen Reimold · Hamburg: Diplomarbeiten Agentur, 1998
Zugl.: Fulda, Fachhochschule, Diplom, 1996

Dipl. Kfm. Dipl. Hdl. Björn Bedey, Dipl. Wi.-Ing. Martin Haschke & Guido Meyer GbR
Diplomarbeiten Agentur, http://www.diplom.de, Hamburg
Printed in Germany

Bibliografische Information der Deutschen Nationalbibliothek:

Bibliografische Information der Deutschen Nationalbibliothek: Die Deutsche Bibliothek verzeichnet diese Publikation in der Deutschen Nationalbibliografie; detaillierte bibliografische Daten sind im Internet über http://dnb.d-nb.de/ abrufbar.

Druck und Bindung: Books on Demand GmbH, Norderstedt Germany
ISBN: 978-3-8386-0744-3

http://www.diplom.de/e-book/216652/konzeption-eines-hypertext-lernsystems-und-validierung